짧은 표현으로 거침없이 말하는

定石
실전간명사례모음집
(3)

글쓴이 김동환

여산서숙

定石
실전간명사례모음집
(3)

定石
실전간명사례모음집 셋째 권을 시작하면서

　둘째 권까지 펴내고 10년이란 세월이 흐르도록 셋째 권을 내지 못하였던 것은 필자의 노력이 부족했던 것이 아니고 그동안 김동환 표 역리서 15권까지 펴내는 등 저술활동을 게을리 하지 않았다는 점을 밝히면서 김동환 표 역리서 16권 째로 셋째 권을 시작 한다는 말씀을 전해드리려고 합니다.

　셋째 권부터 더 알찬 내용으로 찾아뵙겠습니다. 제1부에서는 학습편으로 명리학에서 반듯이 알아야 할 상식들을 정리하였고 제2부에서는 실제로 10여년간 관리해온 고객들의 실제사주와 그동안 전개되어온 사실들을 가감없이 전해드리려고 합니다. 아울러 부록 편에는 한글궁통보감 10천간을 하나씩 차례별로 게제하겠습니다. 그렇게 하여 10천간이 끝날 때까지 시리즈로 10권까지 펴낼 계획입니다.

　실제로 간명한 사주로 원고를 작성해 책을 펴낸다는 것이 쉬운 일은 아닙니다. 가능한 한 실관사주들을 사례로 엮되 사전 동의는 받았지만 실명을 쓰지 않고 가명으로 쓰게 된 점도 알려드리는 바 입니다. 앞으로 열심히 쉬지 않고 노력을 하겠다는 점도 다짐합니다. 독자들의 사랑도 잊지 않으시길 기대 합니다.

　　　　　　　　　　　　辛丑年 立春之節에
　　　　　　　　　　　　恩山 金東煥 合掌

일러두기

　우리가 살아가면서 습관처럼 바꾸기 어려운 것도 없습니다. 50-60년대 까지만 해도 서적들이 종으로 발간되었으나 요즘은 모두 다 횡간(橫刊) 서적들입니다. 우리 역술인들이 쓰고 있는 사주팔자 기록은 지금도 대부분 종(縱)으로 즉 우에서 좌로 기록합니다. 더 가관인 것은 생년월일기록은 좌에서 우로 쓰기 쉽게 기록하지요. 이것이 정해진 공식인양 바꿀 생각들을 하지 않습니다. 길들여진 습관들을 굳이 왜 고치느냐는 식이라면 그대로 써도 큰 문제는 없습니다. 그러나 바꿔야 합니다. 요사이 살아남으려면 다 바꿔야 한다고들 합니다. 다 바꿀 수 없는 것이 있습니다. 가족입니다. 우스개소리로 마누라만 빼고 다 바꾸라고 합니다. 우리가 2020년대를 살아가고 있는데 수십 년 또는 수백 년 전의 방식을 그대로 쓴다면 되겠습니까?
　바꿔 보십시오. 바꾸면 여러모로 편리합니다. 그래서 간명모음집의 사주구성은 횡간으로 작성되었음을 알려드립니다. 또 육친에 대한 구체적인 강약을 구분하고 의뢰인 궁금증을 풀어 주는 데는 육친에 대한 점수 활용도 효과가 큽니다. 어렵게 생각 마십시오. 사주팔자가 여덟 자니까 한 글자에 100점씩 하면 800점이 되는데 태어난 달이 중요 하다고 해서 달에만 배로점수를 주어 총 점수 900점으로 만들면 되는데요. 여기서 꼭 기억해야할 중요한 것은 천간은 무조건 100점 씩 주고 지지는 지장 간을 활용하면 되는데 본기 중기 여기 순으로 본기를 앞에 놓는다는 점 잊지 마시기 바랍니다.(예:寅목이라면 甲丙戊로 본기 중기 여기로 하여 甲에 50점 丙에 30전 戊에는 20점으로 계산 하고 子午卯酉는 왕지라 하여 본기만 씁니다.(예:子=癸-100 午=丁 己를 쓰고丁-70 己 -30점으로 하며 卯=乙-100 酉=辛으로하여 각100점씩하고 월만 더블로 계산하면 됩니다.<亥=壬甲으로 보아 壬에70甲에30점이면 됩니다. <이해 못 하신 분들은 02)928-8123으로 문의 하시면 친절히 답변 드리겠습니다.>

목 차

제1부 학습편

제1장 육신론(六神論) / 9
1, 비견, 겁재 편 / 10
2, 식신 편 / 12
3, 상관 편 / 14
4, 정관 편 / 16
5, 칠살, 편관 편 / 18
6, 정편인 편 / 20
7, 정편재 편 / 22

제2장 오행성정(五行性情) / 24
1, 금일생 성정 / 24
2, 목일생 성정 / 25
3, 수일생 성정 / 26
4, 화일생 성정 / 27
5, 토일생 성정 / 28

제3장 용신으로 보는 성정판단 / 29
1, 인수 용신 자 / 30
2, 편인 용신 자 / 30
3, 정 편관 용신 자 / 30
4, 상관 용신 자 / 30
5, 식신 용신 자 / 30
6, 비견 용신 자 / 30
7, 겁재 용신 자 / 31
8, 편재 용신 자 / 31
9, 정재 용신 자 / 31

왕 약(강약)로 보는 성정 / 32
오행상생 상극과 왕쇠의 변칙 / 32
이재생재 / 33

식상이 많으면 인수와 재로 구제한다. / 35
모자가 상정하면 인수를 쓴다. / 35
　역 생 법 / 36
　상생원리 / 37
　재다자는 인수로 회생한다. / 37
　신강재약하면 관으로 호재한다. / 38
　신재가 상정하면 인수를 쓴다. / 39
　역극법 / 39
　격국용신론 / 40
　격국이란 무엇인가? / 41
　지장간 / 43
　인오술화국 / 46
　신자진수국 / 47
　사유축금국 / 47
　해묘미목국 / 48
　내격과 외격의 분별기준 / 49
　내팔격 / 49
　인격의 성격 / 50
　1, 외격의 시비 / 56
　2, 사주의 성격 / 58
　3, 용신론의 시비 / 59

제4장 육친궁 감정 / 61
　4, 처 궁 론 / 61
　5, 부 모 궁 / 64
　6, 자 녀 궁 / 67
　7, 곤 명 론 / 68
　8, 건 명 론 / 70
　9, 형 제 궁 / 71
　10, 여명 부자론 / 73
　11, 부 명 론 / 76
　12, 귀 명 편 / 78

13, 길 명 편 / 79
14, 수 명 / 82
15, 빈 명 / 84
16, 천 명 / 87
17, 흉 명 / 89
18, 요 명 / 91
19, 여명 음천론 / 93
20, 상생 원리와 변칙 / 99
21, 상극 원리와 변칙 / 100

제2부 실 관 편 / 103

1, 한습(寒濕)한 사주 / 105
2, 오행전구 신왕사주 / 108
3, 목화통명 신왕사주 / 113
4, 양인을 가진 여명 / 116
5, 용신이 깨진 사주 / 121
6, 부동산으로 부자 된 사주 / 121
7, 재살이 태왕 한 사주 / 127
8, 辛巳 일주들의 특징 / 131
9, 합충형파가 많은 사주 / 134
10, 욕심 많은 부부사주 / 136
11, 관살태왕 한 여명 / 141
12, 자생생불시의 사주 / 142
13, 삼신 상생격 사주 / 144
14, 상관생재의 남자 / 146
15, 일지 상관인 여명사주 / 148
16, 주간신문 여사장 / 150
17, 무재사주의 특성 / 153
18, 은인을 만난 노인 / 156
19, 종격사주 / 158
20, 역술이 운명인 사람들 / 160
21, 언론고시 합격한 김군 / 163

제3부 한글궁통보감 / 169

丙火를 論하다 / 170
三春丙火 論 / 177
三夏丙火 論 / 190
三秋丙火 論 / 201
三冬丙火 論 / 212

제1부 학 습 편

제1장
육 신 론(六 神 論)

　육신은 일주와의 상호관계를 따지는 군신(君臣)의 체통(體統)이다. 사주학상으로 모든 군주(일주)는 일곱 신하를 거느린 관계로 구성된다. 자신을 생해주는 모체(母體:印星)와 보호하는 부위(父位:官星)를 비롯하여 자신이 창조하는 자녀(食神:傷官)와 생산하는 과실(果實:財星) 그리고 같은 형제 친우인 동지(同志:比肩:劫財)등을 구체적으로 표시한 체통을 육신(六神)이라고 한다. 윤리상(倫理上)으로는 부모가 상위이요, 형제가 동격이며 처자가 하위이지만 군신관계로는 모두가 신하로서의 배역에 지나지 않는다. 충신이 많은 주군은 부귀영화를 누리고 역신이 많은 주군은 빈천하고 불행하다. 어느 것이 충신이요, 역신인 가를 명백히 분별하는 것이 육신의 과제다.

　사주학상 충신(忠臣)은 희신(喜神) 또는 용신(用神)이라 하고 역신(逆臣)은 기신(忌神) 또는 흉살(凶殺)이라고 한다. 사주는 희기신을 가리는 것이 첫 관문이자 최고지표이다. 희기(喜忌)를 가리면 사주는 이미 통달한 것이요, 운명을 바로 감정할 수 있다. 그 희기를 구체적으로 분석하고 감별하려면 사주의 왕 쇠부터 분별해야 한다. 어떻게 하면 왕 쇠와 육신의 희기를 쉽게 분별할 수 있는가? 사주의 왕쇠는 별도로 상술하기로 하고 여기서는 육신의 희기와 그 작용을 자세히 살펴보기로 한다. 편의상 희신과 기신을 천신별로 각각 네 가지씩 실례를 들어서 설명하가로 한다.

君臣-君:임금 군 臣:신하신-임금과 신하 體統-體:몸체 統:큰 줄기 통-몸의 큰 줄기
母體-母:어미 모 體:몸 체-어머니의 몸, 바탕이 되는 물체. 官星-官:벼슬관 星:별 성
父位-父:아비부 位:자리위-아버지의 자리 食神-食:밥식 神:귀신신, 傷官:상할상 官:벼슬관
果實-果:실과 과 實:열매실 財星-財:재물재 星:별 성 同志-同:한가지동 志-뜻 지 比肩-
比:견줄비 肩:어깨 견 劫財-劫:빼앗을 겁 財:재물 재 倫理-倫:인륜 윤 理:다스릴 리

1. 비견, 겁재편(比肩 劫財篇)

비견과 겁재는 두 가지 작용을 한다. 신약사주자에게 희신(喜神) 작용을 하고 신왕자(身旺者)에게 기신(忌神) 노릇을 한다.

희신(喜神)네가지

乙 丙 壬 壬
巳 寅 子 寅

일주가 실기(失氣)하여 허약한데 재관(財官)이 나타나서 병든 말이 큰 짐을 걸머진 격이다. 다행히 시상의 비견이 일주를 도와 짐을 나누어지니 부귀를 누릴 수 있다.

戊 戊 壬 壬
子 午 戌 寅

일주는 실기하여 신약한데 칠살이 두 개나 왕기를 띄고 설상가상으로 지지에 寅午戌 財局을 이루니 산 넘어 산이다. 다행히 시상壬水와 연지의 子女가 도와서 권살(權殺)을 감당하니 큰 인재로서 중임을 맡아 이름을 떨친다.

乙 癸 壬 乙
卯 未 子 巳

여름 壬水가 신약한데 年上 상관이 실기하니 출혈(出血)이 심하다. 月上 겁재가 年上 乙木을 감당하니 도리어 時上상관이 희신이 되고 재능을 발휘하여 성공한다.

壬 丙 壬 丙
申 午 寅 午

재왕 신약하고 火국을 이루어 물이 펄펄 끓는 터에 年上 비견이 합심해서 재를 감당하니 도리어 큰 재물을 얻고 태평하게 살 수 있다.

篇-책 편 身旺者-몸신 왕성할왕 놈 자. 喜神-기쁠 희 귀신신. 길신이란 말. 失氣-일을실 기운기. 權殺-권세권 죽일살 出血-날출 피혈. 財官-재성과 관성을 일컬은 말.
財局-재성이 판을 이루었다. 재성이 삼합으로 局 즉 판이 짜여진 상태를 말함.

기신(忌神) 네가지

癸 癸 壬 壬
巳 亥 申 寅

일주가 득령(得令)하고 일지에서 생부(生扶)하여 태과(太過)한 터에 비겁이 중중(重重)하니 의지 할 곳이 없고 평생을 돈 때문에 다투다가 크게 다치는 불우한 격이다.(群劫爭財-무리지은 비견겁재가 재물을 놓고 서로 다투는 형상)

己 壬 壬 丙
亥 申 子 午

추수(秋水-가을물)가 수원(水源-물의근원)을 얻고 年日支에 득력(得力)하여 신강하다. 시상편재를 의지 하는데 월상비견이 침범하여 쟁재(爭財)하니 인인지해(因人之害)가 극심하고 재(財)를 만들 수 없다.

癸 癸 壬 乙
亥 亥 申 巳

득령한 壬水가 時上乙木에 의지하는데 수다목부(水多木浮)하니 숨통이 막히고 재능을 발휘할 수가 없다. 호사다마격(好事多魔格)으로 평생을 동기간과 친구 때문에 기를 펴지 못하고 좋은 기회를 얻을 수가 없다.

壬 壬 壬 丙
午 子 子 午

겨울 동수(凍水)가 時上의 丙火에 의지 하는데 왕성한 두 비견이 달려들어 탈재(奪財)하니 애써 돈을 벌면 써보지도 못한 채 모두 빼앗기며 평생을 뜯기고 쪼들리며 산다.

[구체적인설명]겨울철의 꽁꽁 얼어붙은 물이 불이 필요한데 왕성한 두 비견이(양인-壬子二水가) 丙壬 충 子午 충으로 사정없이 보내버리니 이런 경우 돈만보이면 가까운 이들로 인하여 빼앗기고 쪼들리는 삶을 살게 된다. 이 말을 군겁쟁재(群劫爭財) 또는 군비쟁재(群比爭財)라 하여 무리지은 비견겁재가 재물만보면 쟁탈전을 벌인다 말하는 것이다.

忌神-꺼릴기 귀신신. 흉신이란 말. 得令-얻을득. 우두머리 영. 生扶-날 생. 도울 부. 水源-물 근원 수원지. 秋水-가을추 물수. 득력 -얻을득. 힘력. 因人之害-인할인. 사람인.갈지. 해로울해: 사람으로 인해서 해로움을 당함. 水多木浮-물수. 많다. 나무목. 뜰부:물이많아 나무가 떠다님 .好事多魔-좋을호. 일사. 많다. 마귀마:좋은일에 항상 마귀가 낀다. 太過-클 태. 지나칠과. 重重-무거울 중 무거움. 郡劫爭財-무리군.빼앗을겁.다툴쟁.재물재-무리지은 비겁이 재물을 보고 서로 빼앗으려고 다투는 것. 凍水-얼동 물수. 奪財-빼앗을 탈

2. 식신편(食神篇)

식신은 자기 능력을 발휘하는 수족과 같다. 손발이 튼튼하면 평생 의식 걱정 없듯이 식신이 유력하면 많은 돈을 벌수 있다. 그러나 병든 몸이거나 수족이 너무 많으면 그림의 떡이요, 도리어 출혈만 심하니 건강과 수명이 온전할 수 없다.

喜神 네가지

癸 乙 甲 丙
丑 卯 子 寅

춘목(春木-봄철의 갑목)이 태왕(太旺)하여 숲을 이뤘는데 時上식신을 얻어서 숨을 통하고 풍부한 재능을 아낌없이 나타내니 유능한 인재가 될 수 있다.

己 丙 甲 乙
卯 寅 子 亥

일주가 득령하여 태왕한데 식신과 정재를 보니 식신의 작용이 두 배로 늘고 모두 재(財)로 화(化)하니 움직였다하면 돈이요(食神生財) 평생의식이 풍부하다.

庚 甲 甲 丙
申 申 戌 寅

三金三木이 싸우는데 칠살이 득왕(得旺)하고 신(身-내몸)이 실기하니 칠살을 감당할 수 없다. 時上식신이 칠살을 누르니(食神制殺) 도리어 법을 잡고 권세와 이름을 떨친다.

辛 丙 甲 丙
酉 申 戌 寅

일주가 실령하여 신약한데 관성이 득령 득국 하여 극왕하니 도저히 감당할 수가 없다. 月上식신이 관을 합하여 거세(去勢)하니 평생을 편안하게 살 수 있다.

春木-봄 춘 나무목. 춘목이란? 寅卯辰 월의 甲乙 木을 말함. 太旺-클 태. 왕성할 왕.
食神生財-식신생재란? 식신이 재성과 연결 된 상태를 말함. 得旺-얻을득. 왕성할 왕.
食神制殺-식신제살이란? 식신이 관살을 억제한다는 말. 去勢-갈거. 기세세-세력을 꺾음

忌神 네가지

乙 丙 甲 乙
酉 戌 戌 丑

신왕 신약하여 재를 감당하지 못하고 겁재에 의지하는 터에 식신이 설기하니 몸이 온전할 수가 없다. 일복은 있으나 신병과 무력으로 노력공소(勞力功少-노력은 많으나 공은적다)요 편할 수가 없다.

丙 戊 甲 甲
戌 戌 辰 戌

토중(土重-토가 많으니)하니 木이 무력하다. 재다신약(財多身弱)한데 時上의 비견이 도와주니 만군(萬軍-일만 군사)을 얻은 격이다. 호사다마(好事多魔-좋은 일에 마가 낀다)로 年上식신이 木을 태워 土를 생하니 몸이 고달프고 위험 속에 살고 있다.

庚 丙 甲 乙
寅 戌 寅 亥

9月 甲木이 성숙하여 庚金으로 다듬으면 대들보 감으로 큰 인재가 될 수 있는데 식신이 도끼의 이빨을 빼놓으니 무용지재(無用之材-쓸모없는 재목)가 되고 거목(巨木)을 숯으로 구어 내어 용이 뱀으로 변질한 격이다.

丙 辛 甲 乙
戌 卯 子 亥

춘목(春木)이 태왕하여 辛金에 의지하려는데 年上식신이 합관(合官)하니 귀관(貴官)이 무용지물이 되었고 그 자신의 벼슬길을 잃고 평범한 촌부로 살아야 했다.
[구체적인설명]봄철의 무성한 나무가 숲을 이루었으니 辛金정관으로 가지을 치고 다듬는다면 귀한 벼슬을 살 수 있었을 것인데 年上의 丙화가 합으로 무력화 시키니 쓸모없는 나무로 변하여 벼슬도 못하고 평생 글 공부만하는 시골사람으로 살았다. 고로 巨木은 庚금이 있어야한다.

勞力功少- 힘쓸 노. 힘력. 공 고. 적을 소. 財多身弱-재다신약이란? 재성이 사주에 많아 내 몸 일주가 약해진 상태를 말 함. 無用之材-없을무. 쓸 용.갈지. 재목 재:쓸 모 없는 재목. 巨木-클 거. 나무목. :큰 나무를 말함. 甲목을 칭함. 合官-관성과 합한 상태를 말함. 貴官-귀할 귀. 벼슬관: 귀중한 벼슬. 고관을 말함.

3. 傷官編(傷官篇)

상관은 식신과 대동소이(大同小異)하며 정신적인 수족으로서 몸을 지키고 재(財)를 생(生)해준다.

喜神 네가지

癸 乙 乙 丙
丑 卯 亥 子

춘목이 태왕하며 숨이 막히는 터에 時上상관을 얻으니 물을 얻은 고기처럼 왕성한 재능을 아낌없이 발휘하고 유능한 인물로서 사회에 공명을 이룬다.

戊 甲 乙 丙
寅 寅 亥 子

신왕하고 재약(財弱)한데 月上 겁재가 탈재(奪財)하려 드니 위기에 직면하다. 다행히 時上 상관이 甲乙을 설기하여 財를 구하고 또 財를 생해주니 일석이조로 위대한 공을 세우다.

戊 辛 乙 丙
子 酉 酉 子

일주가 실령하고 심히 허약한데 칠살(七殺)이 득령(得令)하고 財와 무리를 만들어서 공신(功身)하니 꼼짝할 수가 없다. 이때에 時上상관이 칠살에 눌러서 도리어 호랑이를 다스리니 이름나고 편안히 산다.

戊 庚 乙 丙
申 申 酉 子

노약한 乙木이 태왕한 관성에 눌리어서 기를 피지 못하고 얽매여 사는 터에 時上상관이 관을 누르고 일주에 순종케 하니 총명한 슬기로서 이름을 얻고 몸을 보존한다.

大同小異-대동소이란? 큰 것이나 잦은 것이 같다는 말. 財弱-재약이란? 재성이 약하다는 말. 奪財-빼앗을 탈. 재물재. 七殺-칠살이란 편관을 말하는데 나를 강하게 친다는 의미의 말. 得令-얻을득. 우두머리 령. 월지를 얻었다는 말. 功身-공신이란 나를 도와주는 별을 말함.

忌神 네가지

辛 丁 乙 丙
丑 酉 卯 戌

노약한 일주가 득령한 칠살을 월상 식신으로 겨우 지탱하는데 시상상관이 또 설기하니 병든 환자가 주 여자를 거느리는 격이다. 눈코 뜰 새가없이 좌불안석(坐不安席)으로 다시 분주하니 도독을 자주 맞고 의외의 재난으로 손재 본다.

丙 戊 乙 己
申 戌 丑 卯

재다신약(財多身弱)하여 재로인해서 화(禍)가 연발(連發-연이어 발생)하고 동서분주하는 터에 年상관이 생재하니 호랑이에게 날개를 달아주는 격이다.

丙 辛 乙 癸
寅 卯 亥 未

春木이 태왕하여 신살(辛金殺)을 기뻐하는데 상관이 합살 하니 력발산의 힘을 가지고 맹호와 겨누려는데 총을 쏘아 범을 죽이니 대공의 기회를 잃고 평생 실의 속에 살아야 한다.

甲 丙 乙 庚
寅 寅 卯 辰

춘목이 득령 득국하여 기세가 충천(衝天-하늘을 찌르고)하고 시에 官을 얻어서 대권을 잡으려는데 月상관이 관수(官首)를 내리치니 무능무용지재(無能無用之材)로 전락했다.

[구체적인설명]초봄의 무성한 나무가 동방 木局으로 숲을 이루어 그 기세가 하늘을 찌륵 형국이요, 시에 관을 얻어 대권을 잡으려는데 월간에 나타난 丙火가 庚금 벼슬의 머리을 내려치니 무능하고 쓸모없는 재목이 되었다는 말인데 어차피 庚金은 乙庚합으로 무력해 졌고, 또한 목다금결(木多金缺)로 맥을 못 추는 형상이니 쓸모없는 나무일뿐이다.

坐不安席-앉을좌.아니불. 편안안. 자리석:앉은 자리가 편치 않다는 말. 連發-잇다을련,연發.필발 쏠 발. 衝天-찌를 충. 하늘 천. 官首-벼슬관. 우두머리 수:관성의 머리를 내려침. 丙壬沖을 말함. 그래서 無用之材 관성이 쓸모없게 되어 별 볼 일없는 벼슬이 되었다는 말. 木多金缺-목다금결이란? 木이 많아 金인 쇠가 일그러졌다. 즉 거목에 작은 면도칼로 비유함. 특히 寅卯辰월은 木旺節로 보아 목의 기세가 등등하고 금은 쇠약한 상태를 말함.

4. 정관편(正官篇)

정관은 성실한 보호자요, 권위의 별로서 신왕자에게 발신(發身-출세)의 기회를 주는 반면에 신약자에겐 가난뱅이가 상전을 섬기듯 어려운 부담을 주는 폐단이 있다.

喜官 네가지

乙 辛 丙 癸
巳 巳 子 巳

일주가 득령하고 화기(火氣)가 충천하여 月재가 위험하고 망동하기 쉬운데 시상정관이 다정하게 타이르고 다스리니 분수를 지키고 月財도 안전하여 부귀를 누릴 수 있다.<이런 경우 先合忘沖에 의해 乙辛沖 안 함>

辛 癸 丙 乙
巳 巳 子 未

신왕한데 인수가 생신(生身)하니 더욱 태왕하다. 年月의 재관이 합심하여 제동(制動)하고 화염(火炎)에 타는 인수까지 자양(滋養)하니 관운이 신진하여 공명(功名)을 이룬다.

辛 癸 丙 丙
卯 巳 午 申

신(身-일주)이 태왕하여 극성한데 관이 누르고 財가 부관(扶官-관을부축함)하니 도리어 왕성한 재능을 차분히 발휘함으로서 부귀를 누린다.

癸 丁 丙 丁
巳 巳 子 酉

신왕하고 양 겁재가 득세하니 안하무인이고 시지정재가 불길에 탈것만 같다. 다행히 年上정관이 겁재를 누르고 일지정관이 時財를 보호하니 아무 탈 없이 공명을 세우다. 제

發身-필발, 쏠 발. 몸신자로: 몸이 피어난다. 올라간다. 잘 된다는 말. 制動-억제할제 움직일동: 움직이지 못하게 누르다. 火炎-불화. 불탈 염: 불이 활활 타오름. 滋養-기를자. 번식. 기를 양: 자양이란 더욱 성장시킨다는 말. 功名-이름을 자랑함. 扶官-관을 부축함이니 벼슬길을 잘 되게 도와줌. 時財- 시재란 시에 있는 재성을 말함.

忌官 네가지

癸 辛 丙 丙
丑 酉 子 申

재왕신약(財旺身弱)하여 財를 감당치 못해 허덕이는 판에 官이 합세하여 몸을 치니 기진맥진하여 위기에 직면하고 무능무력(無能無力)하다.

癸 乙 丙 乙
卯 卯 子 未

身弱印旺하여 印때문에 얼굴을 가리고 있는 터에 官이 또 生印하니 숲속에 묻힌 太陽처럼 훌륭한 재능을 가지고도 발휘할 기회를 갖지 못하고 일생을 답답한 침울 속에 허송세월한다.

庚 庚 丙 丙
辰 辰 子 申

土金이 왕상하여 일주가 지쳐 쓰러질 역경에 허덕이는 판에 官이 합국을 이루어 병든 일주를 포위 공격하니 사면초가(四面楚歌)다. 평생에 침수(沈水)와 짐승의 재난을 당하고 무능무력하다.

丁 癸 丙 丁
酉 丑 子 酉

일주가 실령하여 年時의 겁재에 의지하는데 月上관성이 날개를 내리치니 쪽지 없는 새처럼 기를 펴지 못하고 고양이 앞에 떠는 생쥐처럼 불안 속에 위축 되여 있다.

[구체적인설명]

엄동설한 丑月의 丙화가 일지에 子수을 놓으니 子丑 合水局을 형성하고 월간에 癸수가 나타나니 힘 있는 癸수는 겁재 년 사상의 丁화을 沖去 시키므로 살이 왕하여 이 사람 평생 불안 초조 또는 몸이 쇠약하든지 관재구설 수에 시달리며 살아가게 된다.

財旺身弱-쟁왕신약이란? 재다신약과 같은 말. 無能無力-무능무력은 능력도 힘도 다는 말로 기진맥진<氣盡脈盡>과 일맥상통하는 말. 四面楚歌-사면초가란 앞뒤가 꽉 막힌 상태. 浸水-침수란 물에 잠겼다는 말로 사주팔자에 물인 水가 많거나 수국을 이룬 상태를 말한다.

5.칠살편(七殺篇)

　　칠살은 무정한 보호자로서 매정하게 다스리는 냉혹한 호랑이와 같다. 엄격한 훈련을 통해서 강제로 양성되는 군대처럼 의지가 강하고 성격이 범과 같으며 신왕자는 크게 출세하고 이름을 떨칠 수 있으나 신 약자는 감당하지 못해 도리어 병객이 되고 평생을 쫓기어 산다.

喜殺 네가지

丁 甲 辛 戊
卯 辰 卯 子

신약재다 하여 印綬에 의지하는데 財(甲卯木)때문에 印(辰土)이 억눌려있다. 年上칠살이 재를 화살(化殺)하고 생인(生印)하니 도리어 권세의 도움으로 부귀를 누리다.

戊 甲 辛 丁
寅 寅 卯 酉

재왕신허(財旺身虛)하여 年上 인수에 의지하는데 旺財가 극인(剋印)하여 풍전등화 時上칠살이 財를 인살(引殺)하고 生印하니 반드시 權으로서 크게 출세하고 이름을 떨친다.

辛 丁 辛 甲
酉 酉 酉 午

일주가 득왕득세하여 안하무인이다. 時上정재가 위기일발의 불안상태에 있는데 月上칠살이 비견을 누르고 일주를 억제하니 재를 보존하고 맹호 같은 힘을 겨룰 수 있으니 영웅으로서 이름을 떨친다.

丁 庚 辛 甲
酉 戌 酉 午

신강재경한데 月劫이 재를 위협한다. 年上칠살이 겁재를 누르니 財가 안전하고 재가 칠살을 생해주니 권세가 높다.

化殺-될 화. 죽일살:살을 좋은 신으로 바꿨다. 生印-생인이란? 나의인수를 도와주었다.
財旺身虛-재왕신허란? 재성이 강하여 내 몸인 일주가 허약해졌다는 말. 引殺-끌인.죽일살

忌殺 네가지

丁 庚 辛 乙
丑 戌 丑 未

토왕금강(土旺金强)하여 土가 큰 우환인데 時上 乙木으로 土를 눌러 土의 극성과 피해를 막는 터에 年上 칠살이 乙木을 설기하고 生土하니 그 피해가 막심하다. 권세 때문에 평생 시달리고 손재한다.

戊 己 辛 丁
戌 未 未 酉

인왕신경(印旺身輕)하고 토다금매(土多金埋)하여 印이 원수인데 칠살이 生印하니 원수에게 칼을 주는 격이다. 권세에 눌러서 재능을 발휘하지 못하고 항상 고통을 받는다.

丁 乙 辛 乙
卯 巳 卯 未

재다신곤(財多身困)한데 칠살이 합세하여 일주를 공격하니 몸 둘 바가 없다. 재로 곤해서 재난이 많고 돈을 벌면 몸을 다친다.

甲 丁 辛 庚
辰 卯 未 寅

財가 득령하고 득국하여 감당할 수 없는 병객인데 칠살이 몸을 괴롭히니 설상가상격(雪上加霜格)이다. 평생을 財와 여자로 고생하고 재난을 당하며 돈을 벌수가 없다.

[구체적인설명] 卯월이면 木왕절인데 卯未 寅卯辰 木方局을 이루고 한 집 등에 진 병객(病客)인데 칠살 丁화까지 나를 괴롭힌다. 財生殺한 칠살이라서 辛금은 겁재 庚금이 시상에 나타나 도와줄 알지만 甲庚 충거로 날아가 버리니 이사람 평생 재물과 여자문제로 고생만 하다 허송세월 다 보내게 된다.

土旺金强-토왕금강이란? 土가왕하니 金도 土生金으로 강해졌다.
印旺身輕-인왕신경이란? 인성이 너무 많아도 자신인 일주가 가벼워진다는말. 輕:가벼울 경
土多金埋-토다금매란? 土가 많아 金이 흙속에 무친다는 말 埋:묻을 매 묻어버린다.
財多身困-재다신곤이난? 재성이 많아서 내 몸인 일주가 괴롭다는 말. 困:괴로울 곤
雪上加霜-설상가상이란? 눈설. 위 상. 더할가. 서리상. 눈이온데 서리까지 내렸다는 말로 엎친데 덮쳤다는 말도 된다. 病客-병들 병. 손 객: 병든 손님.

6. 正偏印篇(정편인편)

　인수는 나를 생해주고 길러주는 의식주로서 正印과 偏印을 가리지 않는다. 신왕자에겐 배부른데 밥을 주는 격이니 기신이 되고, 신약자에겐 배고픈 자에게 밥과 보약을 주는 격이니 더 희신이다. 어려서는 어머니가 인수가 되고 커서는 직장과 지식이 인수가 된다.

喜印 네가지

丁　辛　戊　丙
卯　亥　子　辰

실령한 노토(老土)가 상관生財로 설기가 심하고 지지에 財官이 반합을 하여 무근무력하다. 年時上 二印이 생부(生扶)해주니 병든 산모가 보약을 얻어 능히 財官을 감당하고 부귀를 누린다.

癸　乙　戊　丁
卯　卯　子　巳

관왕신약한데 財生官하여 귀한 집 공자가 병든 격이다. 時上 인수가 극성스러운 官을 화인(化印)하여 생신(生身)하니 귀인을 만나서 크게 출세한다.

戊　辛　戊　丁
戌　酉　申　巳

신약한데 상관이 득령득국하니 노부(老婦)가 아기를 무더기로 낳는 격이다. 기진맥진하는 터에 時上 인수가 보약을 먹이고 살기(殺氣)를 막으니 母子가 건전하고 귀인의 도움으로 입신출세한다.

丙　丙　戊　庚
申　申　戌　申

식신이 득령하고 다근(多根)하니 아기보가 빠진 산모격이다. 기지사경에서 二印의 도움을 얻으니 고목이 봉춘(逢春) 하듯 생기가 발달하여 旺한 식신을 모두 감당하고 평생을 안락하게 지낸다.

老土-늙을노 흙토: 늦가을의 흙. 化印-될 화. 도장 인: 변해서 나를 돕는 신으로 됨.
生扶-날생 도울부: 도와고 부축한다는 말. 殺氣-죽일살 기운기: 나쁜 기운이라는 말.
生身-날생 몸신: 내 몸을 도와준다는 말. 多根-많을 다 뿌리근:뿌리가 든든하게 구성됨.
老婦-늙을노 며느리부; 나이 먹은 아녀자라는 말. 逢春-만날봉 봄 춘:봄 을 만남.

忌印 네가지

丙 戊 戊 壬
辰 戌 午 戌

신왕재경한데 月上비견이 쟁재하여 암적인 기신이다. 설상가상으로 年印이 기비(忌比-꺼리는 비견)를 생해주니 도독에 칼을 준 격이다. 애써 노력하나 뜯기는 것이 많아서 평생을 가난 속에서 산다.

乙 丙 戊 己
未 戌 午 未

일주가 태왕하고 土多하여 年上정관에 의지하나 乙木이 허약하여 土多木折하는 터에 인수가 관을 설기하고 己土를 生해주니 식체에 억지로 밥을 먹이는 격이다. 一生을 침체 속에 허송세월하고 가난하다.

丙 辛 戊 戊
戌 丑 戌 午

신이 태왕하여 상관에 의지하는데 인수가 합 상관하니 숨통이 막히고 수족이 마비되었다. 풍부한 재능과 역량을 가지고도 기회를 얻지 못해 무위도식하고 한탄하다.

庚 丙 戊 戊
子 戌 戌 午

일주가 태왕태강하여 年上식신에 의지하는데 月印이 도식(倒食)을 하니 식도가 끓어지고 살길이 막연하다. 재능과 힘은 있으나 농토가 없는 농부처럼 일생을 도로(徒勞)로 보내야 한다.

[구체적인설명]

戌月의 戊土가인비가 태왕하여 년간 식신에 의지하는데 원간에 나타난 편인 丙화가 식신庚금을 죽이니 이음 하여 도식이라 한다. 도식은 식신인 밥그릇을 엎어버린다 하여 도식이라 말하는데 운에서 도식이 되면 부도나고 목숨 잃고 활동이 정지되는 등 대단히 불리한 일들이 발생한다.

忌比-꺼릴비 견줄비:비견이 흉하다는 말. 土多木折-토가많아 목이 꺾인다는 말.
徒勞-무리도 힘쓸 로: 무리지어 일함. 倒食-너머질 도 밥식: 밥그릇을 넘어뜨린다는 말로 역술용어로는 식상이 죽어 없어진다는 말이다.

7. 정편재편(正偏財篇)

財는 生命을 기르고 보전하는 양명(養命)의 자본으로서 만인은 이 때문에 일하고 싸우고 패하고 죽는다. 재가 있고 신왕한 사람은 땅도 있고 인력도 있으니 평생을 부자로 잘 살 수 있고 재가 있고 신약한 사람은 땅은 있으나 병든 환자인지라 땅 때문에 도리어 병이 더하고 도독이 들끓다보니 재물이 없어지고 빚(채무)만 지며 재가 없고 신왕하면 몸은 건강한데 일터가 없어서 의지할 곳이 없는 가난뱅이 노릇을 해야 하고 재가 없고 신약하면 가난하고 병든 몸인지라 일생을 고통 속에 살아야 한다. 신강자는 財를 탐해도 무방하나 신약자는 재물보다 병을 고치는 것이 급하기 때문에 인수에 의지하지 않고 재를 탐하면 큰 재난을 당한다.

喜財 네가지

```
乙 甲 庚 丁
亥 申 申 丑
```
金이 태왕한데 용광로인 丁火가 약해서 금덩어리가 쓸모없게 되었다. 年月의 정편재가 生官하여 화기가 충전하니 재물로서 이름을 떨치고 부귀를 누리다.

```
癸 庚 庚 庚
卯 申 子 辰
```
득령한 추금(秋金)이 가득 차 있고 水局을 이루니 火로 녹일 수 없다. 年상관의 설기로 재능을 쓰나 수로가 작아 수문이 막힐 지경이다. 다행이 년지 정재가 물을 품어 머리 쓰고 돈 버는 길을 개척한다.

```
甲 戊 庚 甲
辰 辰 申 申
```
三金三土로서 土旺金强하여 土가 병이고 흙에 묻히어서 숨이 막히는 테에 年 時 二財가 剋印하여 활로를 개척하니 재물로서 병고치고 이름나고 출세한다.

養命-기를양 목숨명: 인간의 생명을 보존 보호 기르는 것을 말함.
生官-날생 벼슬관: 벼슬인 관성을 도와주는 것을 일컬은 말이다.
剋印-이길극 도장인: 인수를 극하는 것을 말함. 秋金-가을추 쇠금: 가을 생의 금을 말함.

乙 己 庚 乙
亥 丑 申 酉

일주가 강하니 印土가 병이다. 배부른 터에 밥을 억지로 먹이니 만사가 소화불량처럼 막히고 되는 일이 없다. 年 時干의 정재가 기토(忌土)를 파헤치고 일터를 마련해주니 평생 돈 복 있고 부를 기른다.

忌財 네가지

甲 丁 庚 乙
寅 卯 午 酉

실령한 노금(老金)이 강한火를 감당 못해 쫓기는데 年 財가 生官하고 時財가 몸을 묶으니 사면초가다. 재로 인해서 평생을 쫓기고 고생하며 재난을 당한다.

癸 乙 庚 庚
未 卯 子 辰

병든 약한 금이 年上상관에 의한 출혈 때문에 기지사경인데 月재가 상관을 인용하여 출혈을 가속화하니 재로 인해서 병이 더하고 수명을 보존할 수 없다.

戊 甲 庚 甲
辰 子 寅 申

失令한 한금(寒金)이 申子辰水국으로 설기가 극심하여 年上伐印에 의지하는데 좌우편재가 극인 하여 병든 말에 무거운 짐을 지우니 어찌 지탱하겠는가? 평생을 가난과 병약(病藥)속에서 산다.

乙 己 庚 甲
未 卯 子 申

春生虛金이 財旺한데 水 木이 둘러싸고 설기가 막심하니 月印에 의지한다. 年時 兩財가 극인을 하니 재물을 탐하다가 도리어 화를 당하고 평생 가난에 시달린다.

忌土-꺼릴 기 흙토: 토가 많아 흠하다는 말. 寒金-찰 한. 쇠금: 경울 생. 금을 말함.
病藥- 병들병 약약: 병과약을 말함. 年上伐印-년상 벌인 이라는 말은 년간의 戊토가 庚금의 인성인데 월시간의 甲목편재가 木剋土로 치는 별이라는 말.

제2장
오행의 성정(五行의 性情)

　오행은 저마다 독특한 성품을 가지고 있다. 오행의 성정은 일주를 중심으로 분석한다. 모든 만물은 오행의 합성물로 오행의 성품을 올바로 분별하면 그 사람의 성품이나 장단점 그리고 특징을 쉽게 판단 할 수가 있다. 가령 金일주로 물이 많으면 말이 많고 인색하며 木일주가 火가 많으면 총명하나 의지가 약하고 지능적인 범죄를 저지른다. 오행의 성정은 사주통변상 극히 중요하므로 구체적인 분석을 통해 관찰해 보아야한다.

金 日 生 性 情

1. **金일생이 득령 하거나 득기(土月生)하여 왕상 하면** 명예심 의협심이 강하고 신체가 건강하며 결단력이 풍부하고 위엄이 있으며 의지가 강하고 과격한 성품이 있다.
2. **金日生이 지나치게 태과하면** 용기는 있으나 모사가 서툴고 고집이 강하며 욕심이 많고 동정심이 엷으며 호색하고 살생을 즐기며 마음이 독하다.
3. **金日生이 신약하면** 생각은 깊으나 결단력이 없고 쓸데없는 일에 사로잡혀서 뜻을 좌절하기 쉬우며 외로움을 즐기나 마음뿐이고 만사가 시작만 있고 끝이 없다.
4. **金日生이 金多하면** 강직하고 용맹하여 의(義)를 위해서는 끝까지 싸우고 설사 지나쳐서 일을 저질러도 후해하지 않으며 예(禮)를 지키되 남에게 지는 것을 싫어한다.
5. **金日生이 木多하면** 사리가 분명하고 이해타산이 빠른 것이 특징이며 남을 위해서 자기를 희생하고 덕을 베풀고도 선무공덕으로 원망을 듣는 경우가 많다. 기분에 치우쳐서 실리를 외면하고 손재가 많다.

6. **金日生이 水가 많으면** 수다하고 능변이다 너무 자기 잇속만 따지며 겉으로만 예와 의리를 주장하면서 의협심이 없다. 행동은 너그러운 것 같으나 사실은 인색하고 야비하며 만사가 유명무실하기 쉽다.

木 日 生 性 情

1. **寅卯月 또는 亥子月生으로써 신이 旺相하면** 어질고 착하고 자비하며 두뇌가 총명하고 도량이 넓으며 동정심이 있고 남에게 베풀기를 즐기며(好施物-좋을호 베플시 만물물)자세가 아름답고 뛰어나다.
2. **신(身-일주)이 태과하면** 성질이 외골수로 편굴한 마음이 좁으면 질투심이 강하고 인정이 없으며 만사가 난잡하고 마음씨가 좁쌀처럼 잘고 잔소리가 많다.
3. **신(身-일주)이 태약하면** 마음씨는 부드러우나 바르지 못하고 인색하며 만사가 무질서하고 불규칙적이며 품위가 없고 비천하다.
4. **木日生이 金多하면** 자제심은 강하나 항상 피로하고 지친표정이며 결단력이 둔하고 매사에 이랬다저랬다 갈피를 잡지 못하며 굳지를 못한다.
5. **木日生이 木다하면** 우유부단하고 독선적이며 공부는 많이 하나 결실을 맺기 어렵고 총명하나 허영심이 강하여 교제는 넓으나 매듭이 없다.
6. **木日生이 水多하면** 뜬구름처럼 안정과 침착성이 없고 표류하는 나룻배처럼 이동이 많으면 언행이 일치하지 않는다.
7. **木日生이 火多하면** 배움을 즐기고 총명하나 의지가 약하고 유시무종하며 뜻은 있어도 실천력이 약하고 나쁜 줄 알면서도 지능적인 범죄를 저지른다.
8. **木日生이 土多하면** 검소하면서도 인색하지 않으며 인상이 좋고 사교성도 능하며 매사에 자신을 가지고 행동함으로서 존경을 받을 수 있다.

水 日 生 性 情

1. **亥子月 또는 辛酉月生의 水는** 신이 왕상하며 총명하고 배움을 즐긴다. 연구심이 철저하고 뛰어난 학설로서 타의추종을 불허한다.
2. **신(身-일주)이 태과하면** 시비를 불문하고 행동하며 떠도는 방랑의 버릇이 있고 성적으로 다음하고 임기응변 하는 기지가 뛰어나서 거짓과 모사에 능하며 잔인한 성품이다.
3. **신(身-일주)이 태약하면** 우유부단하고 계획성이 없으며 지모가 부족하고 사리가 분명치 못하며 행동이 일정하지 못하고 지극히 버릇이 없다.
4. **水日生이 金多하면** 의리를 존중하나 내부 충족보다 외관상의 형식에 치중하며 뜻은 크나 다음하고 이성문제로 파탄을 초래하며 지모는 좋으나 행동력이 부족하고 의존심이 크다.
5. **水日生이 木多하면** 인색하면서 낭비하는 버릇이 있고 완고하면서 뱃장은 없으며 모순이 많다. 말이 많고 언행이 일치하지 못하다.
6. **水日生이 水多하면** 침소봉대(針小棒大)하는 버릇이 있고 작은 일을 처리하는데도 천재적인 소질을 가지고 있으나 매사가 유두무미하고 정착하기가 어렵다.
7. **水日生이 火多하면** 예를 소중히 여기고 사물을 지나치게 생각하고 고려한 나머지 생각에 잠기고 침울하기 쉽다. 결단이 너무 빠르고 속단에 빠져서 후회하는 일이 많고 작은 일은 성사하나 큰일은 성사하기 어렵다.
8. **水日生이 土다하면** 내성적이고 신의가 두터우며 인내심이 강하고 겉으로는 어리석으나 내심은 의외로 감수성이 빠르다. 결단성이 없고 남을 미워하는 마음이 강한 것이 결점이다.

火 日 生 性 情

1. **춘하생(春夏生)의 火는** 왕상하고 사리가 분명하며 능소능대 하고 능변하며 표현력이 풍부하고 꾸며대는 기교는 멋지나 실제적인 화술은 부족하다.
2. **신이(身-일주) 태과한 火日生은** 성격이 급하고 과격하며 희노애락의 감정이 급격히 변동하고 감정이 그대로 표면화하며 인정이 없고 잔인한 성품이 있다.
3. **신(身-일주)이 태약한 火日生은** 교활하고 겉으로는 신중하고 사려가 깊은 것 같으나 경솔하며 예가 바른 듯이 말은 청산유수이나 결단력과 실행력이 부족하다.
4. **火日生이 金多하면** 매사를 기분대로 독단처리하고 반성함이 없으며 예의를 가리지 않고 버릇없이 행동함으로 남의 비난을 사기 쉽다.
5. **火日生이 木多하면** 독선적인 경향이 있고 선악과 시비는 분명히 가린다. 능변하고 총명하나 뱃장이 적은 것이 결점이다.
6. **火日生이 水多하면** 요령에만 치우치고 예를 가리지 않으며 자기 꾀에 자기가 넘어가듯이 총명함이 도리어 탈이다. 너무 약하다보니 과오를 많이 일으킨다.

7. **火日生이 火多하면** 때는 있으나 의리는 없고 겉으론 총명하나 사실은 우둔하며 행동 또한 신중성이 없고 거칠다 만삭 유명무실하고 유두무미하다.
8. **火日生이 土多하면** 어리석고 완고하며 융통성이 없고 말은 착하나 마음은 약하고 비밀은 지키나 행동은 대담하다.

土 日 生 性 情

1. **여름이나 계월(季月-辰戌丑未月)에 출생한 土일주는** 신이 왕상하고 신앙심이 두터우며 약속을 지키고 효성이 지극하며 언행이 침착하고 충실하다.
2. **土日生이 태과하면** 흙처럼 고지식하고 완고하며 유통 없이 없고 어리석다. 일이 막히고 능력은 있으나 재능 발휘할 기회가 없다.
3. **土日生이 태약 하면** 인색하고 난폭하며 사람을 반기지 않고 사리가 통하지 않으며 마음속에 독기를 품고 있다.
4. **土日生이 金多하면** 신의가 두텁고 지나치게 강직하나 고집이 있고 침착하지 못하며 말이 많다.
5. **土日生이 木多하면** 뜻은 부질없이 크고 무엇이나 필요이 상으로 노심하며 약속을 지키지 않고 실행력이 부족하며 주체성이 없고 피동적이며 남의 영향을 지나치게 받기 쉬운 것이 결점이다.
6. **土日生이 水多하면** 진취적이고 공명을 탐하며 욕심이 많고 마음이 바르지 못하여 의리를 돌보지 않고 현실에 치우친다.
7. **土日生이 火多하면** 경제관념이 부족하고 낭비하면서 인색하다는 평을 듣고 외관상은 현명하나 결단력이 우둔하다.
8. **土日生이 土多하면** 침착하고 도량이 넓으며 약속을 지키고 비밀을 소중이 하며 은인에게는 충실하나 적에 대해서는 무자비하여 잔인하고 참혹한 면이 있다.

제3장
用神으로 보는 性情判斷

五行의 개성을 바탕으로 주인공의 성정을 감별하듯이 사주의 용신을 상대로 그 주인공의 성품을 분별할 수 있다.

이는 육신의 개성을 바탕으로 하는 만큼 육신의 성정을 핵심으로 한다. 같은 육신 중에 용신을 유독 기준으로 하는 것은 용신이 차지하는 사주상비중이 클뿐더러 사실상 용신은 한나라로 따지면 임금인 일주를 섬기고 만백성을 다스리는 재상이요, 충신이기 때문이다. 그러나 어떠한 나라든 임금은 종신제이지만 재상은 수시로 바꿈으로서 용신은 결코 일정하거나 고정될 수 없으며 형편에 따라서 언제든지 바꿀 수 있다는 사실을 감안한다면 용신도 일변도의 사주론은 본말을 착각한 그릇된 오류인 동시에 용신 위주의 성정은 용신의 변화에 따라 변동될 수 있음을 암시한다. 그것은 인간의 성품은 고정된 불변의 개성이 아니고 상황에 따라서 바뀌질 수 있고 또 변하고 있는 사실과 부합되는 하나의 진리다.

印綬用神者

用印자는 印綬의 개성처럼 깊고 자비심이 풍부하며 품행이 단정하고 침착하며 덕을 숭상하고 윗사람을 성실히 섬기며 도량이 이 부족하다. 그러나 인수가 많으면 평범하다.

偏印用神者

사람이 주도 치밀하고 섬세하며 총명하고 재치가 있다. 수완이 능소능대하고 인기가 있으며 눈치가 빠르고 쓸모가 있으나 변덕이 있고 유시무종이다. 편인이 많으면 야비하고 인색하며 품위가 없다.

_{用印者라는 말은 쓸 용자와 도장인 놈 자자로 육친상으로 인수를 용신으로 쓰는 사람이란 말이다. 印綬라는 말은 도장인 인끈수자로 인성을 인수라 말한다. 보통 正印을 인수라 말하고 편인도 인수라 말하기도 하지만 원칙적으로는 편인이 맞는 말이다.}

正 官 用 神 者

用正官자는 군자처럼 지식이 풍부하고 언행이 단정하며 법을 지키고 도리를 다하며 공명정대하고 도량이 넓으나 수완이 부족하다. 정관이 많으면 뜻이 여러 갈래로 갈라져서 일정하지가 않다.

偏 官 用 神 者

사람이 호탕하고 영웅적이며 의협심이 강하고 누구에게도 이기려 들며 의리를 위해선 희생을 아끼지 않으나 실속을 차리지 않는 것이 흠이다. 편관(칠살)이 많으면 소 심줄처럼 찔 긴 성품을 가지고 있어 한번 손을 대거나 싸움을 하면 끝장이 나야만 그만둔다.

傷 官 用 神 者

성질이 날카롭고 모나며 총명하고 기지가 있으나 바른말 하고 시비를 너무 따져서 인화를 도모하기 어려우며 권세와 비판을 즐긴다. 상관이 많으면 거만하고 유아독존 격이다.

食 神 用 神 者

사람이 착하고 온유하며 너그럽고 둥글둥글하며 누구에게나 호감을 주고 인정이 많으며 이해성과 사교성이 풍부하다. 식신이 많으면 완고하고 고지식해서 융통성이 없다.

比 肩 用 神 者

성품이 온건하고 평화적이며 협동심과 인정이 많고 아량이 있으며 친구와의 우정이 두텁고 동기간의 우애도 깊다. 그러나 비견이 많으면 도리어 모가 나고 독선적이면 인화를 도모하기 어렵다.

用正官자란 말도 정관을 용신으로 한다는 말로 이하 모든 육친에 붙여 사용할 수 있다.

劫財用神者

　사람이 솔직하고 담백하며 무엇이나 열중 적이고 진취적이며 주는 것을 아끼지 않듯이 받는 것도 즐기며 투기성과 호기심과 모험성이 있다. 겁재가 많으면 우둔하고 주위가 어수선하며 늘어만 놓고 매듭이 없다.

偏財用神者

　사람이 민첩하고 수완이 있으며 사교성이 능하고 대인 접대가 친절하며 기분에 살고 기분에 쓰며 돈에 쪼들리면서도 돈 쓰는 것이 먹지고 무엇이든 처리하는 것이 시원스럽고 능란 하며 융통성이 비범하다. 편재가 많으며 놀고 즐기는 데만 치우쳐서 낭비하고 산재한다.

正財用神者

　성품이 정직하고 근면하며 절약하고 검소하며 투기를 싫어하고 모험을 피하며 아량이 있고 인정이 있으며 신임이 두텁고 법을 지키면 약속과 책임감이 강하다. 그러나 정재가 많으면 우유부단하고 겁이 많으며 주저하다가 모든 기회를 놓친다.

用神으로 보는 性情判斷이란말은?
쓸용 귀신신자로　우리역술용어로 필요한 육신이란 말이다.
性情의 性은 성품성 즉 성질을 말함이고 情은 뜻 정자로 본성을 말함이니 성정이란 그 육친의 본질의 성품 또는 본성을 일컬은 말이다.
判斷의 判자는 판가름할 판자요, 斷자는 끊을 단자로 가르다라는 의미이므로 갈라서 판가름한다는 말인데 통틀어서 성정판단이란 단어는 그 성품을 알아 판가름 한다 로 보면 된다.

旺弱으로 보는 性情

身旺者의 性情(신왕자의 성정)
　사람이 너그럽고 총명하며 실력이 풍부하고 자신감이 가득하다. 주도면밀하면서도 융통성이 있고 초지일관하여 대성을 이룬다.

身强하고 有制한者(신강하고 유제한 자)
　身이 강하면 자기 멋대로 하는 버릇이 있으나 관성이 있어서 누르거나 식상이 있어서 설기하여 중화가 되면 힘도 강하고 능력도 있는 유능한 인재로서 상식이 풍부하고 도량이 넓으며 다정하고 의리가 있고 용감하면서 분수와 도리를 지킨다.

身强하고 無制한者(신강하고 무제한 자)
　身은 강한데 관성이나 상관이나 재성이 없으면 난폭하고 싸움을 즐기며 한번 노하면 자제할 수 없으며 자기 멋대로 행동하고 모험을 즐기나 상사 앞엔 비굴하고 약자에겐 호랑이 노릇을 하여 괴롭힌다. 주먹을 휘두르고 힘으로 왕초노릇을 하여 이익을 위해선 물불을 가리지 않는다.

身弱하나 生扶가 있는者(신하나 생부자가 있는 자)
　신약한데 인수나 겁재가 도와줌으로서 중화를 얻은 자는 사려가 깊고 배움이 많으며 검소하고 언행이 단정하며 약속을 지키고 책임을 완수하며 분수를 지키고 남에게 베푸는 것을 즐기며 은혜를 보답하고 남을 공경하는 마음이 지극하다. 남의 신세도 많이 지지만 남을 돕는 일을 애써한다.

有制한者 : 유제한자란 있을유, 누를제, 놈자 자로 억제하는 육신이 있는 사주를 말한다.
無制한者 : 무제한자란 없을무, 누를제, 놈자 자로 억제하는 육신이 없는 사주를 말한다.
生扶가 있는者 : 생부가 있는 자란 날생, 도울부, 자로 도와주는 육신이 있는 사주다.
억제한다는 말은 누르는 관살만을 말하는 것이 아니라 식상으로 설기시키는 것도 재성으로 내가극해 힘이 빠지는 것도 포함된다. 그래서 사주는 중화를 제일로 보는 것이다.

身弱한데 生扶가 없는者(신약한데 생부자가 없는 자)

　身弱한데 인수 비겁 등 도와주는 별이 없으면 사고뭉치요, 사면초가이며 세상에 의지할 때가 없는 천애의 고아격이다. 능력도 아량도 성실도 없이 거짓말을 식은 밥 먹듯 하며 우유부단하고 박력이 없으며 시기 질투가 강하고 게으르며 결단력 없이 우물주물하며 남에게 의지하고 신세지는 것을 다반사로 하며 만사를 그릇판단하고 속단하여 일을 저지른다. 완고하고 고지식하여 융통성과 사교성이 없고 소견이 좁고 노하기 쉬우며 마음에 독기를 품고 있다.

五行相生 相剋과 旺衰의 變則(오행상생 상극과 왕쇠의 변칙)

　과거의 고전명리는 상생과 상극이 고정되어 있다. 金水가 水生木 木生火 火生土 土生金이 상생의 법칙이다. 그러나 현실과 실제 면에 있어선 그 반대의 경우도 많다. 金生水 대신 水生金이 되고 水生木 대신 木生水가 되며 木生火대신 火生木이 되고 火生土 대신 土生火가 되며 土生金대신 金生土가 되는 경우도 있다.

그와 같이 득령한 신왕자가 기진맥진하는 허약자로 변질하는가 하면 실령한 신약자가 의기 양양 하는 신강자로 둔갑하는 경우도 있다. 사주는 상생상극과 왕쇠 강약을 바탕으로 통변하고 감정하는 생극제화(生剋制化)의 조화인지라 이의 구체적 사실을 철저히 분석하고 연구하는 것은 중요한 과제라 하겠다.

오행의 통변을 차분하게 살펴보기로 하자.

以財生身(이재생신)

1. 木生火 하나 木多하면 도리어 火가 꺼진다. 아궁이에 불을 피우는데 나무를 너무 많이 집어넣으면 도리어 불이 꺼지듯이 이때엔 火의 재성인 金을 써서 木을 자르고 쪼개고 누르면 火가 다시 回生하니 木生火가 아니라 金生火가 된다.

以財生身 : 이재생신이란? 써이, 재물재, 날생, 몸신이니 재물로써 내 몸이 살아난다. 라는 말이다. 역술용어에 木多火熄이란 말이 있다. 熄자는 꺼질 식자로 그치다, 없어지다.를 말한다.

2. 火生土하나 火多하면 土는 타버리고 초토(焦土)가 된다. 이때엔 土의 財성인 水를 써서 火氣를 누르고 土를 적시우면 土의 生氣가 회복된다. 이는 火生土가 아니라 水生土가 분명하다.

3. 土生金하나 土가 많으면 金이 흙에 묻힌다. 묻힌金은 억만금이라 해도 없는 것과 똑같다. 이때에 金의 재성인 木을써서 土를 무찌르고 파 해치면 무덤에 묻힌 金이(埋金) 다시 세상의 빛을 보고 生氣를 찾는다. 이는 土生金이 아니고 木生金이다.

4. 金生水하나 金이많으면 水가 막힌다. 금다수탁(金多水濁)이라하는데 돌이 많으면 물이 묻히는 것이다. 이때에 水의 재성인 火를 써서 金을 녹이고 분산시키면 막혔든 물이 다시 흐르고 생기를 찾는다. 金生水 대신 火生水가 된 것이다.

5. 水生木하나 水多하면 부목(木浮)되어 나무는 물에 떠내려가고 마침내 시든다. 이때의 木의 재성인 土를 써서 水를막고 누르고 묻으면 나무는 뿌리를 내리고 다시 생기를 찾으니 水生木아닌 土生木이 되었다.

焦土 : 초토란? 그을릴 초, 흙토자로 불에 그을린 흙으로 바짝 마른 흙이란 말로 불 먹어 못 쓰게 된 땅이란 말이다.
埋金 : 매금이란? 묻을 매, 쇠금자로 금이 흙속에 묻혔다.
水濁 : 수탁이란? 물 수 흐릴 탁자로 물이 탁해진다는 말이다.
木浮 : 부목이란? 나무목 뜰 부자로 나무가 물에 떠다닌다. 떠내려간다는 말이다.

食傷이 많으면 印綬와 財로 구제한다.

1. 木生火하는데 火多하면 木은 타고 없어진다. 이때엔 인수인 水를 써서 火를 끄거나 재성인 土를 써서 火를 설기하면 火기가 사그러지니 木이 회생(回生)할 수 있다. 이는 水生木이자 土生木이 된다.
2. 火生土하나 土多하면 火가 꺼진다. 이때엔 인수 木을 써서 土를 누르고 파헤치거나 재성인 金으로서 土를 설기하면 土기가 허약해지고 회생한다.
3. 土生金하나 金多하면 土가 무너진다. 이때엔 인수인 火를 써서 金을 녹이거나 재성인 水를 써서 金을 설기하면 金氣가 무력해져서 土가 회생한다.
4. 金生水하나 水多하면 金은 물에 가라앉는다. 이때에 인수인 土를 써서 水를 누르고 묻거나 재성인 木으로서 水를 설기하면 水가 무능해서 金이 회생한다.
5. 水生木하나 木多하면 水는 고갈한다. 이때에 인수인 金을 써서 木을 치거나 재성인 火를 써서 木을 태우면 水는 다시 회생한다.

母子가 相停하면 인수를 쓴다.

1. 木生火하니 木은 母고 火는 子다. 木 火가 똑같이 왕하여 母子의 힘이 비등하면 木의 인수인 水를 써서 木을 도우고 火를 눌러 주어야 母子가 다 같이 건재할 수 있다.
2. 火生土하는데 火土가 다 같이 旺하면 火의 인수인 木을 써서 火를 生해주고 土를 눌러야 火 土가 공존할 수 있다
3. 土生金하는데 土金이 똑같이 왕하면 土의 인수인 火를 써서 生土하고 제금()해야 언제까지나 土金이 공영(共榮)한다.

相停 : 상정이란? 서로 상 머무를 정자로서 정지된 상태를 말한다.
制金 : 제금이란? 억제제 쇠금자로 금이 왕 할 때 억제시킨다. 자르다. 제지하다란 말임.
共榮 : 공영이란? 함께 공. 영화 영. 영달 꽃이 피 다 란 의미로 함께 영화롭다는 말임.

4. 金生水하는데 金水 母子가 공왕하면 金의 인수인 土를 써서 보금(補金)하고 制水하여야 母子가 안전하다.
5. 水生木하는데 水木이 상정하면(함께 머물면) 水의 인수인 金을 써서 生水하고 剋木해야 母子가 영원히 공존할 수 있다.

逆 生 法

1. 木生火하나 火도 生木한다.
 冬木은 추워서 얼고 동사(凍死)에 직면하는데 이때에 火를 만나면 해동(解凍)하여 동사(凍死)를 면하고 생기를 되찾으니 木이 火를 생하는 것이 아니고 火가 木을 生하는 것이다.

2. 火生土하나 土도 生火한다.
 水多하면 火가 꺼지는데 土가 水를 누르고 묻으면 水에 쫓기고 꺼져가든 火가 다시 회생하니 土가 火를 生한 것이다.

3. 土冷金하나 金도 生土한다.
木多하면 土는 무너지는데 金이 木을 누르고 벌목(伐木)하면 土는 다시 생기를 찾으니 金으로 인해서 土가 다시 회생한다.

4. 金生수하나 水 또한 生金한다.
火다 하면 金이 녹아 없어지는데 水가 火를 누르고 끄면 金은 火難을 피하고 회생하나 水生金이다.

5. 水生木하나 木 또한 生水한다.
土多하면 水가 막히고 묻히는데 木이 土를 파헤치면 水는 다시 회생한다. 이미 묻힌 水를 다시 회생시키니 木生水가 분명하다.

補金 : 보금이란? 도울 보 쇠금자로 금을 돕고 보호한다는 말임.
凍死 : 동사란? 얼 동 죽을 사자로 얼어 죽었다는 말이다.
解凍 : 해동이란? 풀해 얼 동자로 꽁꽁 얼은 것이 풀리다라는 말임.
伐木 : 벌목이란? 칠 벌 나무목자로 나무를 쳐내다. 다듬다. 베어 내다 란 말임.
火難 : 화난이란? 불화 어려울 난자로 불로인한 어려움을 당한다는 말임.

相生原理

1. 金生水는 金에서 水가 생하는 것이 아니고 木多하면 水가 고갈하는데 金이 木을 누르고 설수(洩水)를 막으니 水가 金 때문에 회생하는 것이다.
2. 水生木은 水에서 木이 생하는것이 아니고 火多하면 木이 타서 죽을 지경인데 水가 火를 누르고 쫓으면 木은 구제되고 회생한다. 그래서 水生木이라 한다.
3. 木生火는 木에서 火가 생하는 것이 아니고 土多하면 火는 설기가 심하여 꺼지는데 木으로 土를 누르고 파헤치면 설기가 중단됨으로서 火가 회생하니 木生火라고 한다.
4. 火生土는 火에서 土가 생하는것이 아니고 金多하면 土가 무너지니 火가 金을 누르고 설기를 막으면 土가 회생한다.
5. 土生金은 土에서 金이 생하는것이 아니고 水多하면 金이 물에 가라앉는데 土가 水를 누르고 묻음으로서 수침(水沈)직전의 金을 구재하니 土生金 이라고 한다.

財多者는 印綬로 回生한다.

1. 木剋土하나 土多하면 木이 부러진다. 이때에 木의 인수인 水를 쓰면 木은 강해지고 土는 물러지나 능히 土를 다스린다.
2. 土剋水하나 水多하면 土가 무너지고 물속에 잠긴다. 이때에 火를 쓰면 土는 강해지고 水는 증발(曾發)됨으로서 土가 능히 水를 관리할 수 있다.
3. 水剋火하나 水多하면 水는 고갈되고 金을 쓰면 水는 강해지고 火는 흩어져서 弱化하니 水가 능히 火를 다스린다.

洩水 : 설수란? 샐 설 물 수자로 물이 흘러나옴을 말한다.
水沈 : 수침이란? 물 수 잠길 침자로 물에 잠겨 가라 안다.
曾發 : 증발이란? 일찍 증 필발 쏠 발 자로 일찍이 쏘아 없어지다.

4. 火剋金하나 金多하면 火가 꺼진다. 木을 써서 火를 생해주고 金을 분산시키면 木은 강하고 金은 약해져서 金을 다룰 수 있다.
5. 金剋木하나 木多하면 金이 일그러진다. 土를 써서 金을 생해주고 木을 분산시키면 金은 강하고 木은 약해져서 능히 木을 다스릴 수 있다.

身强財弱하면 官으로 護財한다

1. 木剋土하는데 木多 하면 土가 견디기 어렵다. 관성인 金을 써서 木을 누르면 재성인 土가 안전하게 보호되니 부귀를 같이 누릴 수 있다.
2. 土剋水하는데 土多하면 水財가 묻히니 가난하다. 관성인 木을 쓰면 극성스러운 土를 누르고 허약한 水를 보호하니 財가 보존되고 관운도 열린다.
3. 水剋火하는데 水多하면 火가 꺼진다. 관성인 土를쓰면 水를 누르고 火를 보호하니 재관이 쌍전 한다.
4. 火剋金한데 火多하면 金이 녹아 없어진다. 관성인 水를쓰면 火를 누르고 金을 구제하니 부귀가 겸전한다.
5. 金剋木하는데 金多하면 木이 꺾인다. 관성인 火를 쓰면 金을 누르고 木을 살리니 돈 벌고 벼슬하는 일석이조(一石二鳥)의 이득을 본다.

身强財弱하면 官으로 護財한다. 라는 말은?
身强 : 몸신 굳셀 강 자로 자신의 몸이 강하다. 는 말인데 주중에 비겁이 많다 는 말이다.
財弱 : 재물 재 약 할 약자로 주중에 비겁이 많으면 내가극하는 재성은 약하게 된다.
護財 : 보호할 호 재물 재자로 주중에 비겁이 많으면 관성으로서 비겁을 억제시킨다는 말로서 육신의 생극제화(生剋制和)를 설명한 것이다.

身財가 相停하면 印綬를 쓴다.

1. 木剋土하는데 木土가 공왕(共旺)하면 군신이 동격이니 군의 체면이 말이 아니다. 이때엔 의당 인수인 水를 써서 군을 생해주고 신을 약하게 하면 능히 군이 신을 다루고 財를 다스릴 수 있다.
2. 土剋水하는데 土水가 비등하게 상정(함께 머물면)하면 火를 써서 土를 生해주고 水를 약화시켜야만 일주가 財를 다룰 수 있다.
3. 土剋火하는데 水火가 비등하면 金을써서 일주를 돕고 財를 분산해야한다. 주(主)가 강하고 객(客)이 약해지면 주객의 체통이 유지되고 집안이 평화로우며 재물도 안전하다.
4. 火剋金한데 火金이 대등하면 신이 군을 얕본다. 木을써서 火를 생해주고 金을 분산시키면 火가 능히 金을 다스릴 수 있다.
5. 金剋木하는데 金木이 상정하면 土를 써서 金을 보강하고 木을 약화시켜야 金이 능히 군권을 유지하고 신하와 재물을 다스릴 수 있다.

逆 剋 法

1. 金剋木하나 木또한 剋金할 수 있다. 추금(秋金)은 강해서 능히 剋木할 수 있으나 春金은 노쇠해서 득령한 旺木을 다스릴 수 없이 도리어 木의 지배를 받는다. 五行은 만능이 아니고 절대적이 아니며 인생과 같이 젊어서는 왕성하나 늙고 병들면 무능 무력해진다.
2. 木剋土하나 土역시 剋木을 한다. 春木은 旺하여 능히 土를 다스릴 수 있으나 土旺節엔 木은 쇠하고 土는 旺하니 쇠목(衰木)은 왕토(旺土)를 다스릴 수 없어 도리어 土의 지배를 받는다.

相停 : 서로 상 머무를 정 자로서 서로 함께 머무르고 있다는 말이다.
共旺 : 함께 공 왕성할 왕 자로서 함께 왕성하다는 말이다.
秋金 : 가을 추 쇠금자로 申酉戌월에 태어난 庚辛 금을 말한다.

3. 土剋水하나 水또한 剋土한다. 辰戌丑未生의 土는 旺하니 능히 水를 다룰 수 있으나 亥子月엔 土는 쇠하고 水는 旺하니 水가 도리어 土를 剋한다.
4. 水剋火하나 火역시 剋水한다. 水왕절엔 水가 능히 火를 다스릴 수 있으나 火旺절엔 水는 쇠하고 火는 왕성하니 火가 도리어 剋水한다.
5. 火剋金하나 金또한 剋火한다. 火旺節엔 火가 능히 金을 다스릴 수 있으나 金旺節엔 火는 병약하고 金은 왕성함으로서 旺金이 노화(老火)를 능히 다스린다.

逆生法이나 逆剋법은 사주통변상 상생상극보다 훨씬 더 많은 비중을 차지하고 있으며 이 법칙을 모르고는 올바른 통변과 감정을 하기가 어렵다. 이 점을 고려하여 역생 역극의 이치는 더욱 철저히 규명하고 개발되어야 할 것이다.

格 局 用 神 篇

고전사주는 격국용신을 위주로 하여 판에 박은 듯 한 이론을 주장하고 있다. 격국을 모르고는 사주를 말할 수 없고 용신을 떠나서는 사주는 감정할 수 없다는 것이 과거 고전파의 정론이자 정칙이다. 격국용신을 올바로 연구하자면 몇 해의 세월이 흘러야 한다. 그렇다고 완성이 되고 자신이 붙는 것은 아니다. 이론이 분분하고 갑론을박으로 귀 거리 코 거리 식으로 다룬 것이 대부분인지라 초학자는 물론이요 몇 해를 공부하고도 그 진수를 규명하지 못해 어리둥절 하는 것이 태반이다. 모든 사주격식이 격국 용신을 골자로 삼은지라 용신을 알지 못하고는 대운이든 세운이든 살필 수가 없으니 무슨 짓을 하던 용신 잡는 법은 알아야 한다. 몇 해를 애써서 용신법을 익히면 사주대운으로서 감정에 임한다. 그렇다고 사주가 한 눈으로 분석 되고 감별되는 것은 아니다. 고작 용신을 생부해주는 운은 좁고 용신을 충 극하는 운은 나쁘다는 길흉의 판단 법을 내릴 수 있을 뿐이다. 그것으로 과연 답답해서 찾아온 고객의 심정을 풀어줄 수 있는가? 현대인은 추상적 이론을 떠나서 구체적인 사실을 요구하고 있다. 운이 좋다 나쁘다는 추상적 결론으로서는 현대적인 운명감정을 내릴 수가 없다. 적어도 언제 무엇이 어떻게 발생하고 변화하며 현 시점은 어떠한 상태인가? 쯤은 속 시원히 밝혀주어야만 고객과 대화가 가능하다. 그러한 통변의 원리는 격국이나 용신을 떠나서 十干과 十二支의 개성과 변화 법칙에서만 발견될 수 있다. 신사주가 격국용신을 떠나서 干支의 개성과 상호작용에 역점을 도고 실제적인 통변을 중점적으로 다루는 까닭은 여기에 있다. 그러나 아직도 고전파에 속하는 많은 초학자들이 격국 용신편에 사로잡힌 채 머리를 짜내고 있는 실정을 도외시 할 수가 없을 뿐더러 격국 용신의 근본을 파헤침으로서 많은 시간낭비를 절약할 수 있다는 관점에서 격국과 용신의 집대성을 간단히 소개하기로 한다.

格局이란 무엇인가?

격국은 사주의 성명이다. 사주의 주인공인 사람이 저마다 성명을 가지고 있듯이 사주는 격식에 따라서 성명이 명명된다. 성은 부계(父系)를 따르는 것이 상식이지만 옛날엔 모두가 모계(母系)를 중심으로 하였기 때문에 사주에서도 모궁(母宮)을 중심으로 한다. 그러나 현대안의 성(姓)은 부계를 위주로 하듯이 비록 모궁을 바탕으로 한다 해도도 그 자체는 현대성처럼 어머니 아닌 아버지로 간주하는 것이 순리다. 사주는 年 月 日 時의 네 기둥으로 구성되고 년주는 뿌리요 월주는 싹이며 일주는 꽃이요 시주는 열매라고 한다. 뿌리는 여태까지 내려온 조상과 혈통과 아버지의 씨족을 의미하고 싹은 어머니의 자궁과 출생지와 묘포(苗圃)와 묘목(苗木)을 상징하며 꽃은 얼굴과 주체와 태양과 주인공을 뜻하고 열매는 일생의 결산과 공로와 자손을 의미한다.

사주가 나무라면 격국은 나무의 이름이다. 밤나무냐 뽕나무냐 하는 것은 묘목의 싹을 봐야한다. 그 싹은 어머니의 탯줄인 월지에서 나타난다. 그래서 모든 격국은 월지를 중심으로 명명(命名)되고 정해지며 분별되는 것이 철직이다. 그것은 비단 내격(內格)뿐이 아니고 외격(外格)도 마찬가지다. 고전사주는 내격만 월지에서 성립되고 외격은 월지 밖에서 정해지는 양 생각하고 있지만 이는 크나큰 오류다. 왜냐하면 외격의 판단은 대세를 바탕으로 하는 것이 아니고 본시 月支를 기준으로 하기 때문이다. 가령 종격인 경우 干支에 財多하고 비겁이나 인수가 없으면 종재격이 성립되는 양 판단하지만 이는 전혀 피상적인 오산이다. 종재격인 성립되는 제1차 조건은 財가 月支에서 뿌리를 박아야하고 재성의 싹이 터야 만이 합격이다. 재성의 묘목(苗木)이 없다면 어떻게 그 사주는 財나무밭이라고 명명할 수 있는가? 사주는 칠면조처럼 이랬다, 저랬다, 흥청 되거나 변질하는 무질서한 곡예사인 대명사가 아니고 일정한 헌장과 율법을 가지고 있는 확고부동한 정리에 입각하고 있는 자연법칙이다. 때문에 사주의 이론은 자연적이고 순리적이며 과학적이고 상식적이다. 그 진리를 구체적으로 설정하기 위해서 격국의 이모저모를 살펴보기로 하자.

格局 用神 篇이란 무엇을 말하는 것인가?
格局 : 바로잡을 격 판국 자로서 판을 바로 잡는다 로 사주의 격식이 짜여진 것을 말함.
用神 : 쓸 용 귀신신자로 사주에서 가장 쓸 만한 육신을 일컬은 말로 필요한 신이란 말.
篇 : 책 편자로 책의 부분을 구분하는 것으로 용신편, 격국편 등으로 쓰인다.

內格과 外格의 의미는 무엇인가?
內格 : 안 내 바로잡을 격 자 로서 일반적인 보통사주를 내격이라 말한다.
外格 : 밖 외 바깥의 격이란 말로 종격을 말하는데 오행이 한 쪽으로 치우친 사주를 말한다.

支藏干(지장간)
<지지 속에 감춰있는 천간이라는 말이다>

　격국은 月支의 支藏干을 기초로 하기 때문에 지장간이 무엇인가? 를 다시 한 번 살펴보는 것이 순서라 하겠다. 지장간은 절기를 관장하는 대기(大氣)다. 대기는 태양에서 발생하는 우주의 근기로서 만물을 창조하는 아버지요, 혈통이요, 종자요, 정신이요, 영혼이다.
만물은 어머니의 체(體)와 아버지의 기(氣)로서 창조되며 체는 이미 어머니의 모체에서 형성되나 기는 이 세상에 나올 때 비로소 받을 수 있다. 그 기는 태양을 대신하여 절기를 지배하고 만물에 영혼을 전수한다. 그 영혼은 아버지의 정기(精氣)로서 사주의 기골(氣骨)을 형성하니 사주는 곧 그 정기에서 피어난 싹이요 꽃이다. 아버지의 씨에서 태어난 사주의 주인공이 아버지의 성씨를 따라서 작명할 것은 당연한 일이다. 때문에 격국(格局)은 월지(月支)의 지장간(支藏干)을 위주로 명명(命名)하는 것이 원칙이다. 지상의 대기는 고정하지 않고 항상 유동(流動)하듯이 월지의 지장간 또한 하나로 고정되어 있지 않고 두 개 내지 셋으로 교체한다. 그 첫 번째의 기를 초기(初氣)라 하고 중간에 드는 기를 중기(中氣)라고 하며 마지막 드는 기를 말기(末氣)라 한다. 이는 하나의 아버지가 만물을 창조하는 것이 아니고 둘 내지 셋의 아버지가 교대로 땅과 배합하여 만물을 창조함을 암시한다. 이제 그 지장간(支藏干-지지 속에 숨어 있는 천간)을 월별로 살펴보면 다음과 같다.

월별 지장간	寅	卯	辰	巳	午	未	申	酉	戌	亥	子	丑
初氣 <餘氣>	戊	甲	乙	戊	丙	丁	戊	庚	辛	戊	壬	癸
中氣	丙		癸	庚	己	乙	壬		丁	甲		辛
末氣 <正氣>	甲	乙	戊	丙	丁	己	庚	辛	戊	壬	癸	己

　지장간은 절기마다 여기, 중기, 정기의 순서로 일정한 시간을 나

누어서 만유를 창조하고 다스리는 작용을 한다. 그 시간표는 寅 申 巳 亥가 여기 7일, 중기 7일, 정기16일, 이고 辰 戌 丑 未가 여기 9, 중기 3, 정기11로 나누어져 있다. 이 시간표에 의하면 寅月엔 입춘과 더불어 7日동안은 戊土가 태양을 대신하는 우주의 아버지이자 대지의 정기로서 만물을 창생하고 관리하며 8일부터 1주일간은 丙火가 똑같은 역할을 하며 15일부터 16일간은 甲木이 그 역할을 담당한다. 아버지로 선택된 戊丙甲은 寅月의 황제로서 그들에 의해서 창생 된 만물을 자신을 창생(蒼生)한 아버지의 五行을 성으로 삼는다. 그래서 寅木의 정기인 甲木을 본기(本氣)로 보는 것이다.

　四柱는 모든 것을 五行아닌 육신으로 대명사를 부르기 때문에 사주의 주인공 作名은 日干 대 투간(透干-자기가 출생할 당시 만유를 창생하든 十干으로써 가령 寅月 餘氣生 이라면 戊土가 투간이 된다.) 의 육신관계를 기초로 한다. 가령 寅月 정기에 태어난 사람은 甲이 투간 이므로 甲日生은 건록이 격의 이름이 되고, 乙日生은 양인(羊刃)이 성이 되며 丙日生은 偏印의 아들이요, 丁日生은 正印의 혈통이며 戊日生은 칠살이 성이요, 己日生은 정관의 아들이며 庚日生은 편재가 父性이요 辛日生은 정재가 가문이며 壬日生은 식신이 격이요, 癸日生은 상관이 성이다.

　고전파에서는 이 부성을 사주의 성문처럼 중요시하고 있다. 가령 정관, 정인, 정재, 편재, 식신의 姓(格)을 가진 사주는 가문(家門)이 좋은 양반으로 삼고 건록 양인, 상관, 편인, 칠살을 아버지로 하는 사주는 가문이 좋지 않은 상인(常人-보통사람)으로 비유해서 양반을 섬기는 것이 원칙이니 생부(生扶)해주는 것이 좋고 상인은 다스리는 것이 원칙이니 내리 둘려야만 좋다고 한다. 옛날 군주사회에서는 반상(班常)의 계급이 엄격하고 모성(母性)이 반상과 운명을 가르는 중요한 기준이었기 때문에 격국의 가문이 일생을 좌우하는 운명의 열쇠라 해도 과언이 아니다. 그러나 오늘처럼 반상이 없는 사회에 있어서 모성이나 가문은 운명상 결정적인 영양을 줄 수는 없다. 무엇보다도 사주는 일간을 君主로 삼고 年月時 干支와 日支를 臣으로 정함으로서 인간은 누구나 출생하면서 대지의 주인공으로서 자유를 평등하며 독립된 군주임을 명시하고 있다. 그 평등한 주군이 모성이나 가문의 차별이 있을 수는 없다.

 옛날 이조왕국처럼 왕의 씨와 민(民)의 씨가 따로 있을 수 없듯이 모든 것이 자신의 능력을 위주로 부귀빈천이 형성된다.
옛날 봉건시대의 사주가 봉건적인 가문과 격국을 위주로 용신을 정하고 부귀빈천을 분별하는 것은 필연적인 시대적 산물이다. 그러나 현대사회에선 봉건제도에 억눌렸든 개인의 자유와 권리가 완전히 개방되고 인간으로서 부활되었듯이 사주 또한 격국이라는 봉건적인 가문에서 완전히 개방되니 하나의 독립되고 평등한 개체의 사주로 부활된 것이다. 사주의 주인공인 인간은 봉건사회에서 이미 개방되었는데도 사주만은 쾌쾌 묵은 옛날 봉건적인 잔재를 그대로 고수한다는 것은 시대의 착오이기보다 격국이 무엇인지를 전혀 분별 못하는 오류와 과오의 탓이다. 때문에 이제 와서 격국을 논하고 따지며 격국 지상주의를 주장하는 것은 우물 안 개구리의 잠 고대에 지나지 않는다. 여기서 문제되는 것은 지장간의 구조와 투간의 원리다. 寅申巳亥는 어째서 여기마다 戊土가 있고, 寅은, 丙을, 申은, 壬을, 巳는 庚을, 亥는 甲木을 중기로 삼았으며 정기(正氣)의 甲, 丙, 庚, 壬은 무엇을 의미하는 것 인가? 그 이치를 모르고는 백번 지장간을 외어봤자 우이독경(牛耳讀經) 격이다.

 이 지장간은 十二支의 근본을 설명하고 있다. 十二支는 방위와 계절과 시간과 十二운성을 표시하는 이 정표이자 시간표요, 나침반의 역할을 하고 있을 뿐 아니라 오행의 생왕사(生旺死)를 다루고 있다. 이 生과 旺과 死는 三合을 위주로 하여 작성된다. 三合은 五行의 발생에서부터 무덤에 이르기까지의 이정표다. 그 이정표를 三合별로 살펴보기로 하자.

牛耳讀經 ; 소우 귀이 읽을 독 날 경자로서 소귀에 경 읽기다, 란 속담에서 온 말로 무슨 말을 해도 들은 척도 안 할 때 쓰이는 말이다.
餘氣 : 나물 여 기운 기자로 지난달에서 넘어온 기운이란 말로 初期라고도 한다.
中氣 : 가운데의 기운이고, 本氣 : 근본의 기운으로서 正氣라고도 한다.

寅 午 戌 火 局

　태양은 寅에서 뜨고 午에서 정상이며 戌에서 저물듯이 火는 寅에서 싹트고 午에서 극성이며 戌에서 묻힌다. 火가 발생하려면 땅이 있어야하고 기름이 있어야 하며 불씨가 있어야 한다. 그 땅이 寅中戌土요, 그 기름이 寅中甲木이며 그 불씨가 寅中丙火다. 여기(餘氣)는 그릇이요, 중기(中氣)는 씨요, 정기는 영양이다. 이 땅속에 오랫동안 쌓이고 묻어있든 나무가 썩어서 석(石-돌)이 되고 그 석탄에서 불기가 발생함을 상징하는 동시에 지상의 난로와 같다. 戌土는 난로의 기구요, 甲木은 기름과 연료이며 丙火는 타오르는 불기운이다. 그래서 寅이 지지(地支)에 있으면 엄동설한이라 해도 추위가 가시고 몸이 더워지며 얼지 않는다. 이 불씨에서 불길이 하늘로 솟아오르고 온 천하에 열기를 내뿜는 불덩어리이자 불기둥이 바로 午火다. 불이 타고 또 타면 기름은 떨어지고 마침내 재(灰)로 변한다. 그 불꽃의 재를 끌어 놓아서 불기운을 간직하는 화로가 바로 戌이다. 戌中 戌土는 화로의 질그릇이요, 戌中 丁火는 타다 남은 불씨며 戌中 辛金은 질그릇에 감 쌓인 놋쇠다. 같은 火이면서 寅에는 丙火가 있고 戌에는 丁火가 있는 까닭은 무엇인가? 寅은 火가 발생하는 모체요, 戌은 火가 묻혀 있는 무덤이다. 이 세상에 처음 발생하는 것은 태양의 대기 이득이 火의 발생은 火를 조성하는 불기운에서 시작되고 그 불기운은 태양의 대기인 丙火에 속하는데 반하여 무덤에 있는 火는 반드시 형체가 있고 형체는 물질인 음으로서 丁火에 속한다. 여기서 문제되는 것은 하늘로 치솟는 불기둥은 순수한 불덩어리인데도 그 지장간에 己土가 도사리고 있는 까닭이다. 이는 子午卯酉가 十干의 건록을 택한 데서 연유한다. 癸는 子에서 건록 이듯이 乙은 卯, 辛은 酉, 丁己는 午에서 건록이 된다. 子午卯酉는 그 건록의 十干을 정기로 삼고 있다. 午는 丁火의 건록이자, 己土의 건록으로서 午의 정기엔 丁己가 같이 투간 되는 것이 당연하다. 그러나 이는 己土를 丁火에 같이 묶어놓은 데서 午는 형식적 투간일 뿐 사실은 丁火가 있을 따름이다. 때문에 午의 지장간은 丙丁의 여기와 정기로 구성되고 중기는 없는 것이 진실이다.

그 구체적인 사실은 중기의 정체를 살펴보면 더욱 뚜렷이 알 수 있다. 중기는 寅申巳亥와 辰戌丑未에 있고 寅申巳亥의 중기는 三合神의 싹을 뜻하고 辰戌丑未의 중기는 무덤에 묻혀있는 三合神의 형체를 의미한다. 子午卯酉는 왕성한 전성기로서 어린 싹이나 병들어 죽은 시체를 찾아볼 수 없다. 순수하고 왕성한 불덩이가 있을 따름이다.

申子辰水局

申子辰은 물이 발생하고 왕성하며 묻히는 이정표다. 申은 물이 발생하는 수원(水源)이요, 子는 물이 힘차게 흐르는 물줄기요, 辰은 물이 흐르다 지쳐서 쓰러진 물 무덤이다. 申中戊土는 땅이요, 申中 壬水는 물씨이며 申中 庚金은 물의 근원인 바윗돌 셈이다. 辰中戊土는 땅이요, 辰中癸水는 흙속에 묻힌 水의 형체요, 辰中乙木은 질펀한 늪에서 발생하는 생물을 뜻한다. 子는 순수한 물이요, 물줄기로서 아무런 잡티가 없고 흐르는 형상이다.

巳酉丑金局

巳酉丑은 金이 발생하고 왕성하며 묻히는 이정표다. 巳는 땅에서 캔 원광을 녹여서 金을 생산하는 용광로요, 午는 용광로에서 만들어 내는 순수한 강철(鋼鐵)이며 丑은 폐철(閉鐵)의 무덤이다. 용광로인 巳는 그릇인 戊土와 쇠를 녹이는 丙火 그리고 원광에서 구성되고 酉는 불에서 생산된 순수한 강철 또는 순금이며 丑은 쓰다 버림받은 녹 쓴 폐철의 辛金과 무덤인 己土와 한 냉한 습기인 癸水로 구성되었다.

亥卯未木局

　亥卯未는 생물인 木의 발생에서부터 무덤에 이르기까지의 이정표다. 亥는 생물이 발생하는 자궁이요, 卯는 성장된 순수한 木이요, 未는 병들어서 쓰러진 나무의 무덤이다. 모자리 판인 亥는 묘판인 戊土와 씻나락인 甲木과 종자를 부화시키는 壬水가 있고 성장한 생물인 卯는 순수한 甲乙木으로 구성되었으며 생물의 무덤인 未는 생물의 형체인 乙木과 그를 화장하는 丁火와 그를 묻는 己土로 형성되었다. 사주의 주인공은 생명체인 인간이기 때문에 생물학적으로 분석하는 가장 합리적이고 실감이 나며 진리를 발전할 수 있다.
이 생물학적 인생의 과정과 이정표를 뚜렷이 밝힌 것이 바로 지장간이며 그것은 예나 지금이나 변함이 없다. 지장간은 땅에 저장된 물질이기 때문에 음에 속하지만 눈으로 볼 수 없는 나타나기 이전의 형체의 근원으로서 물질 아닌 땅의 정기로 보는 것이 타당하다. 가령 寅月에는 戊丙甲이 저장되고 투간 하는데 이는 완성된 물질이나 형체가 아니고 땅속에 저장된 땅의 양기(陽氣)로서 만물은 이를 통하여 생물로 생성되는 것이다. 때문에 寅月의 여기(餘氣)에 출생한 만물은 戊土의 양기를 받아서 탄생한 戊土의 혈통임을 분명하고 그의 육신상 이름을 따서 사주의 성명(姓名)인 격국(格局)이름을 명명(命名)하는 것이 원칙이다.

　격국은 月支에서 성립하는 것을 內格이라 하고 月支밖에서 성립되는 것을 外格 이라고 한다. 月支는 가정의 안마당이니 내격이요, 月支밖은 울타리 밖이라 해서 외격 이라고 하나 사실은 내격과 외격의 분간은 전혀 다른데 있다.

內格과 外格의 분별기준

　내격이나 외격이나 격국은 묘목(苗木)인 月支에서 명명되는 것이 원칙이요 상식이다. 밤나무 싹에서는 밤나무가 형성되는 것이 자연법칙이듯이 배나무 묘목 에선 배나무 가지가 뻗고 배나무 잎과 꽃이 피며 배가 열리는 것이 동서고금을 통한 만고의 진리다. 때문에 어떤 사주는 그 이름인 격국은 특수한 경우가 아닌 한 月支 지장간을 토대로 성립되는 것이 상식적 사실이다. 그렇다면 내격과 외격의 분별은 무엇으로 하는 것 인가? 그것은 五行의 안배를 기준으로 한다. 五行이 균형 있게 안배된 사주는 내격이라 하고 어느 一行(한가지오행)이 독점하거나 상극된 二行(두 오행)이 서로 대립되고 상정(相停)된 사주는 外格 이라고 한다. 내격은 五行이 균형 있게 안배됨으로서 정상적이고 안전하며 평평한데 반하여 외격은 一行 또는 상극된 二行이 독점하여 균형과 안정을 잃은 비정상적이고 불합리하며 특수하고 비범한 사주로서 그 주인공 또한 내격의 평범성과는 달리 특이하고 비범한 것이 특색이다. 이제 그 구체적 사실을 살펴보기로 하자

內 格 八 格

　내격은 月支 지장간의 투간을 月干 對 六神으로 따져서 명명하고 그 육신은 正官 偏官(七殺) 印綬(正印) 偏印, 食神, 傷官, 正財, 偏財의 여덟 가지로 나누는 인격론(人格論)과 정관, 편관(칠살), 인수(정편인) 財帛(재백-정편재) 식신, 상관, 건록, 월인(양인)의 여덟 가지로 나누는 인격론의 두 가지 학설이 있다.
건록과 양인을 내격에 포함하느냐 않느냐? 하는데 두 파의 차이가 있다. 포함하는 파의 주장은 내격의 기준을 月支에 두고 月支에서 성립되는 격국은 어느 것이든 내격으로 정하는 것이 원칙이라는 것이며 이를 반대하는 파의 주장은 月支에서 잡기는 매 한가지이나

일반 육신격은 설사 격국은 月支지장간에서 택하되 형 충파해(刑沖破害)가 있으면 파격으로서 격국이 성립 될 수 없는데 반하여 건록과 양인격은 왕성한 月支로써 형충파해의 영향을 받지 않고 그대로 성격이 됨으로서 외형상으로는 월지본위로 같으나 사실에 있어선 전혀 차원을 달리하는 이질적(異質的) 격국 이라는 것이다. 같은 月支에서 성립되는 외형상 조건으로는 건록과 양인격을 내격으로 간주하는데 이의를 제기 할 수는 없듯이 형 충 파 해에 의한 파격의 원칙에서 따진다면 파격이 적용되지 않는 건록과 양인격을 내격과 동일시할 수 없다는 이론에 이의를 제기할 수 없는 것도 당연하다. 그러나 이는 月支의 지장간과 그 역량을 그릇 판단하는데서 오는 중대한 착오로서 그 오류를 근본적으로 시정하는 것이 급선무라 하겠다. 이제 그 착오된 점을 人格의 설명에서 지적시정하기로 하자.

人 格 의 成 格

內格은 月支 지장간의 투간을 月干의 父星으로 정하고 그의 육신 상 이름을 그대로 격국으로 적용하는 것이 원칙이다. 가령 寅月生의 甲日柱라면 여기(余氣)가 투간 이면(여기에 출생하였으면) 戊土가 부성이요 육신상 편재가 되니 편재격이 성립되고 중기(中氣)태생이면 丙火가 투간으로서 식신격이 성립되며 정기(正氣)甲木이 투간이면 건록격이 성립된다. 이는 日主의 十干과 月支의 지장간 투간을 육신 상으로 적용하여 명명하는 것으로서 어느 日干이든 어느 月支격이든 격국을 정하는 법은 동일(同一)하다.
다만 여기서 문제되는 것은 어떤 경우는 성격이 되고 또 파격이 되느냐 하는 분별(分別)이다. 고전파에서는 형 충 파 해가 月支를 침범하면 내격은 무조건 파격하는 것으로 간주한다. 다만 건록과 양인격 만이 파격을 면할 수 있다고 주장한다.
형 충 파 해가 격국을 깨는 까닭은 格局의 근원인 月支의 卯木이 형 충 파 해를 당하면 어린 싹이 상해를 입고 시들기 때문에 이미 싹이 문드러진 나무는 성장하거나 꽃이 필수가 없다는 것이다.
月支가 어린 나무 싹이요, 형 충 파 해가 싹을 좀 먹고 꺾는 병균이요, 흉기라면 형 충 파 해에 의해서 격국이 깨진다는 이론은 지극히 당연하다.

　이러한 공식은 힘의 대결에 의한 역학적 계산에서 산출되는 약육강식의 법으로서 그 진비(眞非)를 입증하려면 먼저 형 충 파 해와 月支지장간의 힘의 중량을 먼저 저울질 하는 것이 순서다. 사주는 본시 역학 관계로서 강자는 유능한 활동과 더불어 부귀를 누릴 수 있는데 반하여 약자는 무능 무력함과 더불어 가난한 것이 필연적이다. 사주의 통변은 바로 그 힘의 강약을 기준으로 한 十干 十二支의 변화작용이다. 같은 한 식구의 干支이면서도 그들은 언제나 서로의 힘을 대결하고 있다. 강자는 약자를 누르고 약자는 강자 앞에 무릎을 꿇는다. 예를 들어보자면

丙壬甲甲　가령 丙子生 壬辰月 甲寅日 甲子時라면 丙火는 유일
子辰寅子　한 용신이고 충신이요, 수족으로서 주군은 그에 의지할 수밖에 없는데 月干 壬水가 출생하면서부터 丙火를 내리치고 병신을 만들어 아무런 작용도 못하게 함으로써 주군은 어려서부터 의식이 가난하고 고생이 막심하지 않을 수 없다.
이 주인공은 壬水가 버티고 있는 한 가난을 떠날 수가 없다. 그러나 戊土가 오면 壬水는 태산에 묻힌 강물처럼 힘을 잃고 아무런 작용을 할 수 없음으로서 고양이 앞에 숨을 죽이고 살던 쥐가 고양이의 죽음과 더불어 활기를 찾아 주군을 공경하고 섬기니 주군의 팔자는 이제서 봄을 만나게 된다.
甲丙辛己　가령 甲申年 丙寅月 辛未日 己丑시의 사주라면 격국
申寅未丑　은 月支 지장간에 의해서 여기이면 인수이니 인수격이 되고 中氣이면 정관이니 정관격이 되며 정기이면 정재이니 정재격이 된다. 하지만 寅申충이 되었으니 고전파의 주장대로 하면 모

두 파격이 될 수밖에 없다. 과연 그럴 것 인가 ? 十干은 그 자체는 아무런 힘도 갖지 않고 있다. 十二支의 벼리에 의해서 강약이 결정된다. 十二支는 十干의 원동력으로서 무기의 화약과 같다. 같은 地支라 해도 힘의 중량은 月支를 기준으로 한다. 출생한 계절에 따라서 五行은 강약이 달라진다. 같은 庚金이라 해도 申酉月生은 왕성하나 寅卯月生은 늙고 병든 허약자로서 씩씩한 甲木을 이겨내지 못한다. 그 것은 격국의 경우도 똑같다. 寅월은 木旺節이요, 金死節이기 때문에 寅과 申은 천하장사와 병든 노인의 대결이다. 과연 병든 노인이 역발산의 장사와 싸울 수 있고 또 살해할 수 있는가 ? 정신병자가 아니고는 자기에게 불가능하고 불리한 싸움을 걸지는 않는다. 여기나 중기라면 아직 연약한 햇병아리이니 노인이지만 싸움을 걸 수도 있다. 그러나 정기인 甲木에 대해서는 누구도 대결할 수 없다. 때문에 여기나 중기는 형 충 파 해의 작용을 받음으로서 파격이 될 수 있으나 정기는 비단 건록과 양인이 아니더라도 파격이 될 수 없는 것이다. 辛未日生의 명식인 경우 여기 戊土는 申中戊壬庚의 피해를 받지 않음으로서 파격은 될 수 없고, 中氣인 丙火는 申中壬水의 공격을 받음으로서 파격이 될 수 있지만 寅中 甲木과 戊土가 金生水하고 土剋水하여 丙火를 지켜줌으로서 파격은 면하되 위협은 항시 받고 있으며 정기 甲木은 천하를 호령하는 권력을 잡은 득권자(得權者)로서 아무도 덤빌 수 없으니 파격이란 어불성설이다. 이 역할의 법칙은 어느 사주를 막론하고 평등하게 적용된.

 모든 격국은 내격이든 외격이든 힘의 중량에 의해서 결정된다. 강한자는 이기고 이긴자는 존재하며 약한자는 지고 진자는 멸하듯이 지장간의 투간이 형 충 파 해의 지장간보다 강할 때는 성격이 되고 약할 때는 파격이 되는 것이 철칙이다. 때문에 득령자는 日主든 재성이든 관성이든 인성이든 파격이 될 수 없고 실령자는 어떠한 별이든 간에 형 충 파 해의 적용을 받아 실격이 될 수 있으나 구제자가 있을 경우엔 실격을 면할 수 있다. 물론 격국이 성격이든 파격이든 그 것이 운명에 어떠한 영향을 주는 것은 아니다. 운명을 움직이고 조종하는 것은 四柱八字의 전체적인 구조와 상호작용과 변화에 의해서 종합적으로 결정되는 희기의 육신이요, 대운과 세운의 호불호로서 격국이 모성과 혈통을 알리는 성명에 지나지 않는다. 격국은 운명을 지배한다는 것은 곧 성명3자가 운명을 좌우한다는 작명가의 잠꼬대 같은 억설과 다를 바 없으니 격국시대는 앞서 말했듯이 성씨(姓氏)가 운명을 지배하는 반상시대의 종말과 더 불어 이미 사라진지 오래인 왕조시대의 유령과 다를 바 없다. 과연 현대의 과학시대에서 유령이 용납될 수 있는가?

外格의 是非

外格은 사주의 구조가 어느 한 가지 五行이 천하를 독점하고 있는 一人天下의 형국으로서 그 태세를 중심으로 운영하고 관리하는 1人1黨 본체를 말한다. 가령 종격인 경우는 왕성한 一行이 전체를 점유하고 그를 억제하거나 대항할 수 없는 一人天下의 형태로서 모든 것이 그 태세에 추종할 수밖에 없듯이 一行得氣格 또한 一黨天下로서 누구도 그를 거역할 수 없는 형세이니만큼 감히 반항을 못하고 복종해야 하며 화격(化格) 역시 화신(化神)이 득세를 하고 타의 간섭이나 대항을 용납하지 않는 형세임으로 순종할 수박에 없는 것. 하나의 五行이 집단적으로 전체를 점유하고 있는 형태를 대세라 하고 득세라 한다. 그러나 외격은 그러한 수적 득세만으로는 성립이 될 수 없다. 나라를 다스리자면 거대한 세력만으로는 불가능하다. 나라의 권력을 잡아야 한다. 그 권력은 月支의 정기로부터 왕권을 인수 받아야 한다. 그래야만 집권자가 될 수 있고 天下의 主君(주군)으로서 군림할 수 있다. 때문에 외격은 외형적 대세에서 성립 되는 것이 아니고 내격과 똑같이 月柱 정기에서 성립되는 것이다. 내격과 다르다는 것은 내격은 여기에서 만이 성격이 될 수 있으며 내격은 五行이 공존하는데 반하여 외격은 정기의 一行만이 독점 독립 독존하는 것이 특색(特色)이다. 때문에 종격이든 화격이든 일행득기격 이든 그 성격은 반드시 대세의 오행이 월지의 대권인 정기와 동일체이어야 하고 그 대권을 잡는 것이 기본조건이다.

한나라의 권력과 대세를 잡은 一人一黨이 천하를 독점할 것은 의당 지사다. 때문에 외격은 정상적인 인격자가 아니고 비범하고 대담하며 대세(大勢)와 大權(대권)을 추구하는 영웅적 인물이다. 그렇다고 현실 그 자체가 영웅적이고 비범한 대인물이라는 것은 아니다. 단지 격국상의 성격을 병용하면 그렇다는 것이다. 고전파에서는 대세를 위주로 해서 외격을 다루는 경향이 많다. 가령 사주의 재성이 많고 비겁이나 인수가 없으면 종재라고 단장한다. 이는 사주의 본질을 모르는데서 오는 착오다. 사주는 주인공이 하나이지만 그 본체는 주군을 충심으로 문무백관(文武百官)을 거느리고 있는 하나의 국가 체제다. 나라의 흥망은 天下 대세에 있지만 나라의 통치자는 집권한 主君뿐이다. 때문에 외격은 반드시 집권 여부부터 살피고 집권자만이 성격이 될 수 있다.

그 권력은 사주의 기간이요 근본인 月支정기다. 사주는 그 정기를 月令이라고 한다. 月令은 사주라는 국가에 명령을 내릴 수 있는 통치권을 뜻한다. 통치권이 없는 主君은 가짜요. 허수아비다. 그와 같이 종왕격은 반드시 日主가 月支에서 득령해야 하고 종강격은 인수가 득령해야 하며 종재격은 재성이 득령해야 하고 종살격은 관살이 득령해야 하며 가색격은 土가 득령하고 곡직격은 木이 득령하며 윤하격은 水가 득령하고 염상격은 火가 득령 하며 종혁격은 金이 득령하는 것이 선행조건이다. 化格 또한 化土격은 土가 득령하고 化金격은 金이 득령하며 化水격은 水가 득령하고 化木격은 木이 득하며 化火格은 火가 득령해야 한다. 여기서 예외는 양신성상격(兩神成象格) 이다. 두 개의 대립된 二行이 서로 主君의 사랑을 다투는 양신은 똑같이 하지 못한 것이다. 집권하지 못한 두 개의 세력중 보다 강대한 자가 집권하고 대세를 지배할 것은 불문가지의 필연적 사실이다. 때문에 이름의 차이는 있어도 강대한자가 天下를 다스리는 원칙에는 변함이 있을 수 없듯이 예외가 있을 수 없다.

一行得氣: 한일 행할행 기운기 얻을득 자로서 한가지 기운만으로 형성된 사주를 말한다.
化格: 될 화 바로잡을 격자로 격으로 이루었다. 변했다, 化神: 다른 신으로 변했다는 말.
文武百官: 글월문 군셀무 일백 백 벼슬관자로 선비와 장수로 또는 행정가와 군인을 말함.
兩神成象格: 두양 귀신신 이룰성 모양상 바로잡을 격자로 두 개의 신이 모양을 이룬 격이다. 즉 두 오행이 생생하거나 모양을 만들어낸 격의 사주를 말한다.

四柱의 成格
四柱는 格局의 建造物이 아니고 陰陽五行의 綜合的 建物이다.

　고전파들은 사주가 곧 격국이요, 격국이 곧 사주라는 공식을 앞세워 모든 것을 격국 위주로 다루어 왔다. 그래서 격국을 모르고는 사주를 논(論)할 수 없고 용신을 모르고는 사주를 감정할 수 없다고 단정해 왔다. 용신은 격국의 꽃이라고 믿는 그들 고전파에겐 격국을 모르고는 용신은 입도 벌릴 수가 없기 때문에 사주를 감정하려면 어차피 격국부터 배워야 한다는 결론이 나온다. 그래서 고전파들은 격국용신을 공부하기 위해서 몇 해를 애써야 했지만 결과는 한 결 같이 오리무중의 미지수로 끝나는 것뿐이다.
　논어를 읽고도 논어를 모른다고 격국을 배우고도 격국을 모르는 것이 고전명리학도의 정직한 고백이다. 어째서 격국은 어렵고 또 감정에 무능력한 것인가 ? 그 이유는 간단하다 격국이 무엇인지의 근본을 모르고 격국을 배웠으니 알맹이 없는 격국론이 될 수밖에 없듯이 음양의 조화로 이뤄진 五行의 꽃을 격국의 조화로 이뤄진 용신의 꽃으로 오판했으니 감정의 결과가 오판을 가져올 수밖에 없다. 고전파들도 입으로는 사주를 음양오행 의 조화라고 주장한다. 사실이 그러하고 또 그렇게 주장하면서 실제는 음양 아닌 격국의 눈으로 사주를 관찰하니 모순된 이론과 결과가 나올 수밖에 없지 않은가 ? 진리는 이랬다저랬다 하는 횡설수설이나 앞뒤가 맞지 않는 모순이나 껍데기 같은 추상이나 편견으로는 발견할 수가 없다.
　철학에 입각한 논리성과 합리성 그리고 실증적 사실을 갖추는데서만 성립되고 인정되는 것이다. 고전명리의 최대 결함은 그 논리성과 합리성 그리고 실증성이 결여된 채 갑론을박(甲論乙駁)하고 있다는 것이다. 사주는 처음부터 음양오행으로 구성된 오행자체부터 올바로 인식하는 것이 선행조건이다. 고전파처럼 음양을 水火라고 통역하고 五行을 金木水火土라고 글자 그대로 번역하고 설명하는 것은 유치원생 같은 잠꼬대에 지나지 않는다. 진짜 음양과 오행은 우주와 자연을 구조하고 움직이는 대동맥과 실체 속에 있는 차원 높은 진리다. 사실을 갖추는데서만 성립되고 인정 되는 것이다. 그 陰陽과 五行의 진리를 모르고 사주를 논하고 관찰한다는 것은 영어를 모르면서 영어회화를 한다는 이상의 난쎈스이다.

用 神 論 의 是 非

고전파들이 사주상 찾는 백만불의 황금은 용신이다. 용신만이 발견하면 사주는 스스로 관찰할 수 있다는 것이니 용신은 곧 사주의 비밀을 캐내는 만능이요, 열쇠요, 운명을 한 눈으로 볼 수 있는 망원경이라 하겠다. 사주를 비롯하여 대운과 세운 등 모든 운세를 오직 용신의 눈으로 살피는 것이 고전파의 상습적인 전통이요 관례다. 만일 사주가 용신만으로 관찰할 수 있다면 그보다 더 편리하고 위대한 무기는 없다. 그러나 사주는 용신의 필름이 아니고 음양오행의 변천무상한 조화의 필름이다. 용신은 하나의 충신에 지나지 않는다. 사주는 주군과 일곱의 신하로 이루어진 나라의 구조다. 주군인 일간은 그 나라를 유지하고 다스리는데 있어서 가장 아쉬운 별을 충신으로 선택해서 벼슬을 주고 나라를 다스리게 한다. 그 충신은 하나일 수도 있고 둘 또는 셋 일수도 있었다. 충신이 많으면 나라가 흥하듯이 사주에 충신이 많으면 그 주인공은 부귀영화를 누릴 수 있고 역적이 많으면 나라가 망하듯이 사주에 괴롭히는 간신이 많으면 그 주인공은 가난하고 천한 것이다. 왕은 종신제이지만 재상이나 벼슬아치는 종신일수 없다. 사정과 여건에 따라서 늙고 병든 자나 배반하는 반골은 거침없이 바꿔지는 것이 나라의 정치다. 그와 같이 용신은 출생할 때부터 고정되거나 불변이 아니고 그때그때 상황에 따라서 주군이 임의로 선택하고 변경할 수 있는 것이다. 가령 甲寅 일주가 丙火를 용신으로 택했을 경우 壬水나 辛金을 만나면 丙火는 무용지물이 된다. 그때엔 주군은 이미 못쓰게 된

재상을 쳐다만 보고 있는 것이 아니고 즉시 다른 신하로 재상을 임명하여 나라를 다스리게 하는 것이다. 유능한 재상대신 차선의 재상이 다스리는 나라의 형편이 여러모로 달라지고 부진 할 것은 의당 지사다. 이는 용신의 변동에서 오는 필연적인 진통과 변화현상인 것이다. 나라는 한시라고 비워놓을 수가 없는 것이다. 그 용신이 고전파의 용신과는 차원을 달리하는 주군이 임의로 임명하는 충신이요, 수족임은 말할 나이도 없다. 무엇보다도 나라는 충신 혼자서 다스리는 것이 아니고 온 신하가 합동하여 주군을 섬기듯 四柱八字 전체가 협동적으로 다스리는 것이니 사주의 감정은 어디까지나 용신 아닌 전체를 바탕으로 관찰해야 한다. 그 전체적인 핵심이 용신 아닌 음양오행의 조화와 통변에 있음은 말할 나위도 없다.

여기 고전명리의 불합리성과 모순, 그리고 시급한 개조의 필요성은 있다. 현대적이고 과학적인 사주의 관찰을 위해선 무엇보다도 격국과 용신이 고성(固城)안에 유폐되고 있는 사주부터 개방하고 음양과 오행의 광장으로 이끌어 내야하며 음양오행의 무궁한 조화를 정밀하고 과학적으로 관찰해야 한다.

四柱는 格局의 建造物이 아니고 陰陽五行의 종합적 건물이다.
四柱 : 넉 사 기둥 주 생년월일시의 네 기둥이란 말이다.
格局 : 사주의 판을 짠 것 즉 바로잡은 것을 말한다.
建造物 : 세울 건 지을 조 만물 물자로 생년월일로 구성된 팔자를 말한다.
陰陽五行 : 그늘 음 별 양 다섯 오 행 할 행자로 음양의 다섯 가지를 일컬은 말이다.
用神論의 是非
用神論 : 쓸 용 귀신 신 말할 론 용신을 말 하는 것이다.
是非 : 옳을 시 아닐 비자로서 옳고 그름을 말함이다.

六親宮鑑定

처궁론-(妻宮論)

　처는 사주상으로는 일지를 위주로 하고 육신상 으로는 재성을 위주로 한다. 일지에 희신이 있거나 재성이 용신 또는 희신이면 처가 유력하고 덕이 두터우며 용모가 아름답고 가문도 좋다. 반대로 일지가 기신이고 財가 흉신이면 처가 무력하고 무덕하며 금슬이 좋지 않고 해로하기 어렵다.

이를 구체적으로 살펴보기로 하자
1. 사주상 재성을 용신으로 삼으면 처가 아름답고 가문이 훌륭하며 내조가 산과 같이 크고 해로하며 처로 인하여 출세를 이룬다.
2. 재성이 용신과 상극되지 않으면 처가 착하고 덕이 있으며 해로한다.
3. 신강하고 재왕 하거나 신왕하고 재강하면 처첩이 많고 그로인하여 부귀를 얻으며 얻는 여자마다 힘이 되고 공이 크다.
4. 신왕하고 궁약한데 식신이 극관 하는 경우 재성이 나타나서 통관을 시켜주면 재의 힘으로서 관이 구제되고 온전하듯이 아내가 현명하고 아내 때문에 출세의 길이 열린다.
5. 신왕하고 무재하면 아내와 일찍 이별하고 처덕이 없다.
6. 재성이 경(약)하고 신강한데 비겁이 많으면 처를 극함이 심하여 몸이 약하고 해로하기 어렵다.
7. 신약하고 관살이 중하여 인수를 용신으로 쓰는데 財가 나타나서 印綬를 극하고 흉신인 관살을 생해주면 재가 어리석고 하천하면 처 때문에 실패하고 고생이 많다.
8. 신왕하고 관이 경한데 재성이 생관(生官) 하는 경우 비겁이 나타나면 처는 아름답고 현명하나 건강이 온전하기 어렵다.
9. 신강하고 양인 겁재가 중하며 재성이 경한데 식상이 생재하는

경우 인수가 나타나서 식상을 극하고 생재를 중단하면 처가 흉사 한다.

10. 관살이 旺하고 재가 경(輕)하여 식상이 없고 인수가 있어서 관살을 인용하고 재를 설기하면 재가 허약해지듯이 처가 신약하고 항상 병으로 시달린다.

11. 양인과 겁재가 왕하고 무재하면 처를 극하는데 처가 현명하면 도리어 부군을 극한다.

12. 양인 겁재가 旺하고 財가 경한데 식상이 있어서 생재하면 처가 현명하고 유덕하다.

13. 신왕하고 재경한데 식상이 있어 생재하거나 재왕 하고 신약한데 비겁이 부신(扶身)하면 처가 현명하고 내조가 크다.

14. 재는 경하고 관살이 많으며 신왕한데 식상이 생재하면 현처 양모의 격이다.

15. 신강하고 관살이 약한데 재성이 생관 생살하면 처가 현명하고 처덕으로 부귀를 누린다.

16. 관은 경하고 상관이 중하여 극관이 심한데 재성이 나타나서 통관 시켜주면 처덕이 크고 처 때문에 출세한다.

17. 재는 득기하고 인수가 중하면 처가 현명하고 부귀를 이룬다.

18. 비겁이 많은데 재성이 天干에 나타나지 않고 支에 숨어있으면 처가 현명하고 재산을 잘 보전할 수 있다.

19. 재성이 지장간에 숨어있으면 충을 해야 처가 현명하고 내조가 크다. 가령 庚辛日生은 乙을 재성으로 삼는데 辰中乙木이 숨어있는 경우 戌이와서 충을 해야만 처가 활동하고 공이 크다.

20. 관살이 중중(重重)하여 재성을 설기함이 심하면 財가 무력해짐으로서 처가 무력한다.

21. 사주상 재가 희신 인데 타간과 간합을 하면 처가 무력하고 정부와 통정한다. 가령 丁일주에 庚이 희신인데 乙과 干合하면 庚은 작용을 하지 않을뿐더러 타인과 통정(通情)하는 것이다.

22. 재성이 길신이라도 허약하면 처가 무력하고 무덕하며 재가 기신이라도 허약하면 부군을 극하지 않는다.
23. 신약하고 칠살이 중한데 財가 있어서 생살하거나 官多하고 신약하여 인수를 용신으로 쓰는데 재가 있어서 인수를 파괴하거나 상관이 중하여 인수를 쓰는데 地支에 재국이 있으면 한결같이 처가 어리석고 비천하며 무력할뿐더러 처로 인하여 실패하고 화를 당한다.
24. 일지가 희신이고 유력(형충파해가없음)하면 처가 현명하고 유덕하다.
25. 日支가 용신을 극하면 처가 어리석고 무력하며 무덕하다.
26. 日支를 충하면 처와 사별(死別)한다.
27. 日支가 재가 있고 재를 용으로 삼으면 처가 유력하고 처 때문에 출세한다.
28. 일지가 희신이고 재성이 흉신이면 처는 유덕하나 빈곤하다.
29. 일지가 흉신인데 재성이 길신이면 부는 얻으나 처연이 박하고 처덕이 없다.
30. 일지는 희신인데 재가 약하거나 무력해도 현명하고 유덕하나 가난하다. 이상요약하면 다음과 같다.
(1) 재성은 처의별이니 재성이 사주에 유익한 작용을 하면 처가 남편에게 유익한 도움을 주고 내조가 큰 것이니 처가 현명하고 착하고 부지런하고 남편에게 온갖 정성을 드리어 남편을 출세시키고 부귀를 누리게 하며 금실이 좋고 해로하며 처의 공덕이 태산처럼 크다는 것을 짐작 할 수 있다.
2. 재성이 사주에 불리한 작용을 하면 처가 남편에게 해로운 짓을 하고 사사건건 말썽만 부리는 것이니 처가 현명하다면 마음씨가 바르지 못하고 간사한 것이요 마음씨가 바르면 어리석고 게으르며 남편에게 불성실하고 반발하거나 대립적이면 혹은 속이고 혹은 방자하면 혹은 냉정하므로 남편의 출세 길을 막거나 남편에게 괴로움과 재난을 가져다주는 골치 아픈 존재가 되는 동시에

부부간의 금실이 좋지 않고 해로하기 힘들 것은 빤한 사실이다.
(3) 日支가 충이 되거나 충을 만나면 처가 아무런 작용을 못하는 것이니 처가 죽거나 이별하여 없는 것과 같다. 만일 같이 산다면 처가 살면서도 처의 구실을 못하는 것이니 신체상 불구라거나 부부생활을 할 수 없는 딱한 사정이 있음을 짐작할 수 있다.
(4) 일지가 형해파(刑害破)나 합을 해도 처가 온전하지 못하거나 부부생활이 원만하지 못하며 금실이 좋지 않고 해로하는데 애로가 많다는 것을 암시한다. 형 파 해는 나무에 벌레가 먹은 것이니 좋은 열매를 맺기 힘들고 合이 있으면 묶여있는 것이니 올바른 작용을 하기가 힘들다. 처의 내력이나 그 만큼 제약되고 감퇴됨을 암시한다.

부 모 궁-(父母宮)

나를 生해주는것은 인수(印綬)요 어머니다. 나를 잉태케 한 것은 어머니의 남편인 아버지요 인수의 정관이다. 甲은 癸를 인수로 하고 癸는 戊를 정관으로 하니 아버지는 나의 편재요, 사회에선 어머니를 주로 하지만 모계중심사회에선 아버지가 중심이 된다. 아버지는 나를 다스리는 정관이 된다. 官은 民의 보호자이듯이 나를 보호하고 가르치는 정신적 지주(支柱)요, 印은 나를 낳아 먹이고 기르는 육체적 지주이니 日柱는 관인상생(官印相生)하여 낳고 기르고 가르치고 인재로 만들어서 출세시키고 獨立(독립)케 하는 것이다. 때문에 고전파의 모계중심 부모관은 부계중심 부모관과 분석하고 중화를 이루어서 관찰해야 하고 관부인모(官父印母)의 현실적 육신을 통용하는 것이 합리적 이다. 그 실정으로서는 상관극부(傷官剋父)에서 뚜렷이 찾아 볼 수 있다. 남녀를 막론하고 年月은 부모 궁인데 年月에 상관이 있거나 유력하면 아버지를 剋하고 부선망 또는 부연(父緣-아버지인연)이 박하다. 만일 고전파처럼 편재가 부성이라면 상관이 생재하니 年月에 상관이 있다면 도리어 부성을 생부(生父) 함으로서

父가 유력하고 부덕이 후할 것이 필연적 사실이다. 그런데도 年月에 상관이 나타나면 부성이 무력하고 무덕한 까닭은 무엇인가 ? 진리는 하나일 뿐 이랬다 저랬다 하는 횡설수설 일수 없다. 그 보다 편재가 어떻게 편재인 日主를 다스리고 부왕으로서 군림할 수 있는가 ? 이것은 모성인 인수를 위주로 하여 억지로 꾸며진 편법으로서 재고(再考)되지 않을 수 없다. 물론 부성을 편재로 하는 고전파의 주장에도 일리가 없는 것은 아니다. 사주에 비겁이 많으면 부선망 하거나 부가 무력하고 무덕한데 이는 비겁이 재성을 극하는 까닭이라는 것이다. 비겁이 많으면 극부 하여 부가 무력하고 무덕한 것이 사실이다. 허나 이는 군비(群比-무리지은 비견)가 극재(剋財) 해서만이 아니다. 부성을 관으로 정하면 비겁은 재가 된다. 비겁이 많고 관이 허하면 재다신약 격이니 부성이 무력하고 단명(短命)할 것은 불문가지이다. 이 과학적인 분석을 통해서 새롭게 밝히는(新四柱)는 父官母印을 진리로 삼고 그를 토대로 하여 부모관(父母觀)을 한다.

1. 年月에 관인이 있고 日時에 官을 극하는 상관이나 印을 차는 財星이 없으면 年月의 부성(官)과 모성(印)이 건전하니 부모가 장수하고 유력 유덕하다.
2. 年에 관이 있고 月에 印이 있거나 年에 印이 있고 月에 官이 있으면 가문과 조상이 유력하다.
3. 年에 財가 있고 月에 인성이 있어서 年財가 月印을 위협할 경우 日時에 官이 있어서 財를 설기하고 印을 생부 하여 통관시켜주면 자신이 父를 도와서 집을 일으킨다.
4. 年에 상관이 있고 月에 印이 있어서 印이 상관을 억제하는 경우 日時에 官이 있으면 부대(父代)에 집안이 부흥한 것이다.
5. 年에 희관(喜官)이 있고 月에 印이 있으며 日時에 財가 있어서 희관을 생해주면 부귀한 집안의 태생으로서 가업을 지킬 수 있다.
6. 月干에 나타난 財나 官이나 인성이 희신 인즉 부모가 부귀하다.

7. 인성이 財沖되면 부모가 건전하다.
8. 인성이 태강하거나 태약 하지 않고 중화를 얻으면 부모가 장수한다.
9. 官이 있어서 인성이 生扶를 얻거나 인성이 용신이면 부모가 영달한다.
10. 官이 喜神인데 月干의 상관이 있어서 剋官 한즉 부모무력이다.
11. 月干에 기신이 있으면 부모가 무력하다. 가령 재를 쓰는데 月上에 剋財 하는 비겁이 있거나 비겁을 쓰는데 月上에 관살이 있거나 살을 쓰는데 月上에 식상이 있거나 식상을 쓰는데 月上에 인성이 있으면 부모가 무력하다.
12. 인성이 沖剋되면 부모가 온전하지 못하다.
13. 인성이 용신이나 희신을 剋破 하면 부모 때문에 평생 노고가 크다.
14. 인성이 쇠한데 인성을 극하는 재성이 많으면 조실부모한다.
15. 財官印이 忌神이거나 무력하면 부모가 빈천하다.
16. 인성은 重하고 일신이 輕하면 부모가 무력할뿐더러 부모 때문에 노고가 크다.
17. 인성이 중하고 관살이 많으면 부모가 무력하다.
18. 年上에 상관이 있으면 부모가 무력하다.
19. 비겁이 많으면 부모가 무력하다.
21. 官印이 기신이면 부모가 무력하다.
22. 재성이 중하면 부성이 무력하다.
23. 인성이 득왕 하면 부성이 장수한다.
24. 傷官 운엔 剋父하고 財운에 剋母 한다.

財沖: 재충은 재성을 충 했다는 말로 여기서 財는 父星을 말함. 沖剋: 충하고 극함.
剋官: 관극은 관성을 극했다는 말. 重하고 輕하면무겁고 가볍다는 말로 많고 적음.
喜神: 희신은 기쁜 신 내 사주에서 좋은 역할을 하는 별, 忌神: 기신은 꺼리는 신.
剋破: 극파는 극해서 깨졌다는 말. 剋父: 극부는 아버지의 별을 극했다는 말.
生扶: 생부는 생은 날생 도와준다는 말이고 扶란 부 뜰 부자로 역시 도와준다는 말.
月上: 월상은 달월 위상자로 태어난 달 즉 월지 위에 있다는 말의 줄임 말이다.

子女宮-(자녀궁)

　子女는 男女가 동일하지 않다. 남자는 관살을 子女星으로 보고 여자는 식신상관을 자여성으로 택한다. 위천리씨는 남자도 여자와 같이 식상을 자녀성으로 동일시 할 것을 주장하고 있지만 구체적인 실증을 제시하지 못했다. 子女는 父의 精과 母의 血로 포태하지만 실제로 임신하고 분만하는 것은 女子다. 음에서 생산하는 것을 장생이라고 한다. 그래서 女子는 식신상관을 子女星으로 정한다. 처는 남자의 정재가 되고 정재에서 낳은 처의 식상은 관살에 해당한다. 子女의 구별은 두 가지 법이 있다. 양남 음여의 법칙에 의해서 양간은 남자 음간은 여자로 보는 것이 그 한가지이다.
子女의 경우 陽日생은 식신이 양간이니 아들이 되고 상관이 음간이니 딸이 되는데 반하여 陰日생은 상관이 양간이니 아들이고 식신이 음간이니 딸이 된다. 남자의 경우는 陽日생은 칠살이 양간이니 아들이고 정관이 음간이니 딸이며 음일생은 정관이 양간이니 아들이고 칠살이 음간이니 딸이 된다. 그와 같이 時가 양간이면 먼저 아들을 낳고 음간이면 딸을 낳으며 사주가 음간지가 많으면 딸이 많고 양간지가 많으면 아들이 많다고 한다.
이와는 달리 陽火 陰水로 子女를 구별하기로 한다.
木火의 양신이 많으면 아들이 많고 金水의 음신이 많으면 딸이 많다는 것이다. 어느 것이 옳고 그른가를 판단하기는 어렵기 때문에 모든 것을 종합적으로 판단하는 것이 합리적이다. 子女가 몇이냐 하는 수에 대해서는 十二운성법을 위주로 하고 있지만 사실은 어긋나는 것이 많다. 같은 十二운성법을 쓰는데도 관성이 子女인 남자는 日主를 떠나서 관성의 十二운성을 위주로 하고 식상이 子女인 女子는 식신의 십이운성을 위주로 해야 한다는 설이 있다. 그래서 중국명리계에서는 형제와 子女는 수를 논하지 말고 그 힘의 유무만을 따지는 경향이 보편적이다. 특히 현대사회에 있어서와 같이 자녀들을 많이 낳지 않고 유산이 합법화 되고 있는 현대에 있어선 子

女의 선천적 수를 헤아리기는 어려운 것이다. 그래서 여기서도 子女관계는 유력과 무력의 두 가지로 분별하는데 역점을 두겠다.

坤 命 論
(곤명론: 여자의 운명을 논하다)

1. 日主가 왕하고 식상이 있는데 식상을 극하는 인성이 없으면 반드시 子女가 많다.
2. 日旺하고 식상이 경(輕:가벼울 경)한데 印이 중(重-무거울중)하여 식상을 심히 극하는 경우 재성이 병출(並出:함께 나타남)하였으면 子女가 많고 현명하다.
3. 日旺하고 식상이 지지에 숨어 있는데 인성이 없고 관살이 있으면 子女가 많다.
4. 日旺하고 비겁이 많으며 인성이 없고 식상이 지지에 있으면 子女가 많다.
5. 日旺하고 상관이 강한데 재와 인성이 없으면 子女가 많다.
6. 日旺하고 상관이 경한데 천간에 인성이 있고 지지에 재가 삼합이면 子女가 많고 모두 부영(富榮: 부귀와 영화를 누림)한다.
7. 상관이 용신이면 子女가 많고 모두 힘이 된다.
8. 상관이 용신을 도와주면 子女가 모두 위인(偉人:훌륭한 사람)이다.
9. 時上에 용신이 있으면 子女가 많고 유력하다.
10. 日약하고 식상이 중한데 인성이 있고 재가 없으면 子女가 반드시 있다.
11. 상관이 충 극 되지 않으면 반드시 子女가 있다.
12. 상관이 약한데 생부하거나 식상이 강하게 누르는 별이 있어서 제식상(制食傷)하면 반드시 子女가 있다.
13. 日旺하고 인성이 중한데 식상이 약하면 子女성이 무력하니 반드시 子女가 적다.

14. 日약하고 인약(印弱)한데 식상이 중하면 모성이 허약하니 반드시 자녀가 적다.
15. 日약하고 식상도 약한데 일주를 도와주는 비겁은 없고 도리어 극 신하는 관이 있으면 산모가 더욱 허약해지니 자녀가 없다.
16. 신약하고 상관이 왕한데 식상을 누르고 부신(扶身)하는 인성과 더불어 인을 극하는 재성이 투출하면 도리어 인성과 日主가 무력하니 子女는 있으나 무력하다.
17. 日旺하고 인성이 중하며 財가 없으면 식상이 불모(不毛)하니 자녀가 없다.
18. 일약하고 관살이 旺하면 허약하므로 자녀가 없다.
19. 일약하고 식상이 왕한데 인성이 없으면 산모가 무력하여 산아(産兒-아이를 낳지 못함)하지 못한다.
20. 식상이 충 극되면 자녀가 없다.
21. 식상이 약한데 인성이 있으면 무자(無子:자식이 없다)다.
22. 식상이 용신을 충파하면 무자(無子)하고 유자(有子)해도 무력하다.
23. 時에서 용신을 극 파하면 자녀가 무력하다.
24. 신약하고 재관이 태과하면 무력하여 무자(無子)한다.
25. 인성이 干支에 중중하면 식상이 불을 곳이 없으니 무자한다.
26. 사주에 火土가 왕성하여 화염조토(火炎燥土)한데 무수(無水)하면 물기 없는 백사장(白沙場)엔 싹이 트지 않듯이 유산하거나 자궁 외 임신 등으로 子女가 없다.(남자도 같다.)
27. 水多하여 부목(浮木)하는데 土가 없으면 너무 한냉(寒冷)하여 얼음판에서 싹이 트지 않듯이 무자하다.(남자도 같다.)
28. 사주에 金水만 있고 火가 없으면 너무 한냉하여 얼음판에선 싹이 트지 않듯이 무자하다.

경중(輕重)이란 무엇인가?
輕重 ; 가벼울 경 무거울 중자로 사주학에서 자주 나오는 말이다. 오행이 뭉쳐있거나 한 가지 오행이 3개 이상일 경우 중중하다하고, 아예 없는 경우와 있으나 충 극을 당하여 무력할 때 경하다 말한다.

乾 命 論
(건명론: 남자의 운명을 논하다.)

1. 日旺하고 관살이 강하면 자녀가 많다.
2. 일약하고 관살이 왕하면 子女가 적다.
3. 일약하고 時上에 칠살이 있으면 딸은 많으나 아들은 적고 칠살을 누르는 식신이 있으면 아들이 많다.
4. 일약하고 상관이 왕하면 자소(子少:자식이 적다)하다.
5. 관살이 희신이거나 용신이면 다자(多子:자손이 많다)하고 유력하다.
6. 官살이 용신을 도와주면 다자(多子)하고 현명하다.
7. 관살이 용신을 극 파하면 유자(有子)하나 무력하다.
8. 관살이 충파되면 자녀가 무력하다.
9. 관살이 공망이면 자녀가 적고 무력하다.
10. 식상이 태과하면 자녀가 무력하다.
11. 시지가 충 되거나 공망이면 자녀가 무력하다.

곤명과 건명이란 무슨 뜻인가요?
乾命 : 하늘 건 목숨 명자로 하늘은 남자요, 명은 운이니 남자의 운명을 일컬은 말이다.
坤命 : 땅 곤 목숨명자로 여자는 땅 이라 하여 여자의 운명을 말할 때 쓰는 용어이다.
制食傷 : 억제할 제 밥식 상할 상자로 식신상관을 누르는 별로 육친상 인수를 말한다.
不毛 : 아니 불 터럭모자로 터럭 즉 티끌하나 없다는 말이다.
火炎燥土 : 불화 불탈염 마를 조 흙토자로 불에 그을린 흙으로 巳午未월의 마른土로 주위에 水가 없는 경우를 말한다.

兄弟宮
(형제궁: 형제의 집을 말함)

　형제는 육신상 으로는 비아자(比我者)인 비견과 겁재를 형제성으로 보고 사주상으로는 월지의 묘(苗: 모 묘)에서 자라난 같은 나뭇가지이기 때문에 월주를 형제의 기둥으로 삼는다. 형제성인 비겁이 왕하고 건전하면 형제가 왕성하고 비겁을 극 제하는 관살이 많으면 형제가 불모(不毛)하며 비겁이 희신이고 강하거나 기신이나 약하면 형제가 유력하고 반대로 비겁이 희신인데 약하거나 기신이고 강하면 형제는 무력하다. 그와 같이 월주가 왕성하거나 희신이면 형제가 유력하고 월주에 비겁을 극 제하는 관살이 있으면 형제는 무력하다. 이를 구체적으로 살펴보면 다음과 같다.

1. 칠살이 왕하고 이를 제화(制化)하는 식신이나 인성이 없는 경우 일주는 위험한데 겁재가 나타나서 칠살을 합하면 구제되니 형제가 유력하다.(甲日,庚乙,合)
2. 칠살이 왕하고 식신이 경한데 비견이 있어서 칠살을 분담(分擔:나누어가짐)하면 형제가 유력하다.
3. 인성이 약한데 재가 나타나서 剋印하는 경우 비겁이 있어서 극재호인(剋財護印)하면 형제가 유력하다.
4. 칠살이 왕한데 재가 생살하는 경우 비겁이 나타나서 재를 누르고 일주를 부조하면 형제가 유력하고 화목하다.
5. 신쇠(身衰)하고 인강(印强)한데 인성이 월주에 있으면 형제가 많다.
6. 재가 약하고 겁재가 강하며 극재(剋財) 하는데 식상이 있으면 도리어 겁재가 식상을 생하고 財도 化하니 형제가 합심(合心)하고 화목하다.
7. 재가 약하고 겁재가 강하여 쟁재(爭財)하는데 官이 있어서 제겁(制劫)하면 형제가 화목하다.
8. 일약하고 재와 印이 투출하여 극인(剋印)하는 경우 겁재가 있어

서 극재호인하면 형제가 유력하고 화목하다.
9. 사주상 비겁이 중화적 작용을 하면 형제가 유력하고 화목하다.
10. 비겁이 용신이면 형제가 유력하고 형제의 도움으로 출세한다.
11. 관약(官弱)하고 상관이 중한데 비겁이 상관을 부조하면 관을 더욱 무력하다. 형제 때문에 평생 고생이 많다.
12. 칠살이 약하고 식신이 태과하여 칠살이 무력한데 비겁이 식신을 부조(扶助)하면 칠살은 탈기(脫氣)하니 인해서 평생 고생이 많다.
13. 재가 약한데 겁재가 강하여 극재(剋財)가 심한 경우 인성이 겁재를 도와주면 쟁재를 부채질하는 격이니 형제가 불화하다.
14. 칠살이 중한데 인성이 없으면 비겁이 무력한데 지장(支藏)에 상관이 있어서 비겁을 설기하면 형제는 무력하다.
15. 신왕하고 편인이 있는데 겁재가 왕하고 관이 없으면 형제가 사로 독불장군으로 날뛰어 독자적 활동을 함으로서 무력하다.
16. 편인과 비견이 있고 재가 경하며 지장에 칠살이 있어서 지지에서 극재(剋財)하고 설재(洩財)하면 형제로 인해서 평생 고생한다.
17. 비겁이 용신을 극 파하면 형제 때문에 고생이 많다.
18. 용신이 비겁을 극 파하면 자신은 번영하고 형제는 쇠퇴한다.
19. 비겁이 약한데 생부(生扶)함이 없거나 비겁이 강한데 극제함이 없으면 형제가 적고 무력하다.
20. 月支에서 日主를 생부해주면 제(弟)가 있고 유력하다.
21. 月上에서 日干을 생부하면 형이 있고 유력하다.

比我者: 견줄비 나아 놈 자자로서 나와 견주는 같은 무리들을 말한다. 형제 친구 동료 등
制化 : 누를 제 될 화자로서 강한 자를 억제하여 중화시킴을 말한다.
剋財護印 : 극할 극 재물 재 보호할호 도장인 자로 사주에서 재성을 극해서 인성을 보호함을 말하는데 재성이 너무 많아 財多身弱일 경우 비겁을 써서 재성을 극할 수도 있지만 관성을 써서 설기로 기운을 빼면서 관성으로 官生印하면 인수를 보호하는 형상이 된다.
爭財 : 다툴 쟁 재물재자로서 재물을 놓고 다투는 즉 싸움질하는 것을 말하는데 群比爭財 또는 群劫爭財라는 단어들이 사주용어로 많이 등장한다. 이 말은 비견이나 겁재가 무리지어서 재물을 놓고 서로 쟁탈전을 벌인다는 말이다.

女命夫子論
(여명부자론: 여명에서 남편과 자식을 논함)

女子는 관성으로 부(夫: 지아비 부)를 삼는 것이 원칙이다. 용신을 부성(夫星:남편의 별)으로 삼는 것이 보다 합리적으로 통용되고 있다. 용신은 사주를 조화하고 일주를 부양하는 충신이요, 재상으로서 여명을 부양하는 후견인은 바로 용신이라는 견지에서 용신을 부성으로 삼는 것이다. 그러나 용신은 어디까지나 사주의 주체가 아닌 일등공신으로서 부성이로 단정할 수 없다 부성은 역시 관성으로서 용신은 부성을 보좌하는 조부(助夫:남편을 돕는)의 별로 보는 것이 합당하다. 여자는 夫子가 다 같이 길성(吉星) 이고 유력(無沖 하고 根氣가 왕생함) 한 것을 上命으로 삼고 夫 子 中 한 가지만 좋은 것은 中命으로 보며 夫子가 다 같이 기신이거나 무력한 것을 下命으로 판단한다.

이제 그 통변을 구체적으로 살펴보기로 하자.

1. 日강하고 식상이 많으면 재를 용신으로 삼는다.
用財(재를 쓰면) 즉 재생관(財生官)하니 부군(夫君)이 영달한다.
다만 재가 없으면 인성을 쓴다. 인성으로 식상을 제압하고 부성인 관을 지키니 부군이 온전하다. 만약 재와 인이 없으면 식상을 그대로 용신을 삼고 식상이 극관 하니 부군은 온전할 수 없다. 다만 자녀들을 의지하여 살아갈 수밖에 없다.
2. 日강하고 관살이 많으면 용식(用食:식상을 쓴다)하다. 관살이 과다하면 夫子가 약한데 식신을 용신으로 제관하면 부자가 영화롭다.
다만 식신이 없으면 재를 쓴다. 재로서 관을 생부 하니 부군은 영연(榮連: 영화로움이 이어짐)하나 자식은 무력(無力: 힘이 없다)하다.
만약 식신과 재가 없으면 관살을 그대로 용신으로 삼으니 부군은 강하나 신상이 고되다. 어떠한 고역도 감수하고 부도(婦道:아녀자의 도리)를 지키니 부군본위(夫君本位)이다.

3. 일강하고 재다하면 관살을 쓴다. 身이 건강하고 財로서 부관조부(扶官助夫)하니 부군은 크게 영달한다. 단 관살이 없으면 식신을 쓴다. 부군을 도와주고 싶어도 부성이 없으니 식상으로 치부(致富)하고 자녀에 의지(依支)한다. 만약 관살과 식신이 없으면 무부무자(無夫無子)하니 부(富)에 의지하여 여생을 즐길 수밖에 없다.

4. 일강하고 인성이 많으면 재를 쓴다. 財로써 극인하고 생관 하니 부군은 영달한다.

단, 재가 없으면 관살을 쓴다. 너무 태강한 아신(我身)을 관살로서 억제하여 부군을 섬기게 하며 자녀는 기대하지 않는다. 만약에 재와 관살이 없으면 식상을 써서 내 몸(아신)을 설기로서 중화시킨다. 식상이 극부(剋夫)하니 부군은 없는 것과 같고 자녀를 의지해 산다.

5. 일강하고 비겁이 많으면 관살을 쓴다.

부군이 득권(得權)하고 아 신을 제 극하니 스스로 분수를 지키고 부군을 섬긴다.

난, 관살이 없으면 식상을 써서 설기를 시킨다. 부군이 무력하니 자녀를 믿고 살아가야 한다. 만약에 관살과 식상이 없으면 재를 쓴다. 부군과 자녀를 떠나서 오직 재물에 의지하나 재물이 넉넉하지는 못한다. (비겁은 재성을 겁탈하기 때문이다.)

6. 일약하고 식상이 강하면 인성을 쓴다. 인성이 식상을 누르고 호관생신(護官生身)하니 부자가 모두 건전하다.

단, 인성이 없으면 재를 쓴다. 식상생재하고 재생관하니 부자는 건전하나 설기가 심하여 본신은 허약하고 고단하다. 만약 인성과 재성이 없으면 비겁을 쓴다. 이미 夫子를 기대할 수 없으니 자신의 안전을 도모할 수밖에 없다.

7. 신약하고 관살이 많으면 인성을 쓴다. 印으로서 官을 설기하고 생신(生身)하니 신관(身官)이 상정(相停)하고 부부(夫婦)가 건전하다.

단, 인성이 없으면 식상을 쓴다. 식상으로 제관살(制官殺)하니 夫子는 건전하나 자신은 희생하고 헌신한다. 만약 인성과 식상이 없으면 비겁을 쓴다. 夫子의 인연이 없으니 자신의 건강과 안전을 도모하는 것이 재다하면 비겁을 쓴다. 부자의 인연이 없으니 자신의 건강과 안전을 도모하는 것이 상책(上策)이다.

8. 신약하고 재다(財多)하면 비겁을 쓴다. 부신(扶身)하고 생식(生食)하니 모자(母子)는 건전하다. 극재(剋財)하여 관기(官氣)무력하니 부성(夫星)은 기대할 수 없다. 단 비겁이 없으면 관살을 쓴다. 재생관살(財生官殺)하니 부성은 영달하나 자신은 허약하여 生子를 못하니 부성에 의지할 수 밖에 없다. 만약 비겁과 관살이 없으면 인성을 쓴다. 부자의 인연이 없으니 자신의 건강을 도모할 따름이다.

9. 신약하고 印多하면 재를 쓴다. 신약 印多하면 자신과 부자가 모두 무력하다. 財로서 制印하면 生夫하고 구자(救子)하며 자신 또한 회생한다. 단 財가 없으면 비겁을 쓴다. 이미 부성은 기대할 수 없으니 자녀에 주력하고 자신의 안전을 도모한다. 만약 재성과 비겁이 없으면 관살을 쓴다. 이미 자녀는 싹조차 없고 자신 또한 기진맥진이니 부군에 헌신하고 의지할 수밖에 없다.

역학에 쓰이는 많은 한자와 용어들
剋印 剋財 라는 말은 인성을 극한다, 재성을 극한다는 말이고, 洩財라는 말은 샐 설 재물 재자로 재성을 설기시킴을 말한다.
扶助 : 붙들 부 도울 조자로 붙들어 도와준다는 말이고,
脫氣 : 벗을 탈 기운기자로 기울을 빼앗김을 말한다.
扶官助夫 : 관성을 부조하고 남편을 돕는다는 말로 사주에서 관살이 힘을 받는다는 말..
無夫無子 : 지애비도 없고 자식도 없다는 말로 사주에서 관살도 없고 식상도 없다는 말.
得權 : 권세를 얻었다는 말로 부군 득권 이라면 관성이 유기 유력함을 말하는 것이다.
護官生身 : 관성을 보호하고 나를 생해준다는 말로 관생인 인생아를 말하는 것이다.

 이와 같이 역학용어에서 한자가 많이 등장함은 함축된 말로서 진실 된 뜻을 전달하기 위함이니 좀 불편하드라도 한 글자 한 글자 익히다 보면 재미를 느끼게 되니 가급적 한자를 많이 익히면 그 뜻을 쉽게 이해 할 수 있다.

富命論
(부명론: 부자의 사주를 논함)

　대부(大富)는 재천(在天)하고 소부(小富)는 재인(在人)한다고 거부(巨富)는 사주에 타고나야 한다. 富는 재성이 주관하니 부하려면 재성이 건전하고 풍부하며 자신을 살찌우는 희신 이어야 한다. 재성은 재원(財源)이자 재정을 다루는 재무대신으로서 군왕인 일주를 봉양하고 나라를 유지하는 호주양명(護主養命)하고 호국호민(護國護民)하는 생명의 근원이라 인간은 재에 의존하므로 재를 가장 소중히 여긴다. 재를 생산하고 감당하며 거부가 되려면 첫째 신왕하고 둘째 재왕하여 셋째 호재(護財)하는 官이 있어야하고 넷째 生財하는 식상이 있어야하면 다섯째 탈재하는 비겁이 없거나 무력하여야 하고 여섯째 財가 희신 역할을 해야 한다.

이를 구체적으로 분석한다면 다음과 같다.

1. 신왕하고 재강(財强)하며 생관(生官)하여 비겁을 누르고 호재(護財)하면 치부(致富)한다.
2. 신왕한데 기인(忌印)이 많은 경우 財로서 제인(制印)하고 활동을 조장하면 생부(生富)한다.
3. 신약하여 인성을 쓰는데 관이 있을 경우 재가 있어서 財生官 하고 官生印하면 財로서 출세하고 치부한다.
4. 신왕하고 식상이 (重重)한데 재(財)가 있으면 거부(巨富)가 된다.
5. 신왕하고 비겁이 많은데 천간에 무재(無財)하고 地支에 재성이 삼합회국(三合會局) 하면 남모르게 치부한다.
6. 신왕하고 천간에 식상과 재가 병출(竝出)하면 생재불식(生財不熄)하니 대부(大富)한다.
7. 신왕하고 재강한데 식상이 있어서 생재하거나 관살이 있어서 호재하면 만금을 이룬다.
8. 신왕하고 식상이 강한데 왕성한 인성이 식상을 치는 경우 재성이 三合得局 하면 동서남북에서 생재하여 갑부가 된다.

9. 신강하고 관약한데 인성이 중중하여 도관(盜官)을 할 경우 재가 득합(得合)하여 극인(剋印)하고 생관 하면 부와 귀를 겸전한다.
10. 신왕하고 비겁이 왕성하며 財와 印이 없을 경우 식상을 보면 스스로 생재하여 거부가 된다.
11. 신약하고 재다하며 관인이 없는데 비겁이 있어서 무거운 재를 합심하여 관리하면 대재(大財)를 감당 하므로 대부가 된다.
12. 재를 용신으로 삼는데 비겁등극하고 파하는 기신이 없으면 재가 건전하고 거부가 된다.
13. 재성이 용신을 도와주면 재로서 출세하니 재성이 유력하면 대부하고 크게 출세한다.

부자의 명조 사례

```
乙 乙 庚 庚
未 卯 申 辰
```

본 명조는 身旺 財旺한 사주로 각자 祿根으로 큰 부자의 명입니다.
명조를 살펴보자면 庚申일주로 신왕하고 乙卯월주로 財旺한데 乙목이 년간에 나타나고 더욱 좋은 것은 未土 財庫(돈 창고)를 놓았으니 부자의 사주입니다.
아무리 부자라도 인명은 재천이니 죽을 수도 있고 운에 의해 크게 패하고 망할 수도 있는 것이다. 이 거부도 戊 대운 酉년에 크게 패망했다니 그 이유는 申酉戌로 身이 태강해지면서 오만함이 극치에 이르면서 辰戌 충 戌未 형으로 형 충을 먹은 상태에서 卯酉가 상충이 되면서 왕신충발로 크게 망했을 것이고, 酉년 酉운에 卯酉가 상충되니 세상을 뜨고 말았다고 하니 사주팔자는 못 속이는 법이로다. 그러므로 돈은 써야하고 모으면 탈이 생기는 법임을 우매한 인간들은 그 이치를 모르니 답답할 뿐입니다.

護官生身 : 보호할 호 벼슬 관 날생 몸신- 관을 보호하고 내 몸을 도와준다는 말이다.
盜官 : 훔칠 도 벼슬 관-관성을 훔쳐간다는 말로 약해져 없어짐을 의미하는 말이다.
竝出 : 아우를 병 날 출 함께 나타난 것을 일컫은 말이다. 이와 같이 한자를 병용하면 이해가 빠르니 좀 힘들어도 한문 혼용을 생활화하면 역술공부엔 무척 도움 된다.
生財不熄 : 생재불식이란 식신이 재성을 생하고 재성이 관성을 관성이 인성을 인성이 자신을 생하는 식으로 이어지는 것을 말한다.
三合得局 : 지지에 삼합으로 뭉쳐서 판을 짜여 졌다는 말이다.

貴 命 論
(귀명론: 귀한자의 사주를 논함)

귀는 명예와 명성 그리고 덕과 지와 예와 문과 관직과 권을 상징한다. 육신 상으로 관성이 귀를 주관하니 관이 유력하고 건전하며 주군에 충실하고 공헌하면 주군은 스스로 높이 권위를 선양하고 이름을 온 천하에 떨치며 부귀영화하고 장수무병대귀를 누릴 수 있다. 그러나 관은 주군이 아닌 주군의 신하요 종복이니 비록 벼슬은 있으나 자유하고 독립하는 자주능력이 없다 그래서 언제나 상전을 모시고 종노릇을 해야 하며 부명(富命)처럼 주인노릇하고 영화로울 수도 없다. 그러나 관은 록이 있으니 관고(官高)하면 록다(綠多)하여 자연 성재(成財)하고 치부(致富)할 수 있으나 대부(大富)할 수는 없다.
귀를 누리려면,
첫째. 상전의 종노릇을 할 수 있는 신왕자여야 하고
둘째. 관성이 유력하고 상함이 없어야 하며
셋째. 관성을 생해주는 재와 관성을 지켜주는 印이 있어야 하고
넷째. 주군에게 충성을 다하는 기쁜 관성이어야 한다.

이를 구체적으로 분석하면 귀를 누릴 수 있는 사주는 다음과 같다.
1. 신왕하고 관이 강한데 인성이 있으면 관을 극하는 식상이 꼼짝 못하므로 평생 관운이 안전하고 장구하다 인성은 교육과 덕성이니 주군을 섬길 수 있는 지덕(智德)을 겸비 하므로 그를 해치는 방해자가 없고 중망(衆望:여러 사람의 신망)이 두터우므로 귀를 높이 높이 누릴 수 있다.
2. 신왕하고 비겁이 많은데 관이 있으면 버릇이 없고 날뛰는 비겁의 용맹을 관으로서 엄히 다스리고 가르침으로서 품행이 단정하고 법도가 뚜렷하니 관을 능히 감당할 수 있고 귀를 누린다.
3. 신약하고 비겁이 있으며 印과 官이 나타나면 관이 印을 생하고 印이 비겁을 생하여 비겁이 주군을 부신함으로서 관운 때문에

출세하고 건강하며 귀하게 된다.

4. 신왕하고 재강하며 관이 있으면 재로서 관직이 높아지고 관으로 재를 감당하니 富貴를 겸전(兼全-함께한다)한다

5. 신왕하고 官强하며 財가 있되 태과하지 않으면 관운이 순조롭고 귀와 부를 누릴 수 있다.

6. 천간에 무관해도 지지에 관성이 삼합회국하고 신왕하면 동서에서 관운을 떨치고 크게 貴한다. 단, 늦게 관운이 열린다.

7. 신왕하고 천간에 재관이 없는데 지지에 재관이 있으면 중년부터 부귀를 누린다. 지지는 뿌리이니 싹이 트자면 오랜 세월이 필요한 것이다. 천간에 나타난 재관은 이미 싹이 텄으니 그 만큼 일찍 꽃이 피듯이 출세가 빠르다.

8. 신왕하고 관약한데 재가 있으면 財生官 하여 관운이 높아지듯이 재물로서 관을 성장시키고 현달한다.

9. 관왕하고 신약한데 인성이 있으면 印으로서 관을 설기하고 주군을 생부 하니 관을 능히 감당하고 관으로서 크게 이름을 떨치며 건강도 왕성하다.

10. 신약하고 印旺하며 관이 쇠하고 유재하면 관이 印에 의해서 설기되고 무력해지는 것을 재로서 印을 누르고 관을 생부해주니 처와 재력으로서 출세하고 부귀를 누린다.

11. 신약하고 官旺하며 印이 쇠하여 관이 印을 생하고 印이 扶身을 하니 관운이 좋고 크게 출세하며 귀를 누린다.

12. 신왕하고 비겁이 중하여 재약하고 유관하며 비겁이 재를 다루고 겁탈하는 것을 관이 누르고 호재 하는 반면에 재가 관을 생해줌으로서 官高하고 부도 누릴 수 있다.

13. 신약하고 印이 있으며 재가 있고 관이 있으며 印을 극하는 재를 관으로서 설기하여 印을 생하고 일주를 강화시키니 관운 으로서 보신하고 이름을 떨친다.

14. 천간에 官印이 병출하고 官印이 희신 이면 官運과 명성이 진진하고 大貴를 누릴 수 있다.

15. 관을 용신으로 쓰고 식신이 없거나 상관이 없으면 관이 충신의 일인자로서 주군을 섬기니 귀를 크게 누릴 수 있다.
16. 관이 용신을 도와주면 관의 지원으로서 크게 출세하고 귀를 누린다.
17. 관이 용신인데 칠살이 없으면 관이 청순하고 관에 전념함으로서 마침내 관운이 열리고 출세한다.
18. 편관을 쓰는데 정관이 없으면 무관이 정치가로서 크게 이름을 떨친다.
19. 편관이 왕하고 식신이 있으면 의식이 풍족하고 권세가 높으며 무관이나 권도로서 출세한다.

귀부인의 명조 사례
辛 甲 丁 壬
亥 午 卯 寅

 본 명조는 일간 丁화가 午월로 득령하고 甲寅卯3목의 生을 받으니 신강한 사주인데 시간에 壬水정관이 유정하고 亥中에 록근을 세워 官根이 투철하여 고관 부인이 된 사주의 사례이다. 다만 식상이 없어 소화불량으로 막히고 답답한 일이 가끔씩 발생할 확률이 높다. 이런 사주를 가진 사람은 대체적으로 인덕인 문서로 살아가는 팔자이지 내가 노력해서 살아가는 팔자는 못 된다. 여기에서 문서란 官印相生하는 형상이므로 남편의 문서로 보아야 한다.

吉 命 論
(길명론: 길한 사주를 논함)

  음양이 중화를 이루면 평생 평온하고 편안하며 위험이나 재난이 없다. 이를 길명이라고 한다. 태평한 사람은 새로운 의욕과 설계가 아쉽지 않으므로 현상을 집착한 나머지 발전성이 없고 일단 유사시엔 박차고 나갈 용기와 지모가 부족하므로 극복하기 어려운 것이 흠결(欠缺)이지만 타고난 천명(天命)이 양호한지라 풍파 없이 살아갈 수 있다. 길운의 특징은 물결처럼 막힘이 없이 유통하고 서로 안전을 유지하고 보장하는데 있다. 그 구체적인 사실을 열거한다.

1. 신왕하고 재를 쓰는데 식상이 있어서 생재 하거나 관성이 있어서 財를 보호하는命 또는 식상이 있어서 생재하면 거부지명(巨富之命)이요 이관호재(以官護財)하면 부귀 쌍전하다.
2. 신왕하고 관을 쓰는데 재가 있어서 생관 하거나 인성으로서 관을 지켜주는 命財生官하면 부귀지명이요, 官印相生하면 貴가 높다.
3. 신왕하고 칠살을 쓰는데 殺强하고 有食하거나 殺弱(살약)하고 有財한命 또는 칠살이 강하여 식식제살 하면 권위를 떨치고 살약하고 財生殺 하면 부와 권을 겸전하고 재물로서 권세를 잡는다.
4. 신약하고 인성을 쓰는데 관살이 있는 명 벼슬로서 이름을 떨치고 건강을 유지한다.
5. 신약하고 비겁을 쓰는데 官多하고 有印하거나 財重하고 官印이 투출한 命, 官으로서 生印하고 扶比劫하니 벼슬로서 명예와 건강을 보전하고 財重한데 관으로서 멸재(滅財)하고 生印 부비겁하면 벼슬로서 재물을 감당하고 명예와 건강을 유지한다.
6. 신약하고 인성을 쓰는데 비겁과 관성이 있는 命 官印相生하고 비겁이 부신(扶身)하니 귀가 높고 오래간다.
7. 용신이 충 극되지 않으면 충신이 건전하니 주군은 일생 안전하다.

평범하면서도 부자이고 검소하게 살아가는 부부의 팔자

남편, 1947년1월19일亥시생						
乾命	丁亥	壬寅	己未	乙亥		
수	1	11	21	31	41	51	61
대운	辛丑	庚子	己亥	戊戌	丁酉	丙申	乙未

2	木	2
1	火	2
2	土	2
0	金	1
3	水	1

아내, 1950년6월19일卯시생						
坤命	庚寅	癸未	己巳	丁卯		
수	8	18	28	38	48	58	68
대운	壬午	辛巳	庚辰	己卯	戊寅	丁丑	丙子

　　남편 田씨는 평범한 보통사람이다. 그동안 잡다한 개인 사업으로 축재 성공한 사람이지요, 대표적인 사업은 연희동에서 80-90년대 전직 대통령 두 분이 드나들던 우정스포츠라는 업소를 운영 했답니다. 甲午년에 종로중심 통에 공시지가가 50억대 되는 땅을 매입했고요, 우리 보통사람들은 상상도 못할 부자인데 무엇이 이 사주에서 핵일까를 간명해 보려고 합니다. 사주는 틀이 좋아야합니다 기둥이 튼튼해야 한다는 말도 되고요, 네 기둥이 튼튼한 편이지요. 재성 또한 유력하여 좋습니다. 월간 壬수 정재가 亥中壬水에 록근하고 있고, 일주 또한 신왕해서 大財를 취할 수 있는 힘이 있고, 월지에 정관을 놓은 자라서 모험을 좋아하지 않습니다. 정확하다고 생각지 않으면 고를 절대 안하는 분이거든요, 50억대 땅 매입하면서 필자에게 상담 와서 무조건 사라고 권했는데도 이리저리 재더니 결국 매입했습니다. 운세 또한 북방水 財운과 서방 金인 식상 운이라서 젊어서는 노력으로 축재하고 중년에는 머리와 활동으로 축재했으며 현재는 남방火운인 문서로 살아가야 하는 임대업 등 이지요, 별것 아닌 사주 같지만 좋은 팔자입니다.

　　아내 全씨는 오행을 고르게 다 갖춘 관인상생 되는 팔자로서 癸水 財가 년간 庚金 으로부터 生을 받는 財官이 유기한 팔자로 부자집 사모님이신데요, 얼마나 검소한지 지하철로 통행하는 부인이십니다. 대운으로 보아 젊어서는 일깨나 하셨을 것 같고요, 58대운부터는 안정기인 북방水운으로 편안하게 살아갈 팔자입니다.

두 분 모두 식재관(食財官)이 희용신이라서 부자의 팔자입니다.
여명에서 식재관이 희신이면 남편의덕 재물의복 자식의덕 모두 다 갖춘 사주라 말 할 수 있는데요, 큰아들은 행시패스해서 사무관으로 서울시에 근무하고 며느리는 의사로서 잘 살아갑니다.
필자와도 오랜 인연으로 가족같이 생각하고 있으며 사소한 일도 꼭 묻고 가는 정확한분들 이지요,
甲午년에 어떤 역할로 문서 잡았을까요? 관성 甲목이 문서 午화 달고 들어와 관인상생(官印相生)하는 운이라서 큰 문서 잡게 된 것이지요.

以官護財 : 써 이 벼슬 관 보호할 호 재물 재-관으로서 재를 보호한다는 말이다.
命財生官 : 목숨 명 재물 재 날 생 벼슬 관-사주에 있는 재성이 관을 생함을 말한다.
官印相生 : 벼슬 관 도장인 서로 상 날 생-관성이 인성을 생하면 인성은 나를 생한다.
殺强 殺弱 : 죽일 살 강할 강 약할 약- 살이 강하거나 약할 때 쓰는 말.
有食 : 있을 유 밥식자로서 식상이 사주 안에 있을 때 하는 말이다.
財生殺 : 재물 재 날생 죽일 살 자로서 재성은 관성을 생한다는 말로 칠 살인 편관을 생할 때 재생살 한다고 말한다.
扶比劫 : 도울 부 견줄비 겁탈할 겁 자로서 비겁을 도울 때 쓰는 말이다.
滅財 : 멸할 멸 재물 재자로서 재성이 강하게 비겁한테 극을 당할 때 쓰는 말이다.
扶身 : 도울 부 몸 신자로 내몸인 일주를 도울 때 쓰는 말이다.
財重 : 재물 재 무거울 중자로서 재성이 무겁다는 말인데 중하다 중중하다란 재성이 3~4개가 있을 때 중하다 말한다.

壽 命 論
(수명론: 장수하는 사주를 논함)

무병하면 장수한다. 질병은 오행의 부족과 침체에서 발생한다. 오행 중 어느 것이 없거나 허약하면 그 오행에 해당한 五장六부가 발병을 하고 오행이 고루 있지 않고 상극된 대립 상태이면 극을 당하는 오행이 피로하고 지쳐서 마침내 발병을 한다. 때문에 오행이 고루게 있고 건전하면 상생하고 주류(周流-두루두루 막힘없이 흐름)하여 고장이 없듯이 무병하고 장수한다. 이는 하나의 기계로 비유하면 모든 구조와 부분품이 안전하게 갖추어진 것이다. 기계는 구조와 부속품에 이상이 없으면 언제나 고장 없이 회전하고 움직인다. 백 가지 중 한가지의 부분품이라도 없어지거나 약하면 고장이 발생하고 전체를 못 쓰게 만든다. 그와 같이 인간의 수명은 오행 중 가장 약한 것을 표준으로 삼는다. 한 가지가 없어지거나 정지되면 전체가 정지되고 무용지물이 되기 때문이다.

이를 구체적으로 분석하면.
1. 오행이 균형을 갖추면 평생 무병하고 장수한다.
2. 사주에 풍살(風殺-바람을 일으키는 살)을 일으키고 좀 먹는 형 충 파 해가 없으면 일생 무풍무고(無風無苦-바람 없고 고통 없음)하여 장수한다.
3. 三합이나 大합을 하면 변질하고 올바른 작용을 못한다. 쓸모 있는 육신이 三합이나 육합이 되지 않고 모두 건재하면 충신이 건전한 것이니 주군은 평생 태평성세를 노래하며 장수한다.
4. 쓸모없고 도리어 해로운 작용을 하는 기신이 있으면 발병한다. 다행히 이를 沖 合하는 경우엔 병충이 제거되고 작용을 못하니 무병장수할 수 있다.
5. 신왕하거나 득기(得氣-기를 얻었음)하되 태과하지 않으면 타고난 본질이 우수하고 건전함으로서 무병장수 한다.

6. 신왕하고 관약한데 재가 있으면 부귀하고 장수하며 무병하다.
7. 신왕하고 재약한데 식상이 있어서 생재하면 몸 튼튼하고 돈 잘 버니 평생 의식주가 풍부하고 치부하여 장수한다.
8. 신왕하고 식상이 있으면 평생 활동하고 생재하며 무병하니 장수한다.
9. 신약하고 인왕(印旺-인성이 많음)하면 보약과 귀인의 도움으로 건강과 귀를 얻으니 무병장수한다.
10. 월지는 묘(苗)요, 명궁(命宮)이니 충을 당하면 싹이 상한 것 같으니 항상 몸이 약하고 병이 끊어지지 않는다. 이 명궁이 충 되지 않으면 싹이 튼튼하니 그에서 자라난 수목(樹木)도 장수한다.
11. 행운에서 용신이나 희신을 도와주면 행로가 평탄하고 원기가 왕성함으로서 장수한다.

1926년10월11일卯시생						
坤命	丙寅	己亥	戊申	庚戌		
수	22	32	42	52	62	72	82
대운	丙申	乙未	甲午	癸巳	壬辰	辛卯	庚寅

[장수하는 팔자]

甲午년에 89세인 이 사주의 주인공은 20대에 상부(喪夫)하고 유복녀 하나를 두었으나 중학교 졸업하고 가출하여 생사불명 되고 외롭게 살아가는 독거노인인데 건강하나는 끝내주게 좋아 정신도 총명하고 식사도 젊은이 못지않게 잘 잡수시는데 가끔 교통사고로 병원신세를 지곤 합니다.

[문] 무병장수 총명함은 어디에서 오는가요?
[답] 이 사주는 오행이 균형을 이루고 있고 신령실지 했어도 허약하지 않고 日干으로 시작해서 日支로 다시 月支로 또 연지로 年干으로 月干까지 끊어짐 없이 상생되고, 특히 총명함은 식신이 유기로 잘 발달 되었고, 극하는 관살이 많지 않고 조화로운 점이다.

貧 命 論
(빈명론: 가난한 사주를 논함)

가난보다 서럽고 괴롭고 불행한 것은 없다. 그러나 타고난 財가 없거나 있어도 약하거나 중극(中剋:가운데 놓고 양쪽에서 극함)되어 쓰지 못하면 호주머니가 텅 빈 것처럼 재물이 없다. 사주는 하늘이 준 문서요, 일생은 문서대로 살아가는 각본의 실연(實演)이니 가난뱅이 배역(配役)을 맡은 불우한 배우에게 돈이 있고 부자가 될 수는 없다. 어떤 사주는 재물이 왕성한데도 못사는 경우가 많다. 신약하기 때문이다. 차는 허약한데 화물은 태산같이 적재(積載: 쌓아 실었음)하였으니 어찌 움직이고 수송(輸送:나를 수 보낼 송)할 수 있는가, 남의 화물을 탁송(託送: 부탁할 탁 보낼 송)키로 한 차가 고장이 생기거나 약속을 지키지 못하니 도리어 화주로부터 손해배상의 청구를 받고 꼼짝없이 변상을 해야 한다. 돈을 버는 것이 아니라 도리어 손재(損財)를 당하니 화물은 돈 보따리가 아닌 혈담(頁擔-머리혈 멜담-머리에 메고)과 혈채(頁債: 머리혈 빚 채)로서 가난에 고통까지 겹친다. 견이불식(見以不食:보고서도 못 먹는 것)이요, 화중지병(畵中之餠:그림속의 떡)이니, 財가 모든 재앙의 근원이 될 수도 있다. 이러한 사람은 평생 무거운 짐과 빚에서 벗어나지 못하고 항상 일과 빚에 쫓기고 있으며 식소사번(食少事煩-적게 먹고서도 하는 일 마다 괴롭다)으로 동분서주(東奔西走-동쪽에서도 달리고 서쪽에서도 달린다))하나 한 가지도 성사되기가 어렵고 너무 과로하다보니 건강도 허약하고 수명(壽命)도 길지 못하다.

이제 그 실태를 구체적으로 살펴보면.

1. 재다하고 신약한자는 잉어 낚시로 고래를 낚은 격으로 고기를 잡는 것이 아니라 도리어 고기에 물린 것으로 고래에 끌려다니느라고 정신이 없고 생기는 것은 하나도 없이 땀과 자본만 없애니 가난하고 허리를 필 겨를이 없다.
2. 신왕하고 財약한데 관살이 많으면 재산은 없는데 지켜주는 경비원은 수두룩한 격이다. 사장이 자본도 없이 사원을 쓰고 급료를

지불해야 하니 가재를 모두 도둑맞듯이 관살에 빼앗기고 급기야 바닥이 드러나니 허울 좋은 사장처럼 유명무실하고 가난에 허덕인다.
3. 신약하고 인성을 쓰는데 인성은 약하고 식상이 중하면 병든 환자가 보약을 먹을 사이도 없이 투자하고 활동하니 더욱 병은 중해지고 약값으로 가재를 탕진하니 가난하고 몸 둘 곳이 없다.
4. 신약하여 비겁을 쓰는데 재다 하거나 신왕하면 형제와 동기간에 의지해 사는 병자나 미성년자가 태산 같은 재물을 지고 있으니 재물을 관리할 수 없을 뿐 아니라 도리어 몸을 무리하게 활동해야함으로서 병은 중하고 재물은 짐이 되며 도독은 모여들고 재난이 발생한다. 가난할 뿐 아니라 몸도 온전하지 못하고 一生 재물 때문에 쫓기고 화(禍-재앙)를 당한다.
5. 신왕하고 재약하여 식상으로 생재하는데 印강하여 파식상(식상을 파괴함)하면 수족이 절단되고 생산이 불가능(不可能)하게 된 것이니 평생 돈 벌기는 틀렸고 가난을 벗어나기도 어렵다.
6. 신왕하고 劫旺(겁왕)하여 재성이 약하고 식상이 없으면 군비가 쟁재하고 군겁(群劫:무리지은 겁재)이 탈재(奪財:빼앗을 탈 재물 재)하니 어쩌다가 돈을 벌면 도독 맞듯이 번개처럼 지출이 되고 평생 저축이란 생각조차 할 수 없으니 가난을 면 할 수가 없다.
7. 재다하고 신약하여 비겁에 의지 하는데 관살이 있으면 형제의 힘으로 살아가는 몸이 관살에 억눌리어서 형제와 자신이 부자유하고 재를 감당하지 못하니 재는 도둑맞고 몸은 병들며 관재구설로 망신한다.
8. 신약하고 인성에 의지하는데 재가 인성을 극하면 어머니 젖꼭지에 의지하는 어린아이가 사나운 처를 얻어서 평생 억눌려 살고 쫓기듯이 처와 재물 때문에 망신과 화를 입으며 가난하게 산다.
9. 신왕하고 재를 쓰는데 재가 干合 또는 支合하면 처와 재가 외면하고 작용하지 않으므로 돈을 벌 수 없고 기회마저 얻을 수 없다.

10. 관살이 왕하여 인성에 의지하는데 地支에 재가 삼합국을 이루면 인성이 무력하고 財官만 왕성하니 평생 질병 때문에 손재(損財-재물을 잃다)하고 가난에 허덕인다.
11. 재성이 흉한 작용을 하는 기신이거나 용신을 파괴하는 흉신 노릇을 하면 재와 처 때문에 만사가 깨지고 도리어 화를 당하고 질병과 관염(官炎)에 신음하며 돈을 벌면 반드시 재난이 겹치어 가난을 면 할 수가 없다.
12. 재를 쓰는데 겁재가 탈재하거나 관살이 도재(盜財:도둑도 재물재)하면 그림의 떡처럼 一生동안 치부(致富)할 수 없고 가난 속에 산다.

賤命論
(천명론: 천한 사주를 논함)

   신분이 하열(下劣:아래 하 용렬할 열, 못할 열) 하고 이름이 없거나 명예를 외면하고 돈이라면 무엇이든 가리지 않는 하천한 팔자를 천명이라고 한다. 배우지 못하고 가난하면 천하기 마련이지만 배우고도 천한 직업을 갖거나 돈을 가지고도 천하게 행동하는 사람이 많다 자고로 귀는 벼슬과 덕에서 이뤄지는데 관성과 인성이 무력하면 천함을 면 할 수가 없다. 이러한 천명은 겉으로는 군자같이 보이지만 내심은 소인이고 거짓이 많으며 벼슬과 이름을 빛내기가 어렵다.
이를 구체적으로 분석하면.

1. 신왕하고 관이 약한데 인성이 강하면 신은 더욱 태과하고 관은 무력하다. 관은 통제하고 제동하는 법칙인데 법이 무능하고 제동기가 무력하니 자기 멋대로 행동하고 일체의 법과 질서를 무시하니 사회에서 쓸모가 없고 덕과 귀를 갖출 수 없다.

2. 신약하고 官이 많으며 인성이 무력하면 너무 지나차게 통제하고 엄격히 다스림으로서 탈기력 하며 배운 것은 많으나 건강이 허약해서 벼슬을 감당할 수 없고 출세할 수 없다.

3. 官印이 비등한데 몸(身)이 크게 약 하면 金水가 태과한데 약한 木이 홀로 떠있는 부목지상(浮木之象-나무가 물에 떠다는 형상)이니 印을 섭취할 수 없이 도리어 물에 떠내려가는 유랑지명(流浪之命-물결 따라 사는)으로서 나그네 신세를 면하기 힘들다.

4. 신왕하고 비겁이 중한데 관이 약하고 무재하면 간지에 土多한데 약한 木이 서있는 것처럼 관성이 무력하니 법을 경시(輕視-가볍게 봄)하고 자기 멋대로 행동하며 관운은 박하고 출세 길도 좁다. 돈 없고 벼슬 없으니 빈천이 겹친다.

5. 관살이 중하고 신약한데 인성이 없으면 몸이 허약하고 질병이 떠나지 않으며 교육을 받지 못하고 성급하여 한번 노하면 자제를 못하니 벼슬하고 출세하기는 어렵다. 천한 업에 종사하고 가

난에 시달린다.
6. 신약하고 재경(財輕-재성이 가볍다)한데 겁재가 중하고 관이 지장(支藏-지지에 숨어있음)하여 불투(不透-천간에 안 뜸)하면 재가 무너지니 가난하고 의지할 곳 없으며 어디가나 시비(是非)와 쟁송(爭訟-다투고 송사함)만 발생하고 힘으로 대결하니 무법과 폭력으로 떠돌아다니게 된다.
7. 신약하고 관왕하니 인성에 의지 하는데 재가 극인(剋印-인성을 극함)하면 부모덕이 없고 배움 길이 막히며 재관이 기신이니 간난하고 천함을 벗어날 수 없다.
8. 관살이 중하고 신약한데 인성이 없고 식상으로 제관살(制官殺-관살을 제지함)하면 환자가 범을 잡기 위해서 칼을 휘두르는 격이니 도리어 병만 중하고 가난이 겹침으로 빈천을 벗을 날 수가 없다.
9. 신약하고 관다(官多-관성이 많음)하데 무재(有財-재성이 없음)하면 재관이 모두 기신이요, 몸을 해치고 재를 양탈(攘奪-물리치고 빼앗음)하니 평생 질병과 가난 속에 천대를 받게 된다.
10. 신약하고 관다(官多-관성이 많음)한데 재가 삼합회국(三合會局-삼합하여 局을 이룸)을 이룬자는 동서남북에서 몸을 해(害)치니 편할 날이 없고 가난과 비천(卑賤-신분이 낮고 천함)을 떠날 수 없다.

凶 命 論
(흉명론: 흉한 사주를 논함)

　평생을 파란만장하고 위험천만한 역경에 몸부림치는 인생의 팔자를 흉 명(凶 命-흉한 명조)이라고 한다. 자나 깨나 마음이 편안할 수 없고 몸 또한 휴식할 틈이 없어 이리 쫓기고 저리 뛰어야하는 괴로운 운명과 씨름하다가 지치고 쓰러지는 흉 명이란 관연 어떠한 것인가 ? 한마디로 조화를 읽고 편중된 절벽강산에서 기신이 날뛰는 흉한명조의 진상은 다음과 같다.

1. 신약하고 재왕 한데 신을 생부 하는 인성과 비겁이 없으면 평생 감당 못할 무거운 화물을 허약한 차에 가득싣고 무리하게 운전해가는 것처럼 언제 어디서 차가 부서지고 넘어질지 모르는 위험한 곡예요 모험으로서 한시라도 짐을 벗거나 안심할 겨를이 없는 위험천만한 命이다.

2. 신약하고 칠살이 왕한데 제살(制殺-살을 제지함)하는 식상이나 부신(扶身-일주를 도와줌)하는 인성이 없으면 맹호(猛虎-사나운 호랑이)의 꼬리를 잡은 어린이나 환자로서 언제 범에 물려갈지 모르는 풍전등화격(風前燈火格-바람 앞에 켜진 등잔불)으로 질병과 재난과 손재가 떠날 날이 없다.

3. 신왕하고 관을 쓰는데 상관이 많고 무재(無財)하면 총명한 재능을 유용(有用-쓸모 있게)하게 쓰지 못하고 시비논쟁과 하극상(下剋上)하는데 집중 시키므로 적을 많이 사고 재복이 없으면 벼슬길도 막히니 일생을 평지풍파 속에 몸부림치게 된다.

4. 신왕하고 비겁 인이 많으면서 관약(官弱-관성이 약함)하면 쑥대머리처럼 제 멋대로 자라나고 다듬어 지지 않은 원시인처럼 교양이 없고 자제력이 없으며 무능하고 만력본위(腕力本位-흠치르르한 근본)리로 버릇없이 행세를 자행(恣行-방자한 행동)하므로 사나운 인생길을 걷게 되고 설사 봉직생활을 한다 해도 쓸모가 적음으로서 말단직을 벗을 날 수 없다.

5. 신왕하고 살경(殺輕-관살이 가볍다. 적다)한데 식상이 중(重-무겁다. 많다)하고 무재(無財-재성이 없다)하면 머리는 비상하나 말이 많고 호색하며 교양이 없으므로 관재구설(官災口舌)과 색정문제로 파란만장(波瀾萬丈-변화가 심함)하여 안하무인(眼下無人-없인 여김)으로 무불간섭(無不干涉-참견이 많다)하므로 중인(重人-많은 사람들)의 미움을 사고 적이 많다.

6. 신왕하고 비겁이 중한데 관살이 없으면 부모 없이 자라난 고아처럼 교양과 예의가 없고 법과 질서를 외면하며 자기본위로 행동하는 동시에 재물과 직장이 없고 의지가 없는 알몸으로서 평생 고난과 풍파의 연속이다.

7. 신왕하고 식신을 쓰는데 편인이 있으면 평생 기회를 얻기가 어렵고 애써 기회를 잡으면 호사다마로 방해자가 나타나거나 뜻하지 않은 사고로 중도에 좌절되는 등 침체와 역경과 실의속에 몸부림치고 의식주에 쫓기면 산다.

8. 신약하고 칠살이 기신인데 재다하면 재살이 당(黨-무리를 만듬)을 만들어서 공신(功身)하고 무거운 짐과 사슬에 얽매여 있으니 평생 질병과 가난과 재난 속에서 벗어날 수 없고 자치하면 싸움 끝에 살상(殺傷-죽이거나 상처 냄)을 하기 쉽다.

9. 신왕하고 재를 쓰는데 비겁이 많으면 재가 파산되고 가난할 뿐더러 평생을 쟁재(爭財-재물다툼)와 송사(訟事-소송하는 일)로 파란만장하고 자칫하면 재물과 이성 때문에 구사일생(九死一生)의 위험을 몇 번이고 겪는다.

10. 신약하고 식상이 많은데 인성이 없으면 다언하고 호색하며 구설과 풍파가 많고 질병이 떠나지 않으며 가난과 재난(災-재앙의 어려움)이 겹친다.

11. 신왕하고 관살이 약한데 인다(印多)하면 쓸모 있는 충신은 무력해지고 놀고먹는 식객은 왕성하니 가난하고 천하며 一生 의지 가없이 고난(苦難)속에 살아야 하며 법과 질서를 거역하다가 재난을 초래한다.

12. 신왕하고 정관을 쓰는데 칠살이 있거나 칠살을 쓰는데 정관이 혼잡되면 다재다능(多才多能)하나 한 가지 일을 일관하지 못하고 도중하차하며 무엇이나 유시무종(有始無終-시작은 잘하나 끝이 없음) 하여 공을 세우기가 어려운 동시에 재물이 모여지지 않고 산재(散財-재물이 흩어짐)가 거듭되며 몸이 약하고 가난이 깃들며 돈을 벌면 수술과 중병 등 재난이 발생하므로 一生을 풍파 속에 동분서주(東奔西走-바쁘기만 하다)한다.

夭命論
(요명론: 일찍 죽는 팔자를 논함)

기계는 너무 지나치게 무리한 혹사를 하면 수명이 길지 못하지만 전혀 사용하지 않아도 녹이 쓸고 못 쓰게 된다. 부속품이 부러져도 활동이 정지된다. 그와 같이 사람은 너무 허약해도 병이 발생하고 수명이 길지 못하여 힘이 너무 지나쳐도 갑자기 쓰러지기 쉽다. 오장육부의 한곳이 나빠도 그 때문에 몸을 망치는 경우가 많다. 오행이 고루고 유통하면 병도 없고 장수하지만 오행이 고루지 못하고 편중 또는 대립되어 평화를 얻지 못하면 병이 발생하거나 큰 사고로 命을 잃게 된다. 요절하는 단명(短命-짧은 생명)의 四柱는 다음과 같다.

1. 인성이 태왕하면 모왕자쇠(母旺子衰)로서 성장하기가 어렵다. 甲乙 日主는 壬癸亥子가 인성인데 水多하면 부목(浮木-물에 뜬 나무)과 같아 더불어 뿌리를 막지 못해서 성장하지 못하고 호흡과 소화 불능으로 요절한다.
2. 財多하고 칠살이 태왕하며 신약한 주군을 생부 하는 별이 없으면 무거운 짐을 지고 절벽에 오르는 형상이며 허약한 체질에 중병(重病)으로 신흠하면서도 의약을 구할 길이 없어서 요절하게 된다.

3. 기신(忌神-꺼리는신)이 많은데 沖合이 없으면 기신에서 발생하는 병으로 요절한다. 이러한 사주는 나면서부터 고질병으로 고생하고 의약의 효과 없이 병사한다.
4. 길신(吉神-좋은 신)이 많은데 沖허거나 合하면 주군의 충신이 병들고 다쳐서 꼼짝을 하지 못하고 생산과 공급이 중단됨으로서 生命을 유지(維持)할 수 없듯이 신체의 기능이 약화 내지 질병으로 일찍 요절한다.
5. 일주와 용신이 다 같이 허약하면 주군과 충신이 다 같이 병자로서 의지 할 곳이 없으며 여기에 기신이 왕성하면 간신역적이 기성(氣盛-기운이 왕성)하고 공신(攻身-내 몸을 친다)하므로 질병 또는 불측(不測-예측할 수없는)의 재난으로 요절(夭折-일찍 죽다)한다.
6. 대운이 주군과 용신을 억누르고 기신을 생부(生扶)해 주면 아직 성장기인 약한 선박이 풍파를 만난 것처럼 뜻밖의 질병과 사고로 요절한다.
7. 신이 태왕하고 이를 설기(泄氣)하는 식상이나 제동(制動)하는 관살이 없으면 재물이 없고 무용지물로서 의지가 없이 동분서주(東奔西走)하다가 불측(不測-예측하지 못한)의 재난 또는 대결로서 갑자기 요절한다.
8. 신약하여 인성에 의지하는데 財가 있어서 극인(剋印-재성이 인성을 극함)하면 병자가 약을 잃는 격이니 영양실조와 소화불량 또는 질병으로 요절한다.
9. 신약하여 인성에 의지 하는데 식상이 태과하면 선천적인 허약한 체질에 출혈이 심하거나 신경과민 또는 식중독이나 약 중독으로 요절한다.
10. 사주에 土金水만 편중(偏重)되고 火가 없으면 음양의 실조(失調-고르지 못함)이니 체질이 냉하고 성장이 어려우며 반대로 木火土만 편중되고 水가 없으면 뜨거운 백사장에 목 타는 생물처럼 체질이 건조하고 성장이 어려워서 요절한다. 火가 없으면 심장기능의 이상으로 水가 없으면 신장질환으로 명(命-목숨)을 잃는다.

女命 淫 賤 論
(여명 음 천 론: 여자 음탕하고 천 팔자)

　여자는 정조(貞操)가 생명이라고 한다. 그러나 타고난 인품이 방종(放縱)하고 음탕(淫蕩)하면 어찌할 도리가 없다. 가정교육이 부족하거나 성격이 남성적이거나 金水가 태왕하거나 부성(夫星-관살)이 허약한 여성은 자기 멋대로 행동하고 호색하며 음란하기 쉽다. 이를 구체적으로 설명하면.

1. 日旺하고 官弱한데 無財하면 夫星이 무력하고 통제가 없는 女人天下로서 버릇이 없고 자유부인처럼 방종하기 쉽다.(日旺-일왕 일주가 왕하고 官弱-관약은 관성이 약한데 無財-재성이 없으면 夫星-부성은 남편의별이 약하다)
2. 日旺하고 관약한데 식상이 강하고 무력하면 무력한 부군이 만신창이가 되어서 없는 것과 같고 여인위주로 자유방탕하며 교양과 자제력이 없다.
3. 日旺하고 관약한데 관이 日干과 干合하면 부군이 女王에 얽매여 있는 여권본위(女權本位)의 命으로 부군의 지배를 받지 않고 자기 멋대로 행동하고 품행이 단정(端正)하지 못하다.
4. 日主와 식상이 균등(均等-고르게 균형을 이룸)하고 관이 약하면 부군이 무력하고 女人의 지배를 받으며 부군위에 군림한 女人은 안하무인이고 호색방종 한다.
5. 日旺하고 관이 있으나 무근하며 재성이 日干과 슴하면 수완이 비범하고 재간이 탁월하며 부군을 외면하고 상품교역 아닌 애정교역으로서 정부와 방종 한다.
6. 일약하고 식상이 중하며 무인(無印)하면 호색호음(好色好淫)하고 무절제한 탕에 빠진다.
7. 일약하고 식상이 중하며 유재하면 돈을 탐하고 호색하며 돈을 위해선 수단을 가리지 않으나 마침내는 음욕에 빠져서 재물도 탕진한다.

8. 식상이 득령하고 신약하여 재관이 무력하면 분수를 지키지 못하고 유혹에 빠져서 헤쳐 나오지 못하며 호색음탕하기를 서슴치 않는다.
9. 식상은 설기의 별이니 색정을 암시한다. 사주에 식상이 태과하면 많은 호색하고 음탕 한다.
10. 官殺이 많고 신약무인(身弱無印)하면 많은 남성 속에 사로잡힌 격이니 그 만큼 미색(美色)이자호색(好色)이고 음탕(淫蕩) 한다.
11. 신왕하고 비겁이 많으면 부군이 무능 무력한 것으로 애정의 결핍이 심하니 능동적이고 적극적으로 애정을 개척하며 자유방종을 서슴치 않는다.
12. 신왕하고 印多하면 주군이 모두 化印하여 마치 해삼이 지푸라기에 스스로 녹아 없어지듯이 무력하므로 女人天下가 되고 자기 욕심만 차리며 버릇이 없고 수다 하며 호색음탕하다 남성에 요구하는 일이 지나고 일방적이어서 부군이 허약해지고 그에 따라 부군에 대한 불만이 크고 새로운 욕정을 탐하고 방종 한다.

사례<1>음탕하고 천 팔자

1958년03월18일辰시생						
坤命	戊戌	丙辰	癸未	丙辰		
수	10	20	30	40	50	60	70
대운	乙卯	甲寅	癸丑	壬子	辛亥	庚戌	己酉

0	木	0
2	火	1
5	土	4
0	金	2
1	水	1

사례<2>식상이 중한 팔자

1971년09월01일酉시생						
坤命	辛亥	戊戌	丁丑	己酉		
수	7	17	27	37	47	57	67
대운	己亥	庚子	辛丑	壬寅	癸卯	甲辰	乙巳

사례<1>의 팔자는 女命 淫 賤 論 10에 해당하는 여명이다.
<10. 官殺이 많고 身弱 無印하면 많은 남성 속에 사로잡힌 격이니 그 만큼 美色이자 好色이고 淫蕩 한다. 에 해당한 여자의 명조이다.>

위 여자는 현제 경기도 사릉에서 티켓다방 종업원으로 아직도 현직에 있는 음탕한 팔자이다. 이여자의 음탕함을 나무라기에 앞서 팔자를 탓해야 할 것 같다. 이여자의 사주는 글자 그대로 관살혼잡에

무인이다. 평생 남자에 사로잡혀 호색음탕하며 살 수밖에 없었다.

필자는 2014년도 우연하게 지인의 소개로 알게 되었는데 티켓다방에서 일한다기에 깜짝 놀랐다. 나이가 젊은 것도 아니고 50대 후반의 여인으로서 그런 업소에서 일 할 수있을까하고 말이다. 당장 임상해봐야 하기에 사주팔자를 봐준다는 명분으로 생년월일시를 묻게 되었는데 필자는 명조를 보는 순간 다시 한 번 놀랄 수밖에 없었다. 머리가 띵해 올 정도였지만 몸을 추스르고 당황 하 지 않고 미래를 말해주면서 과거를 묻는 작전으로 과거지사를 들추어내게 되었다.

여인은 일찍 남편을 만나 결혼하여 1남 3여를 낳았다고 한다. 그런데 사고사로 남편을 보내고 어렵게 살아 갈 수밖에 없었는데 어느 날 자녀들과 동반 자살 하려고 연탄불을 방안에 피워놓고 울고 있는데 아들여석이 엄마 나 안 죽고 싶어 라며 울어대는 바람에 그만 정신을 차려 밖으로 뛰쳐나와 이를 악물고 닥치는 대로 막일을 하였고 대포 집에서 몸도 팔고 술도 팔고 안 해본일 없이 다하면서 힘겹게 살았는데 지금은 자녀들 다 장성했지만 하던 일이 그 일이니 용돈이라도 벌어 쓰려고 경기도 변두리에서 그 일을 하고 있단다. 웃어야 할 일만은 아닌 듯싶어 학인들의 배움에 도움이 될까하여 이렇게 사례로 올려놓게 되었다.

다시 명조해설로 들어가 보자 일간 癸수가 의지 할 곳이라곤 천지사방을 둘러봐도 金水는 보이지 않는다. 癸丑대운에 남편과 사별했을 것이고(丑戌刑에 丑未沖함) 대운이 만약 水운으로 흘렀기에 살아남았지 만약 火운이었다면 자살 성공이었을 것이고, 관살이 혼잡된 명조여서 무슨 짓이던 할 수 있었을 것이며, 생활력 또 한 관살 탓에 살아 남기위해 몸부림 쳤을 것이다.

이름도 무시할 수없는 팔자의 일부분일 수 있다는 생각도 해 봤다. 이 여명의 이름이 바로 이 창 림 이란다. 이여인, 창녀로, 임해서, 살아가야할 팔자라는 이름대로 불리어지며 살았지 않았나 생각해 봤다. 사주팔자와 이름은 대체적으로 연관되어져 살아간다는 것을 다시 한 번 실감케 한 사례가 아니었나 싶다.

사례 2의 사주는 식신상관이 태왕한 여명의 팔자이다.
<7. 일약하고 식상이 중하며 유재하면 돈을 탐하고 호색하며 돈을 위해선 수단을 가리지 않으나 마침내는 음욕에 빠져서 재물도 탕진한다.>

두 번의 결혼을 실패하고 첫 남편에게서 1남 2여를 낳고 이혼 후 둘째 남편에게서 아들을 하나 낳고 다시 이혼해 독신으로 살고 있다고 한다. O 이라고 하는 외자 이름을 가진 여자인데 아침 일찍 전화를 걸어와서 실전사주108제 저자이신가요? 라고 첫 마디를 말하고서는 사주도 봐 주시는지요? 예라고 대답했더니 여기는 인천인데 두 시간 후에 찾아뵙겠다는 약속을 하고 전화를 끊었는데 오전 11시쯤 사무실로 들어서는 여자의 모습을 보니 젊은 여성으로 미모가 뛰어나긴 한데 어딘지 모르게 팔자가 드세 보였다.

이 사주는 식신생재로 이어지기는 하는데 의지할 곳 한 규데도 없는 무력(無力)한 丁화가 5土로 식상이 태왕하고 식상생재로 이어지니 재물에 대한 욕심 또한 강할 것이다. 월주 상관에 刑 合이 연결된 음습한 사주로서 초년과 청년기 운 또한 북방水운이라 <u>몸이 아프지 않으면 삶이 고단 했을 것이다.</u> 이 여인은 재혼 3혼을 해야 하는 명조로 팔자가 드세다. 의지할 곳 없는 丁화이기에 의지할 곳만 보이면 기대려고 하여 정조관렴 또한 없다. (식상은 "준다," 로 봄) 이 여인은 보통사람으로 살아가기는 힘겨운 팔자이다.

[문] 왜 몸이 아프지 않았으면 삶이 고달프다고 했을까?
월주에 戊戌 상관을 놓고 일지와 시간에 식신 己丑 土를 다시 얻었으니 식상이 나 丁화를 포위라도 하듯이 에워싸고 있으니 기진맥진한데 원국에는 의지할 인비(印比-인성과 비겁)는 보이지 않고 대운 또한 亥子丑 북방水운이니 丁화는 꺼지기 일보직전이다. 그러므로 몸이 아프거나 쇠약하여 자신의 역할을 제대로 못하게 된다. 그런

가하면 水는 관성(官星)으로서 여자에게는 부성(夫星-남자의 별)으로 이렇게 관살이 강하게 들어오면 남자인연도 어려서 일찍 맺어진다. 그러나 기신이므로 좋은 남편이 못되고 관살은 원래 나를 내려치는 성정인데 이렇게 허약한 명조에 관살이 강하게 들어오면 삶이 고달 프거나 이혼으로 연결 될 가능성이 매우 높다. 이 여인은 17대운인 庚子대운에 이성의인연이 맺어질 것이다(子丑合-대운 세운에서 일지 배우자 궁으로 합이 될 때 성사가능이 큼) 그러나 운로가 나쁜 관계로 좋은 인연이 될 수 없다.

27대운이 辛丑 운에는 만고풍상 다 겪는 형상입니다.
상관이 丑戌未 三刑殺로 발동이 걸리면 가장 먼저 관성인 水가 문제가 되는데 水는부성(夫星)으로 남편의 문제 입니다.
생리사별(生離死別-살아서 떠나거나 죽어서 떠나감) 한다. 그렇게 말하게 되는데 관고(官庫)를 놓은 자라면 사별(死別)일수도 있지만 이 사주는 관고가 없기 때문에 이혼으로 보아야 한다. 특히 식상은 내 기운을 설기시키는 별이라서 삶이 고달프거나 병약(病弱)해지기도 하고 심지어 장애증상이 발생하기도 한다. 그런가하면 대운이 金 水로 운행되면 접신이 잘 되는데 다행이도 이 명조는 水운이기는 하지만 후 운이 木 운이라서 잘 버틸 수도 있다.

위의 여명은 현재 노래방 도우미로 죽을 고생을 다하여 돈을 벌지만 전남편이 무능한 탓에 그 남편에 딸린 1남2여 자손의 학비등 뒤 바라지에 돈도 모으지 못하고 있단다. 현재 이정도로 살아갈 수 있는 것도 대운이 壬寅 운으로 관인상생 하여서인지 밖에 나가면 남자들 두 서 네 명 경쟁이라도 하듯이 붙어 큰 돈은 아니지만 도와준다 한다. 앞으로의 운세에 대하여 깊은 관심을 가지기에 다음과 같은 운세 설명을 해 주었다. 46세 이전은 어떻게 살아가든 관계없이 그래도 마음먹은 대로 잘 될 것이다. 그렇지만 사주원국이 워낙 부실해서 이 좋은 대운이라도 乙未년 같은 해를 만나면 乙목은 편인으로 도식을 당할 수 있고(식신의식주가 도둑맞음- 목극토로 乙목 편인이 내 밥그릇 己未토를 칠살로 내려치니 밥 그릇 엎어버린다 하여 도식이라 한다.) 丑戌未 삼형살이 발동을 걸면 건강이 문제가 될 수 있다. 어디가 문제될까? 木이 병이고 水가 당하는 입장이므로 여자는 자궁을 의미한다. 乙未년은 반드시 건강에 신경 써야한다. 그렇지만 대운이 워낙 좋아 살아가는 데는 문제없을 것이다. 그런데 이 대운에 정신 똑바로 차리지 못하면 다음대운인 癸卯 운에 파란곡절이 기다리고 있으니 불행을 면치 못할 것을 대비해서 매사 조심조심하라고 타일렀지만 정신 차려 들었는지 모르겠다.

[문] 癸卯운이 어떻게 나쁜 것인지 자세히 설명해주세요?

일간 丁화는 의지할 곳이 없다. 식상은 내 기운을 설기시키기 때문에 기진맥진한 상태인데 癸수가 丁癸 충으로 박살을 낸다. 丁화는 癸수를 가장 싫어한다. 卯목에 의지하려 하지만 卯목은 식신을 박살내고(卯酉상충, 卯戌합, 亥卯합, 으로 연애질 하느라 정화를 木生火할 생각이 전혀 없고 또한 乙 卯, 음목은 목생화가 잘 안 된다. 그 이유는 濕木 이기도 하다.)나쁜 짓거리만 한다.
그러므로 癸卯운 10년은 매사불성이요, 의기소침으로 죽을 맛이다. 57세 甲辰 대운에 다시 활기를 찾게 되지만 정신 똑바로 차리지 못하면 "도로 아미타불"이다. 이 사주는 甲목이 희망이요, 미래지만 어쩐 일인지 기대치에 못 미친다, 그 이유를 찾아내야 하는데 그 것들을 찾을 생각을 못한. 시간 己토가 甲己 합하는 큰 장애요소가 도사리고 있는 이유이다. 그래도 丁화에게는 희망의 등불임에는 틀림없다. 그런데 辰土상관이 가만 내버려 두지를 않는다. 辰戌 충으로 충동질한다. 벌리고 늘리고 丁화는 천방지축이다. 절대 그러면 백전백패다. 심사숙고하고 좌정하고 살아야 한다. 甲辰대운 중 세운이 나쁜 해에 틀림없이 낭패를 당하게 된다. 이런 사람이야 말로 일 년에 한 번씩 꼭 철학관에 찾아가 신수를 보아야 하는 이유이다. <별난 사람들의 별난 사주이야기108제 07쪽에서 옮김>

上生의 原理와 變則
(상생의 원리와 변 측)

　상생은 모자관계의 체통과 정을 의미한다. 母가 子를 生하는 것은 체통이요, 母가 子를 보육하는 것은 情이다. 母가 子를 생하는 것은 자연적인 진행이자 발전적인 변화현상이다. 봄이 가고 여름이 오며 (木生火) 여름이가고 가을이오며 (火-土生金) 가을이가고 겨울이 오면 (金生水) 겨울이가고 봄이 오는 (水生木)것은 자연적 진화(進化)요, 나무에서 꽃이 피고 열매가 생기며 (火生土 土生金) 열매에서 정수(精水)가 생기고 (金生水)정수에서 생명이 싹트는 (水生木) 것은 자연적 변화현상이다. 이는 모두가 母子의 체통질서로써 상생의 기본원리다. 그러나 母는 子를 生하는 것으로 끝나는 것이 아니다. 기르고 보호하는 모정이 있으므로 상생의 미를 거둘 수 있다. 木은 金을 보면 상하고 火를 보면 건조(乾燥)한다. 木을 生한 水는 金을 설기하여 水로 만들어서 木을 상하지 못하게 하는 한편 火를 누르고 木을 윤(潤-젖을 윤)하게 하여 木이 타지 않도록 항상 지켜주고 보살핀다. 이는 母의 정이요 정성이다. 그래서 母가 있는 子는 상하지 않고 굶주리지 않으며 튼튼히 성장할 수 있다. 木生火도 꼭 같다. 火는 水를 보면 상하고 土가 많으면 꺼진다. 火의 母인 木은 火를 치는 水를 모두 흡수(吸水)해서 영양으로 火에서 공급하고 土를 눌러서 설기를 막는 한편 火에게 기운을 보급하여 안전하게 성장시키듯이 火는 子인 土를 극하는 木을 설기시켜 土를 설기시키는 金을 누르고 土에 영양을 공급함으로서 土를 보육하며 土는 金을 치는 火를 설기시켜 金을 지키고 金을 설기시키는 水를 누름으로서 金을 보살피며 金은 水를 치는 土를 설기함으로서 水를 보호하고 水를 설기하는 木을 누르고 실기(失氣)를 막으므로 왕성하게 성장시켜준다. 이러한 모정은 자식으로 하여금 효도로서 母를 봉양(奉養)케 한다. 水는 土多하면 꼼짝없이 묻힌다. 母가 위험함을 子가 어찌 보고만 있는가? 子인 木은 母를 극하는 土를 누르고 水를 구하니 이는 사수(死守)를 재생(再生)시키는 子의 효도요 정성으로서 母生子와 꼭 같은 子生母의 상생변칙이다 이러한 상생의 이변은 모든 오행에서 꼭 같이 발견할 수 있다. 가령 金은 火多하면 녹아 없어지고 멸망한다. 이때에 子星인 水가 火를 누르고 金을 구하면 金은 다시 생하듯이 火는 水多하면 꺼지고 멸한다. 이때에 火의 子星인 土가 水를 누르면 火는 구출되고 부활한다. 土는 木多하면 가루가 된다. 土의 자식인 金이 木을 누르고 찍어 없애면 土는 구출되고 다시 평화를 갖는다. 生은 낳는 것만을 의미하는 것이 아니고 생존하게끔 보호하는 것이 더 큰 의미를 가지고 있다. 낳기만 하고 돌보지 않는다면 그것은 생이 아니고 방임이며 죽음을 면 할 수가 없다. 이러한 상생의 이변인 역생(逆生)의 변칙을 모르고 상생의 진리를 이해할 수 없다. 그것은 상극의 경우도 꼭 같다.

相剋의 原理와 變則
(상극의 원리와 변 측)

극은 공전하고 침해하고 지배하는 약육강식의 자연법칙이다. 강자는 약자를 지배하고 약자는 강에 굴복하고 순종 한다. 거기엔 상생 같은 母子의 애정이나 협동이나 자유와 평화가 없다. 오직 힘에 의한 대결과 전투와 승부와 무자비한 침략과 양탈과 강제와 지배가 있을 뿐이다. 법은 곧 힘이요, 질서 또한 힘이다. 강자의 뜻이 곧 법이요 승자의 명령이 곧 질서다, 金은 木을 지배하고 木은 土를 침공하며, 土는 水를 강제하고, 水는 木을 공전하며, 火는 金을 공급한다. 이는 자연의 지배법칙으로서 역사와 시대는 이 법칙에 의해서 창조되고 진행된 생생한 실증자(實証者)다. 전쟁의 역사는 북방민족의 제침에서부터 시작된다. 문화의 발상지인 아세아의 남방지대를 닥치는 대로 공격한 침략자들이 바로 북방에서 이동한 유목자들 이듯이 구라파를 쳐 들어간 침략자 또한 북방에서 이동한 유목자 들이다. 중앙土의 중국은 비대한 거인이지만 東方木의 일본에겐 꼼짝을 못 할 뿐더러 무수한 침공을 받았고 자칫하면 완전점령 될 뻔 했다. 그러나 막강한 일본도 西方金 앞엔 고양이 앞에 쥐 격이다. 北方水인 소련은 중앙土인 중공을 맹우(盟友)로 알고 지원했다가 양호위환(養虎爲患)이 되었다. 많은 맹방(盟邦)을 중공에게 잃었을 뿐 아니라 이제는 숨통이 막힐 지경이다. 중공은 능히 소련을 土剋水로 공략할 수 있지만 소련은 중공을 이겨낼 수 없는 것이 대자연의 법칙이다.

　西方金인 미국은 막강한 무력으로 南方火인 월남을 도와서 월맹을 제압하려 했지만 도리어 발목을 잡히어 코를 빠지고 큰 망신을 당했듯이 南方火의 본산지인 아랍의 석유가 폭발하면서 西方金의 경제는 눈사태처럼 흔들리고 있다. 西方은 막강한 무력을 가지고 있지만 南方의 화약고를 터트릴 수는 없다. 이는 인력으로는 어쩔 수 없는 천지조화로서 인류와 사회는 그 법칙과 질서에 따라서 투쟁하고 흥망성쇠를 연출해 왔다. 그러나 이 세상의 만유는 절대라는 법칙이 없듯이 상극 또한 불변의 철칙일 수는 없다. 유목(幼木)은 金으로 찍을 수 있지만 거목(巨木)은 金으로 찍을 수가 없듯이 약화(弱火)는 水로서 누를 수 있지만 大火는 水로 누를 수가 없다. 도리어 金이 일그러지고 水가 없어진다. 이를 구체적으로 분석하면

1. 秋金은 旺하므로 능히 木을 지배할 수 있지만 春金은 무력 함으로서 왕성한 春木을 극할 수 없다. 도리어 木에 의해서 金이 일그러지고 극을 당한다. 春木은 不容金이란 金을 두려워하거나 싫어하는 것이 아니고 金의 지배를 받아들이지 않는 것이다. 春木은 金을 도리어 왕성한 가지를 손질하는 가위로 씀으로서 金을 요긴한 희신(喜神)으로 받아들인다.

추금(秋金)이란? 申酉戌월의 金을 말한다. 춘금(春金)은 寅卯辰월의 金이고, 춘목(春木) 寅卯辰월 木을 말하는 것으로 다른 것도 이와 같이 활용한다.
불용금(不容金)이란 말은 容은 얼굴용 그릇용이지만 그릇 안에 담다 넣다, 를 의미한다.

2. 夏火는 왕성하여 金을 능히 극하고 다룰 수 있지만 秋火는 약함으로 왕성한 추금(秋金)을 극하지 못하여 도리어 金이 火를 지배한다. 하금(夏金)은 쇠약하니 왕한 火災를 두려워 하지만 추금(秋金)은 이미 쇠약해진 秋火를 능가하므로 火의 지배를 받지 않을 뿐 도리어 金을 녹이고 그릇을 만드는 용광로로서 아쉽게 씀으로 기신이 아니고 희신으로 받아들인다.
3. 冬水는 왕하고 冬火는 쇠약하므로 능히 火를 극하고 지배할 수 있지만 夏水는 쇠퇴 夏火는 극성하므로 火를 능히 극하지 못하여 도리어 火의 지배를 받고 火의 열기를 식히고 조절하는 중화자로서 애용한다.
4. 春木은 왕하고 春土는 허하니 능히 木극土할수 있지만 계토(季土)는 왕하고 季木은 쇠한즉 木이 능히 극土를 하지 못하며 도리어 土가 木을 지배하고 경작하고 유통하는 기구로서 애용 한다.
5. 계토(季土)는 왕하고 季水는 허약하므로 능히 土剋水하지만 동수(冬水)는 왕하고 冬土는 쇠퇴하므로 土가 능히 水를 감당하지 못할뿐더러 도리어 水가 土를 지배하고 제방(堤防)으로서 요긴하게 애용한다.

이와 같이 서로 극하는 이치를 상극이라 하고 木이 土를 극하는 것은 순극(順剋)이요 土가 木을 극하는 것은 역극(逆剋) 이라고 한다. 대자연은 순생(順生)속에 발전(發展)하고 역생(逆生)속에 안전(安全) 됨에 순극(順剋)속에 자연도태하고 역극(逆剋)속에 자아보존(自我保存)을 한다.

화재(火災)란 화로인하여 발생하는 재앙을 말하는 것이고,
계토(季土)란 봄의 끝 土인 辰土를 여름의 끝 土인 未와 가을의 끝 土인 戌과 겨울의 끝 土인 丑土를 말하는 것이고 계수(季水)란 辰戌丑未 월의 물인 水를 말한다.

제2부
실 관 편

여기서부터는 실제로 간명한 사주와 그 내용을 본인에게 매일로 보내준 내용들이어서 제목을 "사주를 알면 인생이 보인다."로 하였습니다.

사주팔자란 무엇인가?

　사주팔자(四柱八字)란 태어난 생년월일시 네 기둥에 여덟 글자라 하여 사주팔자(四柱八字)그러는데요, 사주에는 목화토금수(木火土金水)라는 다섯 가지 즉 오행(五行)이라는 것으로 구성 되어있지요, 이 오행이 고르게 배열 배합이 잘 되어있으면 좋은 사주요, 오행이 뭉치거나 턱없이 많거나 없거나 하면 문제발생 가능 있는 사주 로 본답니다. 그뿐이 아니라 사람이 세상에 태어나면 어떤 일을 하고 어떻게 살아라하는 것을 명(命)을 받고 태어나는데 그길로 들어서 면 순탄한 삶이요, 만약 역으로 살아간다면 불행한 삶을 살아가게 된답니다. 또 사람에게는 누구나 따라다니는 운이라는 것이 있는데 요, 사주도 좋아야 하지만 운도 좋아야 순탄하게 살아갈 수 있는 거랍니다. 대체적으로 어린 시절의 운이 나쁘면 평생 살아갈 진로 진입이 잘 못되어 고생하며 살아가는 사람이 있는가하면 사주는 좋 은데 운이 나쁘면 빛 좋은 개살구지요, 겉은 멀쩡한데 속이 비어 없으니 별 볼 일 없이 살아가기는 사람들을 말합니다. 그러나 사주 든 운이든 간에 바꿔 놓을 수는 없지만 바꿔서 살 수는 있는 것이 바로 사람이고 사람의 힘 즉 능력으로 팔자는 고칠 수 없어도 흉함을 길함으로 만들어 살아갈 수는 있습니다, 사람의 힘은 무궁무진 하니까요. 사주팔자가 무엇인지 대강 알았으니 이제부터 본론으로 들어갑니다.

　지금부터 이야기 하려는 팔자의 주인공은 경기도 송우리에서 부동산 중계업을 하면서 노래방 사업을 하던 분으로 고객 홍○○ 보살로 인하여 알게 된 이○○ 사장님의 사주이야기입니다. 사람들은 모두 사주대로 살아간다고 말할 수는 없지만 그렇다고 사주팔자는 무시할 수 없는 존재이며 사주를 알면 그 정해진 삶을 바꿔 살아갈 수 있답니다. 그래서 소제목을 "사주를 알면 인생이 보인다," 로 정했습니다.

사주를 알면 인생이 보인다.
<제01제>

이 사주의 주인공은 庚子年에 사업상 크게 손해를
보게 되었는데 사기를 당한 것이랍니다.

1963년12월02일09시생					3	木
乾命	癸卯	乙丑	甲子	戊辰	0	火
					3	土
수	3	13	23	33	43	53	63	0	金
대운	甲子	癸亥	壬戌	辛酉	庚申	己未	戊午	2	水

自身320	食傷 000	財星250	官星060
印星270	590/310	吉 木火	凶 水

[命造 解說]

　丑月甲木이 戊辰時를 만나서 3土에 木折 될까 두려운데 日支에 子水를 놓으니 子辰 子丑으로 水局을 이루어 오히려 한기(寒氣)가 서려 동목(凍木) 됨이 염려 되며 명국(命局)에 火는 보이지 않고 癸水가 투출 되고 있으며 乙卯木이 통근(通根하)고 있어 허약한 木은 피했지만 한기(寒氣)는 면하기 어렵겠다. 사주에 겁재성이 강하여 군겁쟁재(群劫爭財) 가능성도 높아 항상 정도를 가지 않고 무리하거나 욕심을 부리면 손재(損財)로 이어질 수 있는 명(命)이다.

　사주팔자 해석에 정확도를 기하기 위해서 유명한 역학 전문 학술서 "명리정석과 팔자제요"에 기록 된 내용들을 인용해 기록하고자 한다. <명리정석은 고서중에서 사주사전이나 다름없는 고서이고, 팔자제요는 중국의 유명한 명리학자 위천리 선생의 저서로 사주팔자의 정석으로 후학들이 반드시 익히고 확인해야하는 옥서를 말한다.

[命理 定石]

　丑月의 甲木이 戊辰시를 만나서 財旺한데 일지에 子水를 놓았으므로 子辰 子丑으로 水氣가 太旺해 지면서 寒濕한 命造로 변하게 된다. 나머지 타주에 木火로 채워주면 上格인데 乙卯木은 있어 좋으나 癸水가 투출 되어 凍結을 면하기 어렵겠다.

[八字 提要]
 甲木일간이 丑월 辰시생이라 辰中乙木의 기운으로 허약하지는 않지만 戊辰시로 丑辰 3土가 되어 財旺하여 財多身弱이 될까 두려운데 일지에 子수를 놓아 子辰 子丑으로 水氣가 왕성하니 寒冷하여 木火를 要하는 팔자이다.

[恩山 看命]
 위 고전의 해설을 참조하여 자세히 살펴보자면 이 사주는 3木 2水 3土로 허약하지는 않지만 재성이 왕성하여 은근히 욕심이 많은 편이고 사주에 불인 火가 없어 꽁꽁 얼은 나무라서 운의 적용을 잘 받는 팔자이다. 그런가 하면 내 것을 빼앗아가려고 눈독 드리는 놈들이 주위에서 맴돌고 있으므로 항상 경계하며 살아야 하는 팔자이고 정도가 아닌 과한 욕심을 부리거나 무리한 일을 추진하면 항상 손해 볼 수 있으며 특히 운이 나쁠 때는 도둑놈들이 주위를 포위하고 있는 형상이니 항상 경계하며 살아야 하는데 특히 친구 동료 동업 계 사람들은 경쟁자라 생각하고 조심해야 한다. 아울러 金이라는 직업의 별이 없어 직장인으로 살아가기 어렵고 자영업이 적격인 팔자이다.
 사람에게는 살아가면서 만나는 대운이라는 운이 있는데 이운을 보통 자신이 걸어가는 도로로 비유하여 도로가 평탄하여 걸어가기 좋은 도로인가 아니면 울퉁불퉁하거나 가파른 도로인가를 구분하여 속도 조절을 잘하여야 하며 당년, 당년 만나는 운을 세운 이라하는데 이운은 결과 결실을 보는 것으로 무슨 일이 잘 되고 안 되고는 이 세운의 역할이 매우 중요하게 작용한다.
 이사주의 주인공은 과거의 운 역시 썩 좋지 못하여 甲木이라는 거목(巨木)의 역할이 잘 되지 않을 수 있고 세운의 역할이 좋을 때는 수확도 올릴 수 있었겠으나 벌어들인 재물이 저축되는 것 보다 나가는 지출이 많았을 운이다. 대운의 흐름으로 보아 63세 이후에는 크게 발전할 가능성이 보인다.

2020년 경자(庚子)년의 운세를 살펴보자면 庚字는 직업적인 일의 글자이고 子자는 문서의 별로 새로 운일 시작의 문서가 발동하여지게 되는 운인데 매사를 조심해야지 만약 무조건 적으로 일을 저지르면 직격탄을 맞을 수도 있다고 보아야 한다. 그 이유는 子라는 쥐의 글자가 11월 겨울의 글자이면서 가장 차가운 물로 사주에 들어가면 동목(凍木)이라 하여 나무가 꽁꽁 얼고, 동토(凍土)라 하여 흙이 꽁꽁 얼어붙게 된다. 나무는 자신의 몸이며 흙은 재물의 별이니 자신인 木이 수목응결(水木凝結)이라 하여 물과 나무가 엉겨 붙어 얼어버려 역할이 잘 안 되는 형상이고, 흙이 얼어버리면 돈이 묶여버리는 형상이다. 이렇게 되면 사주속의 경쟁자 들이<비견겁재) 내 돈을 빼앗아가는 사항이 벌어지므로 손재(損財)수로 본다. <子卯刑殺로 막히고 묶이고 지연 되고 송사발생 가능한 해>

2021년 辛丑년 소 띠 해의 운세는 어떠한지를 살펴보도록 하자. 辛丑년의 辛이라는 글자는 내 주변에서 내 돈 뜯어가려는 동료 동업자 등을 떨쳐버리는 형상이며(乙辛沖殺) 축진(丑辰) 파살이라 하여 丑이라는 소 의 글자가 내 사주 속에 들어가면 돈인 재물이 파살 즉 깨어진다, 박살난다, 로 보아 크게 좋은 해는 아니며 재성이 깨지고 요동치면 관재구설을 불러들여 송사 소송도 전개 되는데 금년인 2021년 운은 안 좋으니 잘 매듭이 안 될 것이고 설령 송사가 종결 된다면 불리한 판결이고 연장되어 2022년도까지로 이어진다면 송사가 어느 정도 승산의 기운이 보이지만 역시 분산의 기운이 들어 100% 내 것으로 만들기는 어렵게 될 것이다.

2022년 壬寅년의 범 띠 해의 壬水는 따뜻한 물로 甲木이 좋아하는 물이며 寅木이라는 범의 글자오행은 木으로 자신인 甲목에 뿌리되는 운세로 좋다고 봐야 한다.
대운의 흐름 역시 己未대운 말기이므로 未토는 남방火운으로 봐서 나쁘게 보이지는 않지만 土는 財星으로 財沖으로 봤을 때 크게 불리하지는 않지만 변동 변화를 추구하여 새롭게 시작하는 壬寅년이 될 것이라 확신한다.

[事實 關係]

 庚子년에 사기사건은 무리한 욕심에 의한 사업 확장으로 발생한 수 천 만 원대 사기사건에 말려들었다고 보이며 현재 진도도 안 나가고 자칫 잘못하면 투자금으로 묶여 받환 불가능으로 보인다.

사주를 알면 인생이 보인다.

<제02제>

1961년음08월27일묘시생				1	木
坤命	辛丑	丁酉	壬申	癸卯	1	火
					1	土
수	1	11	21	31	41	51	61	3	金
대운	戊戌	己亥	庚子	辛丑	壬寅	癸卯	甲辰	2	水
自身250	食傷100	財星100	官星070
印星380	630/270	吉神 木	凶神 水

[命造 解說]

 1961년 소 띠 해 중추(仲秋)인 가을철 금왕절(金旺節)의 임(壬)수라는 바다 같은 큰물인 양수(陽水)로 이른 아침시간인 卯시에 태어났습니다. 사주팔자 즉 여덟 글자가 고르게 다 갖추고 태어나고 수원지인 金이 강한 계절에 나서 힘이 무궁무진한 사주라서 살아가면서 막힘없는 삶을 살아가게 될 것입니다.

 "사주팔자의 구성자체가 참으로 견실하다는 점이 한눈에 보입니다. 위 우측 도표에서 나타나듯이 목화토금수라는 오행이 다 있어 좋고 가을철 맑은 물로 태어나서 물은 한없이 나오는 수원지인 金을 세 개나 가지고 있으니 이를 역술용어로 인수라 하는데 인수는 어머니 같은 착한 사람으로 인정 있고 인품이 준수한 사람입니다. 물이라는 것은 흘러가서 나무를 키워야 하는데 卯시에 태어났으니 卯木은 나무로 잘 자랄 수 있는 것이니

木이란 물에게는 수로(水路)로서 물길 역할을 하는데 물이 잘 빠져 나간 다는 것은 인생살이에서 막힘없는 삶을 살아간다는 것으로 봅니다. 더욱이 기쁜 것은 운이라는 살아가는 길인 도로가 아주 좋아 그동안 잘 살아 왔을 것인데 41세 이후부터 30년간 동방 木운으로 흘러 기가 막힐 정도로 좋은 고속도로를 달리고 있는 중입니다."

[命理 定石]
酉월은 金이 왕성한 계절인데 癸卯시를 만나 癸水 겁재가 도우니 일간이 强旺하다. 다시 일지에 申금으로 놓고 年干에 辛금이 투출하고 地支에 丑土가 酉丑合을 하여 金인 印綬가 太旺하니 이런 경우 金水가 旺盛하니 木火가 반드시 필요하다 그런데 丁火가 월간에 나타나서 좋은 역할을 하게 되는데 다만 아쉬운 것이 卯木이 月支酉金과 相沖되어서 無力 할까 염려 되므로 운에서 卯木이 傷하는 해는 불리하고 木운을 만나면 吉하다. 사주에 木성이 약한 것이 단점이고 겁재성이 있어 水운을 만나면 群劫爭財도 할 수 있으므로 조심하며 살아야 한다.

[八字 提要]
酉月의 壬水라 심히 기운이 있는데 다시 癸卯시를 만나서 癸수 겁재까지 도우니 일간이 더욱 强旺하다. 일지에 申금까지 있어 生水 하므로 時支 卯木이 설기 한다고는 하나 金强 木弱이고 卯酉沖까지 하여 力不足으로 水를 흡수하기 매우 어렵다. 사주에 甲乙木이 나타나면 식상을 用神해야 하지만 辛금과 丁화가 年月干에 떠서 財用神을 해야 할 것이다. 그러므로 食傷대운에 발복하여 蓄財하게 된다.

[恩山 解說]
　위 두 학술서 에서 밝혔듯이 이사주의 주인공은 일간의 힘이 넘쳐나므로 이 강한 물은 흘려보내는 木운에 발복하지만 시지에 있는 卯목이 상하는 해는 막히고 답답하며 水운을 만나면 군겁쟁재(群劫爭財)로 손재(損財)수도 보일 수 있다.
　사주에서는 기쁠 희(喜)자 희신(喜神)이 있는가하면 꺼릴 기(忌)자 기신(忌神)이라는 오행이 있는데 이 사주에서는 木火가 희신이고 金水가 기신이 된다. 사주구성 면에서도 金水의 기운이 강하고 木火의 기운이 약하긴 해도 필요한 오행을 모두 갖추고 태어나서 中格 이상의 사주이며 食傷生財에 식상과 재성이 희신 이라서 부자로 살아갈 명이다. 배우자궁이 기신이 앉아있고 배우자의 별인 丑土 정관이 무정하여 부부는 해로하지만 무정할 수 있고 남편에 의지하기 보다는 재물에 의지하고 자손에 의지하며 살아가야 하는 팔자이다 그렇다고 남편의 덕이 무덕한 팔자라는 것은 아니고 덕은 있으나 정이 약하다는 것을 말한다.

　인간은 세상에 태어나면 어떻게든 다 살아가게 되어있다. 얼마나 수월하고 안정적으로 살아가느냐? 와 얼마나 힘겹고 불안 하게 살아가느냐의 차이일 뿐이다. 이 사주의 주인공은 오행을 모두 갖춘 팔자에 운기의 흐름이 매우 좋아 41세 이후 30년간의 대운이 아주 좋은 동방 木운이라 막힘없는 삶과 축재(蓄財)로 부자가 되는 운의 흐름이다. 다만 위에서 말 했듯이 기신운인 水운 즉 癸수나 子수가 오는 해에는 각별히 조심하지 않으며 손재의 기운이 발동하게 됨을 명심해야 한다. 현재의 운세가 대단히 좋아 크게 문제 발생이 안 되고 풀려나갔다고 보아야 한다.

　회갑이 되는 61세 대운부터 10년간은 甲辰대운이라 하여 좋은 운이기는 하나 호사다마라고 항상 좋은 운에 마가 끼어든다 하였으니 이런 운에는 더욱 더 세심하게 살펴서 행동하지 않으면 크게 손재 할 수도 있으니 이 말은 그 해의 운세의 길흉에 따라 손재의 기운이 발동 할 수 있으므로 매년 만나는 세운도 매우 중요 하므로 향후 3년간의 운세를 풀어 보려고 하니 참고하가기 바란다.

　또 인간에게 가장 소중한 것이 건강문제인데 사주에서는 건강도 예상해 추리 할 수 있답니다. 젊어서는 돌을 씹어도 소화가 되는 튼튼한 몸이지만 나이가 들어가면서 노쇠해지면 누구나 건강 문제가 발 생 하기도 하지만 사람에게는 각자 타고난 체질이라는 것이 있어 자신의 체질을 알아 부족한 부분을 채워 살아간다면 더 좋은 건강한 삶을 살아갈 수 있다고 생각 되어 본명의 신체 건강을 조심

스럽게 이야기 하려고 한다. 전체적인 신체구조로 보아 건강에 큰 문제 발생 가능은 적지만 金이라는 오행이 많은 편이라 많아도 병 적어도 병이라 하였으니 金부분에 문제가능성이 있는데 金은 신체 부위로 말하면 폐와 대장이다. 그리고 뼈 근골이므로 여성에게는 골다공증이라고 하니 이 부분만 조심하며 관리하면 장수하는 팔자다.

당년의 운세 (2020년 庚子년 쥐 띠 해)와 명운(命運)

庚字는 金의 기운이고 子字는 쥐의 글자지만 水라는 물의 기운인데 오행으로는 金과 水가 되므로 기신(忌神)의 해로보아야 하는데 워나 사주가 튼튼해서 손재의 기운이 작거나 손재 즉 내 몸에서 돈 나갈 일이 발생 할 수도 있다는 것이니 이런 해에는 자손 결혼으로 돈 나가거나 증여 등으로 내 몸에서 돈 내보내면 액땜으로 상쇄되기도 한다. 子卯가 형살을 하는 해라서 막히고 답답하고 불안 초조 스트레스 받는 해 이기도 하다. 〈금년에 손재수 있다고 말해주어더니 아들에게 큰 집하나 증여하셨다니 잘 했다고 말해주었다.〉

2021년 辛丑년 소 띠 해)의 명운(命運)

辛字는 金의 기운이고 丑字는 소의 글자지만 土라는 흙인데 동토(凍土)라 하여 얼은 땅 또는 水라는 물과 가까운 오행으로는 金과 土나 水가 되므로 크게 기쁜 오행은 아니라 하겠다. 그리고 회갑 되는 해 이군요. 요즘은 회갑잔치 하는 분들이 거의 없지만 옛날에는 회갑 잔치를 많이들 했는데 이런 운에는 잔치 보다는 부부 외국여행을 간다거나 가족들 소모임정도가 좋다고 해야 한다. 丑이라는 글자가 드는 해는 문서 운이 안 좋아 새로운 일 새로 매입하는 문서 등에는 세심한 관찰이 필요한 해이므로 이점도 참고 하면서 살펴 살아야 한다.

2022년 壬寅년 범 띠 해)의 명운(命運)

壬字는 물인 水의 기운이고 寅字는 범의 글자지만 木이라는 나무인데 木운을 만나면 안정 되고 평안하며 壬수라는 물은 癸수와는 달라 차갑지도 않고 나무를 잘 키울 수 있으며 식신생재의 년운이라서 재물과도 인연이 많아 즐겁게 살아갈 수 있겠으나 태어난 날에 申이라는 원숭이 글자와 寅木이 寅申沖을 하니 매사를 돌다리도 두들겨 가듯 조심조심 살아가야 한다. 항상 하는 말이지만 이런 좋은 해일 수록 세심한 주의가필요하며 조심하고 세심하게 살피면 손재의 기운도 적을뿐더러 축재의 기운이 달라질 수 있어 부자 목돈 등의 즐거움을 만나게 되는 것이다.

결론적으로
70세까지의 30년간의 운이 순풍에 돛단 것 같아 잘 흘러가는 운세였고 그 이후 운 역시 재물 운이면서 안정과 평화가 이루어지는 운이어서 별일 없이 평안한 노후를 보내게 될 것이라 확신한다.

본명의 주인공은 부자집 사모님 소리를 들으며 살아가는 평범하면서도 인자하며 머리가 잘 돌아가는 이재에도 밝은 여인인데 필자와 인연이 된 것은 어언 10년이란 세월이 흘러 이제는 가족 같은 느낌도 들고 매사를 조언을 듣고 진행하는 실속 있는 분이죠. 어느 해인지는 분명치 않은데 양력 1월1일이었습니다. 신년 첫 손님으로 찾아온 고객이었는데 그해 운세와 사주를 살펴보니 남편과의 불화가 보여 첫마디가 팔자려니 하고 살아가세요. 남편은 기둥일 뿐입니다. 남편은 있어도 없는 듯이 살라 했습니다. 돈과 연애하면서 살아가는 팔자입니다. 라고 했더니 선생님 제 팔자가 남편과 정이 적은 팔자인가요? 남편의 덕을 어느 기준에 맞추느냐 에 따라 다르겠지만 이 사주는 재물복은 타고나서 재물 쪽으로는 좋은 남편 덕이 있는 남편일지언정 애정 쪽으로는 기둥일 뿐이지 아기자기하게 살아가기 어렵답니다. 라고 하면서 사주팔자에 대한 설명을 자세히 해주었더니 그렇군요. 팔자려니 하고 살아가야겠다면서 속에 있는 말을 다 하더라고요. 사실은 남편이 재벌계열사 월급쟁이 사장인데 돈 문제는 그립지 않게 살아왔는데 정 쪽으로 보면 안 그렇습니다. 나는 사랑받고 싶은데. 선생님 말씀을 듣고 보니 사람에겐 만족이란 없겠군요. 사실 오늘 아침 남편과 다투고 속상해서 동해안 쪽에 바람이나 쏘일 겸 강릉에나 가려고 보따리 싸가지고 나왔는데 그냥 집으로 가야겠습니다. 그 후 인연이 되어 10년이 되도록 매년 매사를 조언을 들으면서 주식도하고 부동산투자도 운세와 조언을 들으면서 진행한답니다.

사주를 알면 인생이 보인다.

<제03제>

34세.1987년01월17일午시생				3	木
乾命	丁卯	壬寅	甲午	庚午	2	火
					0	土
수대운	3 辛丑	13 庚子	23 己亥	33 戊戌	43 丁酉	53 丙申	63 乙未	1	金
								1	水
自身300	食傷300	財星100	官星100
印星100	400/500	吉神 土	凶神 火

사주팔자와 운세이야기

이 청년의 사주이야기를 하기 전에 필자에게 온 문자를 보면서 젊은 사람이 예의도 바르구나 하는 생각을 해 봤는데 사주를 기록해 놓고 보니 역시 반듯한 사주를 가진 사람이라는 것을 새삼 느끼게 되었습니다. "안녕하세요? 김동환선생님 사주상담 받고 싶어 연락드립니다. 동묘에 계시다고 들었는데 오늘 오후에 방문상담 가능할까요.?" 예라고 대답하고 오늘은 주말이니 오후 4시 이전이면 좋겠다고 했더니 오후3시에 온다고 하더니 정확하게 5분전에 도착했답니다.

사주이야기로 들어갑니다.

寅월의 甲木이면 木旺節에 태어나고 月上에 壬水가 나타나고 卯년을 만났으니 身强한 팔자로 보아야 하며 午日 午時를 만나고 年干에 丁火까지 떴으니 木火通明이로구나 하는 것이 한눈에 보이면서 아쉬운 것은 財星이 있었으면 食傷生財로 이어지면서 富者의 命이련만 庚金이 시간에 나타나서 좀 늦기는 하겠으나 官祿을 먹고 살 팔자라는 것이 한 눈에 보였습니다.

[命理定石]
甲木寅月生이면 當令한 旺木이다. 時干에서 庚金을 만났으니 庚金은 七殺이지만 旺木을 다스리는 吉神인데 午火 위에 앉아있어 능력부족이다. 土가 生助하면 약한 庚金이 更生 되어 명예가 盛하게 된다. 만약 木과 水가 過多하면 庚金이 挫折 되어 庚금을 버리고 火를 취용하게 되는데 金운을 만나면 불길하며 憂愁후가 더욱 金이 약하니 土가 가장 필요하다. 그런데 일지에 午火를 다시 보니 木火 왕국에 庚金이 약하고 조열하니 濕水가 用神으로 金土 운이 길하다.

[八字 提要]
甲木일간이 寅月에 출생하니 계절을 얻어서 강한 사주인데 庚午시의 庚金 시간의 칠살은 甲木 일간을 극하고 午시 상관은 甲木 일간을 洩氣하니 生剋制化가 잘 이루어졌다고 봐야 한다. 이런 팔자에는 土 재성과 水 인 인수가 있어야 하지만 水인수가 너무 왕성하면 겨울의 기운이 남아있는 초봄의 습한 나무에 찬 기운을 도우므로 좋지 않다. 木이 사주에 또 있으면 다듬는 칼은 약하고 木은 왕성하여서 칼인 연장이 부러지는 일이 발생하게 될 수도 있으므로 이를 역술용어로 목다금결(木多金缺)이라 한다.

[恩山 解說]
　위 두 학술서 에서 밝혔듯이 이사주의 주인공은 일간이라는 자신의 힘이 강한사주이다(3木에 1水로) 강하면 설기(洩氣: 강한기운을 빼내줌)라 하여 火土金으로 기운을 빼내는 것이 좋다. 그런데 火와 金은 있어 좋은데 火는 강하고 土가 없어 金이 약하게 된 상태여서 巨木이 일찍이 거목으로서의 역할을 못함이니 운에서 土운이 오면 庚금이 세력을 얻게 되어 명예로 진로를 바꾸게 되고 아울러 발복하게 되어 甲목으로서의 역할이 잘 될 것이다.
　사주에서 부족한 기운은 大運이라는 살아가면서 만나는 운에서 좋은 기운을 만나면 발신 발복(發身 發福)하게 되는 것인데 이 사주의 주인공은 대운의 흐름이 초년 운이 불길하여 자신이 추구하는 일들이 잘 안 되었지만 그래도 사주자체 틀이 반듯하여 삐뚤어지지 않고 자신의 역할을 하게 되지만 항상 만족하지 못하게 된다. 그래서 운의 흐름을 상세하게 짚어보려고 합니다.

32세운까지 亥子丑이라는 北方水운으로 차가운 공기가 엄습한 형상이었으므로 대단히 불리하였다 위 학술서 에서 밝힌바 있듯이 1월달생의 甲목이라 아직은 차가운 기운이 강한데 차가운 물 기운이 엄습해 오면 일이 잘 안 풀리게 된다. 그래서 좋은 사주를 타고 났으면서도 좋은 길로 진입하지 못해서 항상 마음이 불안하고 만족한 삶을 살지 못하는 것이다.

그런데 33세운부터 戊戌이라는 土운이 강하게 들어오게 되는데 이렇게 되면 위 학술서 에서 밝힌바 있듯 庚금 官星이 약하여 관록의 힘을 입지 못했던 것이 운에서 들어온 土의 힘을 받아 관록이 내 마음대로 되는 운이라 하겠다. 그래서 33세부터 10년간의 운은 진로 변경 등 좋은 일들이 만이 발생하게 될 것이고 그 후 20년간은 금운으로 관운이 왕성하게 들어오는 시기라서 관운이 튼튼하여 대기만성이기는 하지만 크게 입신양명할 것으로 예추(豫推: 미리 예측함)해 보는 것이다. 항상 사주에서는 대운은 도로의 역할을 하는 것이고 결정결과를 만들어 내는 것은 세운이라는 당년, 당년 만나는 운에서 결정지어 지는 것이므로 지금부터는 향후 3년간의 운을 짚어보려고 합니다.

2020년은 庚子년 이라하는 쥐 띠 해인데 庚금은 관록의 운이고 子라는 쥐는 공부나 문서 새로운 일 시작을 의미하는 글자로서 본인의 마음이 동하기 시작 하게 될 것입니다. 만족하지 못한 삶을 항상 갖고 살아왔는데 지금부터라도 바꾸고 싶은 기운이 강하게 드는 운인데 지금부터는 관운이 좋아지는 대운이므로 관운이 힘을 받게 되어 좋은 생각 좋은 결정을 하게 될 것입니다.

2021년은 辛丑년 이라는 소띠 해인데 辛은 官星의 金이고 丑이라는 소는 오행으로 土로서 土生金 하면서 관운이 힘을 받게 되므로 正官 즉 정확한 내 직업이 결정지어 지는 운세라는 것을 예상해 보게 됩니다.

2022년 운세는 壬寅년 이라는 범 띠 해가 되는 데 壬수는 새로운 진로 새로운 일 시작을 의미하고 寅이라는 범은 오행으로 木이 되므로 여기에서 들어오는 木은 나쁜 역할이 아니라 나무의 뿌리내림으로 보아 좋은 진로로 들어서서 승승장구하는 것으로 보여 집니다.

 지금까지 이야기 한 것들은 이 사주를 자세히 살펴보고 또 고전의 역술서적들까지 들춰보면서 운세와 사주그릇 등을 전해 드렸습니다.〈이 看命記는 본이에게 매일로 전달된 내용임〉

사주를 알면 인생이 보인다.

<제04제>

1967년08월20일卯시생				2	木
坤命	丁未	己酉	庚寅	己卯	1	火
					3	土
수	5	15	25	35	45	55	65	2	金
대운	庚戌	辛亥	壬子	癸丑	甲寅	乙卯	丙辰	0	水
자신300	재능/ 000	재물180	관성150
인덕270	570/330	吉 水木	凶 金土

사주와 운세이야기

 위 여성의 사주는 가을철인 금왕절(金旺節 酉月)에 태어난 경(庚)금이라는 큰 원석 금으로 오전 묘(卯)시에 태어고 일지에 다시 寅목을 놓아 신왕재왕(身旺財旺)한 명조인데 다만 물인 水의 기운이 약하여 조화를 이루지 못한 사주가 되었다. 酉月庚金은 羊刃殺이므로 강한 명조라서 식상으로 순화시킴이 좋은데 水가 없는 것이 흠이다. 여성의 명조로는 팔자가 드센 팔자로 보아야 한다.

[命理 定石]
　酉月의 庚金은 羊刃殺로 月建羊刃은 自力成家하는 팔자이며 특히 仲秋 陽金은 木火가 아니면 성공이 어려운데 己卯시를 만나서 卯木이 보물 같은 존재로 보이지만 월지와 沖 破됨도 문제지만 己土가 다시 生金하는 형상이라서 木은 生氣가 없다. 일지에 寅목을 놓아 좋아 보이지만 水가 없어 金木相戰하는 형상이 되어 팔자가 사납다고 봐야 한다.

[八字 提要]
酉月의 庚金은 木火財官이 아니면 공을 이루지 못한다는 것은 예나지금이나 변함없는 정론이다. 卯時 정재는 당연이 보물 같은 존재인데 月支酉金과 沖破되어 無力한데 더욱이 재성으로 劫比에 겁탈로 다 없어진 형상이다. 타주에 木火財官이 있어 剋制하고 식상이 木인 재성을 생한다면 부자도 될 수 있는 命인데 水는 보이지 않고 火土가 重重하니 官生印 印生我로 가기 때문에 탁한 사주가 되었다.

[恩山 解說]
　한마디로 여성의 팔자로는 드센 팔자이며 조화를 이루지 못하여 삶의 기복 또한 많았을 팔자이다. 사주구성자체로 보아 官星을 써야 하는 팔자인데 오히려 官星이 결과적으로 좋은 역할을 못하게 되고 기신 역할을 하는 고로 이 여명은 남자를 필요로 하지만 그 남자는 오히려 나를 괴롭히는 형국이다. 강한 金이므로 火剋金 해야 하는데 사주에 土가 많고 火生土 土生金 하고 있는 형상이니 관성이 역할을 못하게 된다. 그러나 끊임없이 官을 선호하고 요구하는 팔자라서 더 더욱 팔자가 힘겹고 사납게 되는 것이다.

　　　여기서 지난 과거에 어떠한 일들이 벌어졌는지를 살펴 볼 필요가 있다.
　이 여성은 1984년 18세(甲子년 상관의해) 어린나이에 동갑나기 남자와 부정포태로 임신하여 1985년 乙丑년에 첫 아기를 낳고 살다가 1987년 丁卯년에 이혼하고 1989년 庚午년에 다시 재가하여 1993년 癸酉년과 1994년 壬戌년에 연년생으로 남매를 낳고 힘겹게 살아오고 있다.

이정도면 이 사주가 좋다고 볼 수 있을까? 팔자대로 살아온 것이라고 봐야 한다. 관성을 남자로 보기에 관성을 요구하는 팔자라서 일찍부터 남자 이성인연이 맺어지지만 결과는 안 좋은 쪽으로 흘러가고 식상이 육친 상 자손이므로 자손이 필요해서 자손을 갈망하는 형상이라 식상 운에 자손 얻게 되고 그러나 팔자 자체가 조화를 이루지 못함으로 인하여 힘겨운 삶을 살아가게 되어 개운차원에서 美 子를 智 淵으로 개명하게 된 것이다.

사주를 알면 인생이 보인다.
<제05제>

1960년07월02일진시생				1	木
乾命	庚子	甲申	癸未	丙辰	1	火
					2	土
수	5	15	25	35	45	55	65	2	金
대운	乙酉	丙戌	丁亥	戊子	己丑	庚寅	辛卯	1	水

자신260	재능/ 150	재물120	관성140
인덕230	490/410	吉 木火	凶 金水

사주와 운세이야기

위 남성의 사주는 쥐띠해인 庚子년 초가을철인 금왕절(金旺節 申月)에 태어난 계(癸)수라는 작고 맑은 물로 늦은 아침 시간인 진(辰)시에 태어서 申子辰 水局을 이룬 사주이다. 本命은 오행전구(五行全具)에 차가운 사주로 구성 되었지만 月時干에 木火인 甲丙이 나타나서 조화를 잘 이룬 사주 같아 보이지만 年干에 庚金이 나나나서 甲庚 相沖하고 丙火 역시 辰未土에 회기무광(晦氣無光)으로 무력(無力)하여 운의 적용을 잘 받는 팔자로 보아야 한다.

[命理 定石]

申月의 癸水가 丙辰시를 만나서 이름 하여 財官印 三寶인데 申子辰 三合水局을 이루어 官星이 비겁으로 변한 상태로 木火가 他柱에 있어 丙火

를 구출하면 진실한 인품의 소유자이나 수완과 활동성은 좀 약하다 그런데 일지에 未土를 놓아 燥土로 丙火를 구출 할 것으로 기대 되나 辰未가 晦氣無光이고 甲木이 월간에 나타났어도 절지에 앉아 甲木의 역할이 안 되며 金水 濕局으로 南方火運을 만나지 못하면 虛名無實한 팔자가 될 수 있다.

[八字 提要]
癸水일간이 申월 正印과 辰시 正官과 丙火 正財를 만나 財官印 三寶를 갖추었다고 하지만 申子辰 三合 水局을 이루어 겁재성인 濕局이라 필히 木火 食財가 나타나 丙火 財星을 生扶해야 하는데 일지에 未土 편관 칠살을 놓아 겉으로 보기는 좋아 보이나 오히려 辰未 食傷이 丙火의 기운을 설기하는 형상이고 甲木은 절지에 앉아 木生火가 불가하다. 그러므로 빛 좋은 개살구 같은 형국으로 겉은 좋아 보이지만 실속이 적다.

[恩山 解說]
　한마디로 내성적이고 마음이 좁아 상처를 잘 받는 사주이다. 정통사주간명으로 말하자면 金生水로 배불리 받아먹었으므로 水生木으로 설기시켜야하는 사주인데 설기신인 甲木 傷官이 무너지면 반드시 문제가 발생 하게 되는 팔자로 보아야 한다. 이사주의 구성자체를 다시 살펴보자면 나 자신은 癸水라는 맑고 작은 물이지만 주위 여건이 申子辰이라는 물바다를 이루고 천간에서 金生水라는 수원지 즉 수도꼭지를 틀어놓은 형상이라(庚金이 나타나서)일지에 未土라는 조토(燥土)가 있기는 하지만 작은 흙으로는 감히 막지 못하고 甲木이라는 수로(水路)인 수문(水門)을 열어 많은 물을 빼내야 하는데 이 수문이 고장이 나면 문제가 발생 하게 된다. 사주와 운세 상으로 살펴보면 庚寅대운이라는 55세부터 64세까지의 10년 기간 내에 세운이라는 당년의 운이 안 좋을 때 즉 庚子년 같은 해에는 庚금이 甲목을 甲庚沖하면 수문이 정도로 열리는 것이 아니라 고장이 난 상태로 많은 물이 한순간에 쏟아져서 물바다 홍수가 발생 하게 된다는 것이다.
이렇게 되면 인간사에서 어떤 일들이 발생 할까? 홍수가나면 재성인 火가 제일 먼저 다친다.<水剋火> 육친으로 보아서 재성이 되므로 첫째 돈 문제가 발생하거나 몸을 치게 되어있다. 그래서 손재수가 아니면 건강문제가 대두 된다.

여기서 금년(庚子年)에 어떠한 일들이 벌어졌는지를 살펴 볼 필요가 있다.
외모나 나이로 보아서도 아직은 쇠약해지는 시기가 아닌데도 허리가 아파서 정상적으로 걸어 다니지 못했고 신경 정신적으로도 문제가 발생 수족이 마비직전이었으나 병원에서 병명이 나타나지 않아 여러 가지 요양방법 등을 동원하여 어느 정도 회복된 상태다

이정도면 이 사주대로 운세대로 적용 되었다고 보아야 한다. 여기서 이사주의 구성과 대운이라는 운세흐름을 다시 한 번 분석해 볼 필요가 있다. 한마디로 줄여 말하자면 성정이 "온실 속의 화초와 같다" 더 추어도 더워도 상하기 쉬운 그래서 상처 잘 받고 마음이 좁다고 한 것이다. 인간사에서는 운의 적용을 잘 받는 사주로 보아야 하며 재관인 삼보를 구비한 것 까지는 좋으나 중화 면에서는 편중되어 각자의 역할이 잘 안되어 운의 적용을 잘 받는다는 것이고, 대운의 흐름이 남방화운으로 흘렀더라면 더욱 발전하는 좋은 기회가 주어졌겠는데 북방수운으로 흘러 음습한 사주에 음습한 운을 만나서 사람의 힘으로 안 되는 신의 작란으로 끌고 가려는 기운이 많아 젊어서부터 문제점이 많았을 것이고 소위 말하는 가위눌림 등 의 일이 자주 발생하였을 것이나 신이 함부로 하지 못하였던 것은 약하기는 하지만 병화라는 태양불이 시간에 떴기 때문이었던 것이다.
실제로 젊어서 모친께서 무당집 많이 찾아가 굿도 여러 번 했고 지금도 잠자리에서 가위눌림으로 소리도 지르고 악몽 같은 것에 시달림을 많이 받는다고 한다.

사주를 알면 인생이 보인다.
<제06제>

1959년12월10일卯시생				2	木
乾命	己亥	丁丑	乙未	己卯	1	火
				4	土

수	1	11	21	31	41	51	61	0	金
대운	丙子	乙亥	甲戌	癸酉	壬申	辛未	庚午	1	水

自身260	食傷120	財星350	官星060
印星110	470/430	吉 火	凶 土

사주팔자와 운세이야기

부산 김 사장님의 사주를 바라보고 있노라면 묘한 사주라서 잘못 보면 오답을 낼 수 있는 사주로 구성 되었습니다. 이해하기 쉽도록 사주설명을 자세히 하려고 합니다. 12월은 가장 춥다는 계절입니다
  음력으로 12월을 소 축자를 써서 축월(丑月)그러는데 오행은 토(土)지만 해(亥)나 자(子)가 옆에 있으면 물인 수(水)로 변질된답니다. 그런데 기해(己亥)년 돼지띠 생이기에 해(亥)자가 옆에 있어서 물 역할을 하기도 합니다. 태어난 날이 자신이기 때문에 추운 겨울에 을목(乙木)이라는 화초나무 같은 작은 나무로 태어났으니 아주 춥고 꽁꽁 얼은 탕인 토(土)의 달에 또 물과 합세하여 물과 흙이 뒤범벅이 되어 꽁꽁 얼은 땅에 乙木이 라는 화초나무가 뿌리내리고 자라려면 운선 급한 것이 태양 같은 불이 하늘에 떠야 따뜻하게 해 주어야 살아갈 터인데 만약 불이 없다면 동사(凍死: 얼어 죽을 판)할 수도 있지요, 다행이도 월간이라는 태어난달 위 글자에 정화(丁)라는 뜨거운 불이 있어 사주가 좋아졌습니다. 또한 태어난 시가 아침시간 인 묘시(卯時: 05~07시 사이)라서 시간은 아침이고 오행으로는 목(木)이기에 자신의 별인 을목(乙)이 묘목(卯)에 뿌리내려 약하지 않아 좋습니다. 사주구성 전체를 살펴보면 木이 2 火가 1 土가 4

金이 없고 水가 1로 구성 되어 土라는 오행이 많지요, 사주에서는 많아도 병, 적어도 병이라 하여 안 좋게 볼 수도 있습니다. 土는 자신에게 재물의 별입니다. 재물은 돈을 의미하니까 돈을 많이 타고 났다 그러죠, 돈이 많으면 좋겠네요, 라고 물어올 수도 있지만 사주에 많은 돈을 내 것으로 만들 수 있는 힘이 있는 사주라면 좋고 내 돈으로 만들 수 있지만 만약 허약한 사주라면 오히려 돈에 대한 재앙이 많아 오히려 궁색하고 돈에 끌려 다니는 인생을 살 수 있답니다. 그래서 사주를 볼 때에는 돈은 많이 타고났는데 이 돈을 내 것으로 만들 힘이 있는지를 우선 살펴야 하는 팔자인데요, 김 사장님 사주는 木이라는 자신의 별이 2개나 되고 내편인 亥라는 물이 1개가 있어 약한 사주는 아닙니다. 그런데 묘한 것은 양 날(未)태어나고 묘시(卯)에 또 돼지해인 해년(亥)에 태어나서 해묘미(亥卯未)라는 글자가 셋이 모여 합했다하여 삼합 목국(三合木局: 셋이 모여 목의 판을 짰다)을 이루었다하여 힘이 펄펄 흘러넘치는 형상입니다. 족보 있는 사주라 그러죠, 일단 사주는 묘하게 구성 되어 좋은 사주로 안정되고 평안한 삶을 살아갈 수 있고 노력하면 성취하여 부자도 될 수 있는 사주랍니다. 그런데 이런 사주를 타고나면 단점도 역시 많습니다. 지금부터 단점이 될 수 있는 나쁜 점을 지적하려고 합니다. 기분 나쁘게만 듣지 마시고 참고할 것은 참고하여 고칠 것은 고쳐서 재앙을 면하면 좋지 않을까요, 사주를 보는 것은 운세의 흐름도 보지만 자신의 사주상의 장단점을 알아 보완 할 것은 보완해서 살아간다면 더욱 질 좋은 삶을 살아갈 수 있다고 생각하여 드리는 말씀입니다.

　을목(乙)이라는 나무로 태어난 사람들은 대체적으로 생활력이 강합니다. 끈질기죠, 더욱이 추운겨울 생은 더욱 그렇습니다. 살아 남기위해서 더 노력하는 형상인데 土가 많으면 土는 재물의 별이기에 욕심이 많다고 말 할 수 있습니다 돈에 대한 욕심이 만만치 않은 사주지요, 그래서 운이 나쁠 때는 돈으로 인한 재앙이 발생 할 수도 있어 조심해야 하고 운이 좋을 때는 욕심을 과하게 부려도 좋게 작용하지만 운이 나쁠 때 과욕을 부리면 반드시 재앙을 만날 수도 있어 항상 생각하면서 살아야 합니다.

두 번째로 이 사주에는 관성이라는 직업의 별이 없습니다. 乙목에 관성은 금(金)이라는 오행이거든요, 金이 없어서 직장생활이 잘 안 되고 작아도 내 것인 자영업을 해야 하는 팔자이고 만약 이런 사람이 직장생활을 한다면 자주 옮겨다녀야하고 정년하기 힘들다 그러는데요, 여기서 중요한 것을 말씀드리려고 합니다. 金이라는 글자가 하는 역할은 브레이크작용을 하는데요, 브레이크가 없다면 자기마음대로 살아가지 않을까요, 그래서 자기가 옳은 생각이라고 판단되면 누구의 말도 잘 안 듣고 자기고집대로 할 수 있는 단점도 있다고 말 할 수 있으므로 항상 조절을 잘 했으면 합니다. 특히 나와 가까운 아내나 형제 친구의 말을 귀담아 들으면서 참고해야 아차 하는 실수를 범하지 않을 수 있습니다.

또 한 가지 지적하고자 하는 점은 중후한 성격이라 가볍지는 않아 좋은데 타인으로부터 거만하다 교만하다는 말을 들을 수도 있으니 항상 대인관계에서 편 가르지 말고 마음 씀씀이를 잘 활용했으면 합니다. 이런 사주를 가진 사람은 욕심이 많아 자기에게 이해관계가 얽힌 사람에게는 잘하고 고개도 숙이지만 상대와 별 관계없는 사람이라면 무시하기도 하기에 드리는 말씀입니다. 지금까지 말씀드린 단점들은 꼭 그렇다는 것은 아니지만 사주구성상으로 볼 때 대체적 그렇더라는 종합적인 통계로 받나드리시고 참고하시기 바랍니다.

지금부터는 운세이야기를 하려고 합니다.
운은 대운과 세운으로 크게 나눌 수 있는데 대운은 10년 주기로 바뀌는 운이라 하야 큰 대자를 써서 대운(大運)그러는데 대운은 인간이 살아가는 아니 걸어가는 도로 정도로 보아서 이 주기에는 내가 걸어가는 도로가 평탄 한가 아니면 울퉁불퉁한 고갯길인가 아니면 캄캄한 터널 같은 밤길인가를 구분 하는 것이고, 세운은 당년 당년 만나는 운이라 하여 해를 뜻하는 세(歲)자를 넣어 세운 그러는데 세운이야 말로 중요해서 그해에 벌어지는 길흉화복을 만드는 중요한 역할을 하게 됩니다.

 그래서 대운의 흐름부터 말씀드리자면 20세까지는 밤길 같고 터널 같은 어둡고 차가운 운세였으니 이시기는 부모 운으로 보기 때문에 큰 문제성은 없지만 운이 이렇게 나쁘면 공부도 잘 안 되고 진로도 불분명해서 그럭저럭 부모 운으로 살아가는 운이었다고 보여 집니다.(子자와 亥자는 겨울이고 하루로는 밤이고 춥고 차가운데 차가운 기운이 오면 안 좋습니다)

 21세에서 30세까지 10년간은 갑술(甲戌)대운인데요, 잘못하면 사고치고 삐뚤어진 삶을 살아갈 수도 있었는데요, 다행이도 甲목이라는 나의 도움의 별이 떠서 무난히 넘기셨나요, 戌토라는 글자를 만나면 丑戌未 三刑이라 하여 관재구설 말썽으로 봅니다.

 31세에서 50세까지 20년간은 사주팔자에 없던 관운이 들어 놀지 않고 이 것 저 것 닥치는 대로 해보지만 별무소득으로 욕심만 부렸을 뿐 크게 성취 하지는 못했을 운이었답니다.

 51세운부터 70세까지는 이 사주에서 가장 좋은 대운이 들어 운이 터졌다 그렇게 말할 수 있는 火운으로 이런 운에는 생각하고 움직이면 모두 돈으로 연결 되는 운이었다고 볼 수 있습니다. 土가 돈인데 화운이오면 화생토(火生土)라 하여 火는 생각이고 행동이고 움직이는 별이라서 이때에 성취 율은 !00%로거든요, 부자 될 수 있는 운기였답니다.

 71세부터는 욕심 부리면 낭패를 당할 수 있으니 욕심은 70세까지만 부리고 71세 이후는 관리체제로 들어가야 합니다, 만약 욕심 부리면 손재수가 보이고 아니면 건강이 나빠질 수 있는 운기입니다.

 71세부터 들어오는 운이 바로 신사(辛巳)대운 그러는데 辛은 면도칼 같은 예리한 칼이나 연장인 쇠로 乙木이라는 화초나무가 가장 무서워하는 칠살 운이고 사(巳)라는 글자는 상관(傷官)이라 하여 이런 운을 만나면 하는 일도 잘 안 되고 낭패를 만날 수 있고 또 건강 즉 내 몸을 지켜주는 별이 상한다하여 대단히 불길하게 본답니다. 대운은 이정도로 하고 세운 말씀을 드리려고요,

 2019년도가 기해(己亥)년이라는 회갑 해였습니다. 기(己)는 재물의 별이고 해(亥)는 문서의 별이 들어온 해여서 닥치는 대로 무슨 일을 벌리고 해치워도 큰 문제가 없어 보이는 운이었으나 이때부터 내부적으로는 어두운 그림자가 드리우기 시작했을 운이었답니다.

 2020년 경자(庚子)년의 운세는 庚은 관운이고 子는 편인 운이라 하여 편인운이 오면 도식(倒食)이라하는 운인데 도는 넘어질 도식은 밥식으로 그래서 밥그릇이 넘어져 없어지는 운으로 불길한 예감이드는 운이랍니다. 작년의 운은 해(亥)수라는 따뜻한 물이었다면 금년의 자수(子)란 11월 엄동의 가장 차가운 물이라서 불길한 운이어 문서에 대한 관재구설이 따를 수 있어 만사 조심해야 하는 해이지요, 자(子)라는 글자가 들어오면 김 사장님에게는 치명적으로 불길한 일이 벌어질 수 있답니다. 子가 卯라는 時의 글자를 子卯 刑殺 그러는데요, 子수가 卯목을 만나면 꽁꽁 얼은 물에 卯목이라는 화초나무가 얼어붙어 수목응결(水木凝結)이라 하여 되는 일도 없고 구설 관재에 휩싸일 수도 있고 특히 음력 11월 달이 子의 달이고 12월이 丑의 달이라 이 두 달은 매사 조심조심 돌다리도 두들겨 가듯 해야 하는 운이라 말할 수 있답니다.

 2021년은 신축(辛丑)년이라는 소띠해인데 이런 해를 만나면 캄캄한 밤길에 강도를 만나 격이지요, 신(辛)이라는 면도칼은 관재의 기운이고 축(丑)이라는 소띠의 글자는 土로 꽁꽁 얼은 땅이니 내 돈이 아니고 관재구설로 나가는 돈이 될 수 있는 운이라서 손재의 기운이 보이니 조심하시기 바랍니다. 그래서 특히 대인 관계에서 항상 양보하고 내려놓고 진다고 생각하면서 살아야 합니다. 일보전진을 위한 일보후퇴라는 마음으로 무조건 저주고 상대의 말을 존중해

주어야 말썽이 안 날 수 있답니다.

 이와 같이 亥子丑이라는 3년은 대체적으로 불리한 기운이 들어오는 해인데 특히 庚子 辛丑이라는 금년과 내년은 살얼음 판 걸어가듯 조심조심해야 하는 운이랍니다. 다만 믿을 수 있는 것은 대운이 좋아 그래도 크게 문제는 안 될 듯이 보이지만 그래도 방심하면 안 되는 운이니 지혜롭게 풀어나가시기 바랍니다.

 2022년 壬寅년 범 띠 해부터 또 확 풀려서 그 후로는 만사형통하게 되고 하는 일들이 순조롭게 잘 풀릴 수도 있으니 이점 잘 생각하면서 살아가시기 바랍니다.

庚子年 동짓달 열 나흔 날
서울에서 김동환 사주보고 글 씀

 위 내용은 본인에게 매일로 전달 된 감명사례입니다. 참으로 운의 흐름이란 무시 못 할 중대한 상황입니다. "21세에서 30세까지 10년간은 갑술(甲戌)대운인데요, 잘못하면 사고치고 삐뚤어진 삶을 살아갈 수도 있었는데요, 다행이도 甲목이라는 나의 도움의 별이 떠서 무난히 넘기셨나요, 戌토 라는 글자를 만나면 丑戌未 三刑이라 하여 관재구설 말썽으로 봅니다. > 라고 말했는데 그 시기에 이성문제로 20대초에 여자와 동반자살 한다고 연탄불 피워 놓고 난리가 났었다 네요, 그래서 辛丑년에 관재구설 수가 보인다고 했더니 뉴타운 재개발 조합장 출마하려 했는데 그만 두어야 하겠다, 라고 하더라고요, 그래서 잘 하셨습니다. 과욕은 관재구설을 만든다고 조언 해 주었습니다.

사주를 알면 인생이 보인다.
<제07제>

1946년04월19일戌시생				0	木
坤命	丙戌	癸巳	癸巳	壬戌	3	火

수	4	14	24	34	44	54	64
대운	壬辰	辛卯	庚寅	己丑	戊子	丁亥	丙戌

2	土
0	金
3	水

自身300	食傷000	財星310	官星160
印星130	430/470	吉土金	凶 水

사주팔자와 운세이야기

이 여성의 사주이야기를 하기 전에 필자에게 걸려온 전화내용을 이야기 하려고 합니다. 캠핑장이 수몰지구로 지정 되어 보상을 받아야 하는데 세금(무슨 세금 인지는 밝히지 않고)을 약 3억원정도 내어야 하는데 자금융통이 어렵다. 금년운세와 잘될 것인지를 알고 싶다, 라는 것이었습니다. 사주이야기를 하기 전에 운세로만 말하자면 庚子년은 庚金은 문서인 正印운이고 子수는 癸수의 뿌리이니 좋다고 말해야 하지만 丁亥월은 압박과 설음에서 스트레스를 많이 받게 되지만 戊子 월에는 남자로부터 도움을 받을 수 있을 것이니 혼신의 힘을 다 기우려야 한다. 다만 독식은 안 되니 조건부로 일을 진행하면 어렵기는 하지만 극적으로 도움을 받을 것이다.〈왜? 독식은 안 된다고 단언했는가하면 群劫爭財運이라서 이고 戊土는 正官이니 남편 같은 남자요, 어렵게라는 것은 癸수가 월간에 또 있어 잘못하면 내 것이 안 되고 허탕 즉 빼앗긴다는 말임〉라고 말 했더니 사실은 내 남편같이 생각하고 오래 살아온 壬午生 남자가 있는데 지금 그 캠핑장부지 관계로 소송중이라면서 그 사람의 도움을 받을까 생각중이라는 것이었습니다. 그래서 조건부로 나눠 먹는 식으로 해결책을 강구해 보라고 말해주었습니다.

사주이야기로 들어갑니다.

　巳月의 癸水이면 巳일에 태어나고 壬戌시를 만났으니 月과 時上에 癸 壬 水가 나타나서 3비겁이 천간에 떴으나 水源池인 印綬가 없고 比劫이 뿌리내리지 못하여 허약한데 丙火가 年干에 나타나고 火庫地인 戌年戌時를 만났으니 火氣太旺한 사주로 財多身弱한 욕심 많고 인정과 배려 심이 없는 사람으로 인간사에서 막힘이 많겠으나 財庫를 두 개나 놓아 大富는 아니라도 먹고사는 데는 별 문제가 없는 팔자지만 살아가면서 여러 가지 문제점이 있었을 것이 한 눈에 보이는 사주입니다.

[命理 定石]
癸水 巳月生이라면 巳火 當令에 癸水無力인데 壬戌시를 만났으니 一助一克으로 日干이 微弱하여 庚申 등이 干支에 있으면 火土가 있어도 흠이 없겠으나 다시 一支에 巳火를 놓고 丙火가 年干에 나타나고 年時支에 火庫地인 戌土까지 두 개를 얻었으니 壬癸三水가 天干에 나타났어도 無印綬라서 조열하기 짝이 없는 팔자로 보아야 한다. 運에서라도 金水운을 만나야 살아갈 수 있는 사주이다.

[八字 提要]
巳月은 孟夏여서 癸水일간은 무력하다, 그런데 壬戌시를 만나서 壬水 겁제가 돕는다고는 하나 허약할 수밖에 별 도리가 없고 戌土는 火庫地로 燥熱하여 도움이 안 된다. 그런데 巳日을 만났으니 불난데 부채질 하는 형상이어서 다른 干支에 庚申금이 나타나서 扶助한다면 火土 財官을 만나도 조화를 이룰 수 있으나 본명은 庚申金이 보이지 않고 火土가 極盛하여 濁格이다.

[恩山 解說]
　이사주의 주인공은 일간이라는 자신의 힘이 약한 사주이다. 3火에 2土로 3水라도 火土重濁 된 경우에 해당되기에 수원지 없는 癸水여서 하는 말이다. 物形象論으로 말하자면 巳月의 癸水는 孟夏之節의 雨露水라서 水源池가 없으면 바로 蒸發 될 수 있는데 더욱이

巳일에 나고 年干에 丙火까지 나타났는가 하면 年 時支에 火庫地인 戌土까지 두개나 만나서 地支全局 불바다로 비록 천간에 3水가 나타났어도 微弱한 形象이다. 고로 金水運이 좋다고 봐야 한다. 그런가 하면 물은 수원지도 반드시 있어야 하지만 水路 역시 트여야만 인생사에서 막힘없는 삶으로 보는데 木인 수로가 없어 막히고 답답한 사주다. 사주에서는 많아도 病, 적어도 病이며 조화를 이루어야 하는데 조화롭지 못하니 이런 명조를 濁格으로 보아야 하며 六親 상으로 말하자면 財多身弱으로 無印綬이니 인정도 없고 無食傷이니 배려의 마음도 없고 財多하니 욕심꾸러기요, 나쁘게 평하자면 자기 위주로 생각하여 살아가고 그러기에 벼랑 끝 절벽에서 구해 줄 사람이 없을 수 있으므로 살아가면서 부족한 부분을 보충하면서 살아가야 한다. 또 癸수가 쌍으로 나타나서 항상 경쟁 속에서 뺏고 빼앗기는 삶을 살아가게 된다. 이성문제에서도 마찬가지로 보아 일부종사는 어렵고 내 것은 빼앗기고 남의 것을 빼앗아 살아가야 하며 金水가 용신이므로 살아가면서 만나는 직업적인 일도 서늘하고 차가운 물과 인연 있는 일 을 하면 좋다고 말해야 하므로 캠핑장이 천직이며 잘하면 財庫를 두 개나 차고 있어 식상 운에 물로 인하여 부자가 될 수도 있다고 봐야 하는데 캠핑장 부지가 수몰지역에 편입되어 보상을 제대로 받으면 수십억의 치부로 부를 성취 할 수도 있겠는데 난관이 이만 저만이 아니어서 세운의 흐름을 보자면 2020년도 庚子年 운세는 庚은 문서로 바라고 바라던 印綬 金운이고 子라는 쥐의 글자는 凍水로 물은 물인데 도움이 안 되는 동결되는 물이라서 막히고 답답하지만 결과는 잘 풀릴 것이며 2021년도인 辛丑년 소 띠 해 역시 辛은 문서요 丑은 일거리인데 하는 일이 잘 풀리지 않고 막히고 답답하고 지연 되지만 이 두 해를 슬기롭고 지혜로 잘 풀어만 간다면 2022년 壬寅년 이라는 범 띠 해에 壬수는 나에게 도움 되는 물의 해이고 범이라는 寅의 글자는 水路여서 막히고 답답했던 일 들이 뻥 뚫리고 부자로 치부도 할 수 있겠는데 이 난관을 어찌 헤쳐 나가야 할지 앞이 캄캄하다.

사주에서 부족한 기운은 大運이라는 살아가면서 만나는 운에서 좋은 기운을 만나면 발신 발복(發身 發福)하게 되는 것인데 이 사주의 주인공은 대운의 흐름이 초년 운이 불길하지 많은 않은 동방 木운 이라서 치열하게 전쟁터에 나간 병사 같이 살아야 했을 것이며 살아가기 위해 수단과 방법 다 동원해서 살았을 운이고 30대중반이후 30년간은 북방 水운으로 운은 좋았지만 워낙 사주 여덟 글자가 조화를 이루지 못하여 좋았던 운에도 기복이 심했을 것이나 궁색하게는 살지 않았을 운세이나 항상 부닥치고 대립하는 일들이 많았을 것이다. 항상 사주에서는 대운은 도로의 역할을 하는 것이고 결정결과를 만들어 내는 것은 세운이라는 당년, 당년 만나는 운에서 결정지어 지는 것이므로 지금부터는 향후 3년간의 운은 앞에서 이야기 했고 지난 2년간의 운을 짚어보려고 합니다.

2017년은 戊戌년 이라하는 개 띠 해인데 戊토는 官星의 운이고 戌이라는 개는 火庫地로서 육친 상으로 남자 남편과의 관계가 소원해지거나 빼앗기는 기운이니 남자 남편문제가 발생했을 것인데 원인은 돈 또는 재산문제로 다툼의 일이 벌어지게 될 것이다.
2017년은 己亥년 이라하는 돼지 띠 해인데 己土는 편관 七殺로 관재구설이고 亥라는 돼지는 巳라는 뱀과 巳亥 双 沖으로 송사수가 발생하는 해로 보아야 한다. 이와 같이 벌써 2년 전부터 구설과 관재 쟁송의 기운이 발생하였던 것이다. 이 모두 사주의 부조화로 인해 발생하게 되는 사건사고들이라고 사료된다.
　　　　　庚子년 11월 30일 김동환 사주보고 글 씀

사주를 알면 인생이 보인다.
<제08제>
일간이 같은 사주이야기

박 O 영 님의 사주 1

1984년01월16일02시생				
乾命	甲 子	丙 寅	辛 巳	己 丑
수대운	6 丁卯	16 戊辰	26 己巳	36 庚午	46 辛未	56 壬申	66 癸酉

木	2	2
火	2	2
土	2	1
金	1	2
水	1	1

유 O 민 양의 사주 2

1992년04월03일12시출생				
坤命	壬 申	甲 辰	辛 巳	甲 午
수대운	10 癸卯	20 壬寅	30 辛丑	40 庚子	50 己亥	60 戊戌	70 丁酉

이 O 역 여인 3

1957년11월15일08:55분				
坤命	丁 酉	壬 子	辛 巳	壬 辰
수대운	1 癸丑	11 甲寅	21 乙卯	31 丙辰	41 丁巳	51 戊午	61 己未

木	0
火	2
土	1
金	2
水	3

남녀의 3명의 명조 구성에서 공통점과 다른 점을 이야기 하려 합니다.

사례1의 남자사주는 五行全具에 오행이 고르게 분포되어 겉으로 보기에는 사주가 좋아 보이지만 합이 많고 刑殺까지 걸려 불리한 명조로 변질 된 특징이 있습니다. 合多有情이라 하여 지조가 없고 주체성이 강하지 못하고 정신적으로 문제성이 있지 않으면 신체적으로 결함이 발생 할 수도 있게 됩니다.<丙辛合 甲己合 辰酉合 子辰合 巳酉合 巳丑合 寅巳刑에 巳中丙火와 暗合까지 합니다.>그리고 타인에게 의지하고 살아가야 하며 본의 아니게 피해를 주게 됩니다.
그런가하면 직업도 변변치 못하고 재물복도 별로이고 배우자나 똑똑하고 사철한 사람 만나면 좋겠는데 그 남자에 그 여자이니 별 볼 일 없는 배우자이지요. 그러나 인덕은 있어 부모덕으로 잘 살아 는

갈 것 같은데 남자구실이 잘 안 되는 것이 안타까울 뿐입니다.

사례 2의 여자사주는 같은 辛巳 일주라도 합 충 형이 하나도 제대로 안 걸리고 있어 오행이 각자 역할을 잘 할 수 있다고 보아야 합니다. 첫째 巳午 官星이 木生火를 받아 有氣하니 남편성, 직업성이 좋고, 財星 甲木이 水生木 받고 辰土에 뿌리내리니 재물 복 있고, 월지 正印이고 申금에 뿌리내리니 身이 약하지 않아 재관을 부릴 수 있어 능력 있는 좋은 사주라고 말 할 수 잇겠습니다.

사례 3의 여자사주는 子月의 辛金이라서 凍金될까 두려운데 일지에 巳火를 놓아 다행이긴 합니다만 壬子 三水 傷官星이 강해서 身虛 하지만 다행인 것은 年時支에 酉辰 金土가 있어 아주 허약하지는 않아서 나름대로 역할을 할 수 있었을 것입니다. 다만 세운이 안 좋을 때는 문제가 발생 할 수 있는데 庚子년 같은 해는 상관성이 강해지면서 傷官이 발동하면 건강문제 직업문제 여명은 남편문제 등이 발생 하게 되는 운이지요,

[命理 定石]
사례1의 남자는
寅月의 己丑翅生 辛金이면 己丑土가 많아도 寅月은 木旺節이라 埋金 될 염려는 없다. 오히려 丑시가 약한 금을 도우니 길신이나 寒氣가 문제인데 巳일 생으로 일지에 巳화를 놓고 월간에 丙화까지 나타나서 解凍하여 좋다 만은 寅申財官을 沖動시켜 木火가 平均하면 貴格이요, 대운이 火운이면 상생 되어 기쁘다.
[八字 提要]
寅월의 辛金일간은 土多金埋의 걱정은 안 해도 된다. 木旺節이라서 己丑시를 만나도 오히려 生金으로 일간을 도우나 남아있는 추위를 解凍시키려면 병정을 타주에서 얻어야 신금일간의 우수함을 나타낼 수 있다. 丙丁火가 일간 辛金을 녹이지 않을까 염려는 하지 않아도 된다, 己丑이 있어 병정의 강열지화를 순하게 하기 때문이다.

[恩山 解說]

　위 두 학습서에서 밝혔듯이 이사주의 주인공들은 일간이라는 자신의 힘이 약하지도 않고 오행을 모두 갖추고 조화를 잘 이룬 사주같이 보이지만 자세히 살펴보면 힘이 안 걸리는 오행이 없을 정도로 힘이 많아 오행 본연의 기능이 상실됨으로 하여 버린 사주로 변했다. 원국의 기본 틀이 변하였으므로 아주 좋아야 할命이 그저 그렇게 살아갈 수는 있지만 특출 나게 자신을 발산시켜 인간답게 명성을 날리거나 부자로 살아가기는 힘들다. 결론적으로 사주는 잘 타고 났으면서도 변질되어 자신의 역할이 잘 안 된다는 사실이 안타까울 뿐이다.

사주를 알면 인생이 보인다.
<제09제>

1957년11월20일06시생				2	木
坤命	丁 癸 戊 乙			1	火
	酉 丑 子 卯			2	土
수	8 18 28 38 48 58 68			1	金
대운	甲 乙 丙 丁 戊 己 庚 寅 卯 辰 巳 午 未 子			2	水

自身200	食傷160	財星240	官星200
印星100	300/600	吉神 火	凶神 水

이 사주에 丑월의 무(戊)토로 재살이 태왕하고 인수가 무력하니 삶이 고달프겠구나하는 것이 보이며 사주에 합 충 형 파 해가 많으니 순탄한 삶을 살아가기 어렵겠고 내 몸이 으스러지도록 노력하며 살아가야 하는 자수성가형이라 하겠다.

[命理 定石]
丑월에 태어난 戊토라서 寒冬에 凍土이나 태어난 시가 乙卯이니 寒水를 설기하여 丁화를 돕는다고는 하지만 시원치 않고 답답하구나, 일지에 다시 子水을 놓아 寒土寒水가 어찌 초목을 기르겠는가? 힘겨운 일과 힘겨운 삶을 살아가는 팔자이다.

[八字 提要]
戊토 일간이 丑월에 通根하지만 왕성하다고 말할 수 없다 왜냐하면 凍土로 꽁꽁 얼은 토이기에 하는 말이고 乙卯시를 만났으니 乙卯목이 丑月토를 강하게 극 제하니 戊토의 뿌리가 뽑혔다. 시의 乙卯 관살이 비록 맑기는 하지만 戊토 일간이 감당하기 어려우니 없는 것과 같다. 일단 木이 강하고 土가 약하다고 보지 말고 차가운 땅에 차가운 나무이니 반드시 丙화가 하늘에 떠서 태양 역할을 해야만 하겠는데 丙화는 보이지 않고 丁화가 외롭게 떠서 힘없이 晦氣無光에 丁癸沖까지 하니 도와줄 힘이 없다. 그러

므로 스스로 개척하고 감당하여야 하니 외롭고 춥고 힘겨운 삶을 살아야 하는 寒貧한 命이다.

[恩山 解說]

위 두 학술서 에서 밝혔듯이 이 사주는 한마디로 삶이 고달프고 잘 풀리지 않는 팔자이다, 남녀 공히 팔자에 합이나 충 형 파 해가 많은 팔자는 안 좋은 팔자이다. 이 명조는 합 형 충 파 해가 안 걸리는 글자 없이 다 걸리고 있다. <丁癸冲 戊癸合 子丑合 酉丑合 子卯刑> 사주에서 오행이 자신의 역할을 해야 하는데 합이나 충 형파가 걸리면 각자의 역할이 안 되기에 나쁜 팔자로 보는 것이다. 사주에 비해 운의 흐름이 좋아 열심히 일하고 건강하게 살아왔을 뿐 산전수전 다 겪으면서 살아왔다고 봐야 한다.

태어난 시도 매우 중요하다. 만약 丁巳시에 태어났다면 인생은 달라질 수 있다. 戊토가 巳화에 祿으로 뿌리내리고 無官이라는 점이 흠이지만 운이 초년부터 東方木운으로 官운이 들어 좋은 작장 좋은 남편 얻어 행 복 하게 살 수 있었을 것인데 本命은 丁화가 年上에 떴어도 무력하다, 일단 金水가 태왕해서 한기서린 음습한 땅에 乙卯 官이 살아 생기를 얻을 수 없으니 내 주위에 남자는 많이어성 거려도 진정 내 남자는 없으니 남자복도 없고 관살이 이렇게 困苦하니 성정 또한 문제가 있겠다. 이 사주는 印綬를 쓰고 官殺인 木을 보좌로 써야 하는 팔자이다.

2021년 辛丑년 소 띠 해의 운세를 살펴보자면

辛이나 丑이라는 글자가 차갑고 습한(寒濕)한 글자라서 나에게 도움이 되는 글자는 못된다. 다만 子丑合은 土라지만 水가 될 가능성이 보여 水는 재물로 돈 문제만은 유통이 잘 될 것이다.

단 희망이 있는 것은 2022년 壬寅년이라는 범 띠 해가 되면 좋은 남자 인연이 맺어질 것이고 좋은 직장이 나를 기다리고 있으니 모두 귀인 될 것이다.

사주를 알면 인생이 보인다.
<제10제>

1982년3월26일해시생					1	木	3	1975년4월29일자시생			
坤命	壬戌	甲辰	壬申	辛亥	0	火	2	乾命	乙卯	壬午	乙酉	丙子
수	5	15	25	35	45	55	65	2	土	0	수	1	11	21	31	41	51	61
대운	癸卯	壬寅	辛丑	庚子	己亥	戊戌	丁酉	2	金	1	대운	辛巳	庚辰	己卯	戊寅	丁丑	丙子	乙亥
								3	水	2								

<사례 1 재벌기업 여사원>   <사례 2 박사과정 외국유학>

부부의 사주와 운세 이야기

위 壬戌생 女命은 진(辰)월이라는 늦은 봄철의 임(壬)수라는 큰물로 해(亥)시인 물 시간에 태어나고 수원지인 金이 있고 물이 빠져나가는 수로(水路)인 물길(甲木)이 월간에 나타났으니 막힘없는 삶을 살아가는 좋은 팔자인데 관인상생(官印相生)이라 하여 선비로 공직자나 월급 받는 자로 살아가는 선비의 팔자입니다.

돈복은 타고났으나 그 돈이 장사나 사업으로 벌어들이는 재물이 아님으로 사업가 기질은 전혀 없으니 선비로서 내 머리로 버는 돈이랍니다. <無財사주지만 食神이 잘 발달되고 戌中丁화를 財로 쓴다.>

사람은 살아가면서 만나는 운이 있는데 이운을 도로로 비유하는데 본명의 주인공이 걸어 가야하는 길이 순탄한가, 아니면 험난한 길인가를 보는 것으로 대운이라고 이름 하는 이운이 현재 35세에 바뀐 운이 44세까지 살고 45세에 바뀐 운은 54세까지 10년간을 살아가게 되는데 현제 살아가는 운 즉 도로가 고속도로임엔 틀림없는데 이운 10년은 삶에 큰 변화가 발생하는 운이어서 신상에 이변 즉 대변화가 이루어진다<대변화 주거이동이나 직업이동 등 대이동이 보이는 대운이다>물론 운세의 흐름은 좋으나 세운이라는 2020년 경자(庚子)년 운세는 불안초조한 일들이 벌어지고 마음이 들떠있는 형상으로 유랑객 같은 삶을 살아야 하는 기운이 역력합니다. 그 이유는 물이라는 물 날(壬水) 태어난 사람이 3월 달인 辰월생이 申이라는 원숭이날 태어나고 금년 2020년 운이 子라는 쥐가 오는 해를 만나면 申子辰 이라 하여 三合水局을 이루는데 이는 대서양 태평양 같은 큰물로 홍수가 발생 한 것 같아 물이 많아짐으로 떠다니는 형상으로 한 말이지만 일단 불안하고 초조하기는 해도 워낙 사주가 튼튼해서 결코 나쁜 기운은 아니었습니다.

2021년 신축(辛丑)년 이라는 소 띠 해의 운세를 집어 보려고 합니다. 辛이라는 글자는 문서 운이고 丑이라는 소의 글자는 관운이라 하여 직업 직장을 말하며 나를 지켜주는 정관 (正官)의 기운을 표시 하는 글자가 동시에 들어오므로 혹 직업이나 직장의 변화 또는 문서는 새로운 일 시작도 되고 승진도 되는 글자라서 변화의 기운이 발동하는데 결과는 좋은 변화냐, 나쁜 변화냐를 말한다면 좋은 변화 안정되는 변화의 기운이 보인다고 말해야 한다.

[사실관계 확인]
위 여명의 주인공은 대기업에 근무하다가 己亥년에 갑자기 외국이민을 가게 되어 주변정리를 하고 부부가 떠났는데 남편은 유학으로 박사과정을 밟고 아내는 다시 庚子년에 일시 귀국했다가 코로나가 번지면서 출국하지 못하고 <그 나라에서 입국통제로> 전에 다니던 회사에 재취업해 살고 있으나 남편과 두 자녀를 남편에게만 맡겨놓은 상황이라 삶이 불안하단다. 언제쯤 출국할 수 있는지를 물어 와서 辛丑년 운세를 위에서 말한바와 같이 내 마음대로 잘 되는 해라고 말해주었다.

지금부터는 사례 2 남편의 사주이야기를 하려고 한다.

이 사주는 여름철의 을(乙)목이라는 화초나무로 살아있는 生木으로 태어났으나 뿌리내릴 흙인 土가 없어 국내 생활 보다는 외국이 좋고 土가 많은 사람과 인연을 맺으면 좋다고 합니다.

아내인 혜 O 님이 土달인 3월에 태어나고 개 띠(戌生)생이라 개 역시 戌土라는 흙이므로 좋은 배우자를 만났다고 말 할 수 있겠습니다.

本命造 역시 정인이라는 선비글자가 월과 시에 있어 전문가로 박사로 살아가야 하는 선비의 팔자지요, 더 좋은 것은 사왕지(四旺地)라는 자오묘유(子午卯酉)가 사주 아래지지에 모두 모여 특별한 사주로 활동성이 강한 팔자입니다.

운의 흐름이 40대 까지 지난 30년간은 동방목운이라 하여 뿌리 내린 나무라 비교적 좋았으며 후반부 30년간 운은 북방수운이라 하여 물의 운이므로 안정되고 평안 하게 살아갈 것이다, 그러나 부목(浮木)이라 하여 뜰 부자 나무 목자로 떠도는 형상이어서 외국 생활도 좋을 것 같다. 일단 이 사주의 주인공은 선비 박사의 사주이므로 장사꾼과는 거리가 멀며 선비로 살아가야 하는데 재물에 집착하는 팔자라서 재물에 대한 욕심이 과하면 불리한 사주로 보아야 한다. 물론 재물에 집착 할 수밖에 별 도리가 없는 이유는 재물이라는 글자가 土라는 흙인데 사주에 土가 없어 유난히도 土에 집착하게 되지요, 왜냐하면 나무인 나 자신이 뿌리를 흙에 내리고 싶은 마음에서 원하고 집착하고 하다 보니 돈 돈 돈 할 수도 있겠으나 집착하다보면 토다목절(土多木折)이라 하여 乙목이라는 화초나무는 土인 흙이 많으면 흙에 파묻혀 오히려 재앙이 될 수 있다는 말이기도 합니다. 선비는 선비로서 살아가야 한다는 말도 되고요, 박사로 전문가로 자기 분야에서는 최고가 되어야 하는 팔자이고 돈보다는 명예를 먹고 살아가는 팔자라는 것도 조언해 드립니다.

지금부터는 운세 이야기로 들어갑니다.

2020년 경자(庚子)년이라고 하는 쥐 띠 해는 庚금 이라고 하는 글자는 관성으로 명예의 글자이며 子라는 쥐의 글자는 문서운의 글자로 이운이 들어오면 합격 승진 집사고 땅 사고하는 문서도 되나 관성이 문서를 달고 들어온 해이므로 명예스러운 일 박사가 되고 회사원이라면 승진 운이고 취업을 원하는 사람이라면 합격하여 취업도 되는 길운이기는 한데 그쪽(명예) 방면으로는 아주 좋지만 실생활에서는 삶이 왜 이리 고단하고 스트레스가 많으냐고 한탄해야 하는 해였습니다. 子라는 쥐가 오면 쥐는 월로는 11월의 글자로 차가운 물이며 나 자신은 을(乙)목이라는 화초나무여서 이 차가운 물의 해가 오면 수목응결(水木凝結)이라 하여 얼어서 동사(凍死)지경에 이르게 되므로 스트레스라고 말하는 것입니다.

2021년 신축(辛丑)년이라는 소 띠 해가 되면
 乙목이 辛금을 만나면 을신충(乙辛冲)이라 하여 불리하게 보지만 이 사주에서는 특별히 불리하지 않겠습니다. 시간의 丙화가 잡아주고(丙辛합)년간의 乙목이 도와주어 오히려 官운에 뿌리내리는 역할을 하게 되어 명예스럽고 안정 되는 기운이 역력합니다. 안정되고 평안한 운세가 될 것으로 보입니다.

특이한 팔자라서 고전에서 어떻게 간명하는지를 살펴보겠습니다.
[八字 提要]
乙木이 午月生이라 火氣가 왕성하고 土는 메마르니 이팔자의 용신은 壬癸水를 떠나서는 살 수 없는 명조이다. 지지에 子午冲이 되어 火는 왕성하고 水는 약하여 水가 火의 기세를 꺾을 수 없겠다. 여기에 시간에 丙화가 투출하여 乙木 일간의 기운을 빼앗아가니 뿌리가 있는 유력한 水가 나타나서 水火旣濟를 이룬다면 더없이 좋은 사주가 되겠는데 이런 상황에 土인 재성을 보는 것은 꺼리지 않지만 가능한 한 물기 있는 흙이 좋고 마른 흙은 꺼린다, 라고 되어있다. 그런데 천만 다행이도 월상에 壬수가 투출되어 비록 유력하지는 않지만 그래도 酉금의 生助로 壬수를 가히 쓸 수 있겠다.
[命理 定石]
午月의 乙木이 丙子시를 만나서 火旺 燥土하니 禾稼枯焦라하여 <생물을 심는 일에 적당한시기가 아니라는 말>癸수를 써야하나 子午가 相冲하여 火旺水弱으로 봐야 한다. 더욱 조열한 것은 丙火가 투출하여 乙木의 기운을 흩으러 놓으니 이런 경우 通根得地한 金水가 있어야 구제 되며 土가

왕성함은 크게 꺼리고 火도 역시 不吉하다.

　이런 경우 타주에 金水가 있으면 발달이요, 燥土인 戌未土는 忌神이다. 座下에 酉金을 놓아 子午相沖을 救之生之하여 凶함이 물러갔고 월간에 壬수가 투출하여 酉금의 生을 받으니 과히 水火旣濟를 이루리라.

[恩山 解說]
　다시 부연 설명하자면 午월의 乙목이 丙화가 시간에 투출하여 화기가 왕성하여도 子시를 만나고 壬수가 월간에 투출하고 일지에 酉금을 놓아 水火가 가히 旣濟의 功을 이룰 수 있어 한 폭의 그림 같은 사주이다. 일지 酉금이 子午沖을 救해내고 년지의 卯木이 일간을 도우니 허약하지 않아 역할이 잘 될 것이다. 지지에 子午卯酉를 모두 만났어도 조화를 잘 이루어 왕성한 활동으로 명성을 날리는 인물이 될 것이다.

[조언의 말씀]
無財사주로 유난히 재물에 집착 할 수 있는 명조이다. 그러나 명조의 구조로 보아 財를 추구하는 팔자가 아니다. 본명은 土에 뿌리내리고 싶어 할 것이나 만약 土가 많아지면 濁해진다. 명예를 추구하는 팔자다.
　이사주의 주인공은 은근히 목신이 많다. 처갓집이 부자이며 두 자매 밖에 없어 먼 훗날 유산도 많이 받을 수 있는 상황인데 현재 살고 있던 아파트가 사실상 장모와 공동 소유 비슷한 상황인데 그 아파트를 팔아 다른 아파트를 사 놓고 처가 몰래 외국으로 이민가려다 들통이 나서 처갓집과 등 돌리는 일이 몇 년 전에 발생했었다. 현재는 아내는 국내에 잠시 들어 왔다가 코로나로 출국을 못하고 있는 상황이며 본인은 두 아이를 키우면서 庚子年에 박사를 했다고 한다.〈乙庚合으로 官合하고 用神子水 印綬가 합격의 길을 열게 할 것이다〉

사주를 알면 인생이 보인다.
<제11제>

1964년02월17일戌시생				3	木
坤命	甲辰	丁卯	戊寅	壬戌	1	火
					3	土
수	8	18	28	38	48	58	68	0	金
대운	丙寅	乙丑	甲子	癸亥	壬戌	辛酉	庚申	1	水

自身220	食傷020	財星130	官星370
印星160	280/520	吉神 火	凶神 木

　이 사주에 卯월의 무(戊)토로 관살이 태왕하나 인수가 통기시켜 삶이 무난하겠으나 성격이 너무 정직 하고 확실하며 발설하는 기운은 적고 가주고 감추는 기운이 강하여 속병이나 화병이 발생 할 수 있거나 건강이 안 좋을 수도 있으니 매사를 긍정적으로 대하며 살아가야 할 팔자이다.

[命理 定石]
　卯月生 戊土가 壬戌시를 만나서 戌土에 通根하여 허약하지는 않으나 다시 일지에 寅목을 놓고 甲木이 年上에 나타나 辰土에 뿌리내리면서 寅卯辰 木方局을 이루어 官殺 太旺으로 변했다. 月干에 丁火가 투출되어 通氣시키니 다행이긴 하지만 金이 있어 전벌(剪伐)하면 좋겠는데 무식상이라 金水 운에 발복하는 팔자이다.

[八字 提要]
　戊土가 壬戌시에 뿌리내리고 있어 戌中丁火 印綬가 戊일간을 生하여 卯월생이라도 허약하지는 않은데 일지에 寅목을 놓고 甲木이 년간에 나타나고 辰土에 앉아 있어 官殺太旺으로 化했다. 壬수 財星이 무력하지만 시간 나타나서 역할을 하려고 하니 金水運에 발복하게 될 것이다.

[恩山 解說]

　참으로 묘한 팔자로 구성 되었다. 從殺도 어렵고 印綬通關으로 살아가야 할 것이다. 일명 官印相生이라고 하지만 근본이 官殺太旺 해서 食傷으로 조화를 이루었다면 上格이겠는데 아쉽다. 우선 官殺 太旺者는 건강문제발생 가능성이 커 장수하기 어렵고 성격이 모나 서 화합하고 배려하는 마음이 적은 것이 흠이다. 관살이 重하면 病 인데 藥인 식상이 없다는 점이 흠이다. 다행이 50대 후반부터 20년 간 식상 운으로 운행 되어 큰 어려움 없이 살아갈 것이다.

사주를 알면 인생이 보인다.

<제12제>

1991년12월23일12시생					1	木
坤命	辛未	辛丑	壬寅	丙午	2	火
					2	土
수	3	13	23	33	43	53	63
대운	壬寅	癸卯	甲辰	乙巳	丙午	丁未	戊申

수	3	13	23	33	43	53	63		
대운	壬寅	癸卯	甲辰	乙巳	丙午	丁未	戊申	2	金
								1	水

自身100	食傷140	財星260	官星200
印星200	300/600	吉神 木	凶神 土

< 자 인 이 사주>

　사주를 기록 해 놓고 보니 기의 흐름이 매우 좋은 사주구나 하 는 것이 보입니다. "사주팔자에 관인상생하고 식신생재로" 이어지 는데 단 약간 신약한 명조이기는 하지만 운이 맞아 떨어지면 부자 도 될 수 있는 명조입니다.

[命理 定石]
丑월은 겨울의 끝 계절(季冬)로 壬수는 水土가 凍結되는 형상인데 丙午시 를 만나서 일단 寒氣를 溫氣로 바꾸어 나쁘진 않으나 일지에 寅목을 놓아 洩氣가 강하므로 金이 있어 일주를 도우면 길이 되고 대운이라도 金운이 좋다. 년 월간에 雙辛金이 나타나서 생기발랄하다.

[八字 提要]

丑月의 壬水는 季冬으로 水土가 凍結된 상태다. 다행이 丙午시를 만나서 寒氣는 면했다. 모든 사물은 氷點이 되면 生氣를 잃게 되는데 태양 丙火가 뜨고 지지에 午화가 祿根되어 빛이 나고 천지사방에 오행의 生氣가 일어난다. 태양을 어둡게 하는 것은 土인데 인목이 소토하고 있어 좋다.

[恩山 解說]

위에서 밝혔듯이 이 사주는 생기발랄한 四柱로서 사주인 네 기둥이 튼튼하고 관인상생(官印相生)에 식신생재(食神生財)까지로 이어지는 생생불식(生生不熄)으로 좋은 사주에 해당한다.

대운까지 東南方木火운으로 흘러 한층 더 맑고 막힘없는 명조로 이어진다. 더 깊이 분석해 보자면 丑未土가 있어 丙화를 어둡게 할 가능성에 대하여는 寅午 火局을 이루면서 생기를 불러 넣어주고 丙辛合하려는 것을 丙壬沖으로 막아버리니 오행 가가자의 역할이 잘 되는 것이다. 그래서 淸格의 팔자로서 막힘없는 삶을 살게 된다.

이런 사람은 상업성도 뛰어나고 기획력도 좋아 직장인으로 살던 사업가로 살아가든 자신의 역할을 잘 하게 된다.

[사실관계]

평범한 가정에 1男 2女中 둘째 딸로 태어나서 현재 친구와 동업으로 장사를 하는데 아주 잘한다고 한다. 돈 버느라 남자친구 사귈 생각을 안 한다고 엄마가 걱정할 정도로 열심히 살아가고 있다고 한다.

사주를 알면 인생이 보인다.

〈제13제〉

1995년 09월 28일 오시생					3	木
乾命	乙 亥	丁 亥	乙 卯	壬 午	2	火
					0	土
수대운	4 丙戌	14 乙酉	24 甲申	34 癸未	44 壬午	54 辛巳	64 庚辰	0	金
								3	水
자신390	재능170	재물030	관성000
인덕310	700/200	길 木火	흉신 水

위 남명(男命)은 신왕(身旺)하면서 삼신상생격(三神相生格-水木火 밖에 없는 사주)으로 구성 되고 목화통명(木火通明)되는 명조여서 잘 살아갈 수도 있으나 운이 나쁘거나 당년당년 만나는 세운이 나쁠 때는 사정없이 무너질 수도 있는 사주여서 직업선택도 잘 해야 되고 배우자 운도 안 좋아서 결혼문제도 염려되고 직업운도 안 좋아 전문가로 잘 선택하지 않으면 떠돌이 인생처럼 한곳에 정착하지 못하고 유랑객처럼 살 수도 있어 젊어서부터 진로라든지 직업성 또는 이성 인연 등에 각별한 신경을 써야 하는 팔자입니다.

그러므로 사주를 알면 삶을 바꿀 수도 있답니다. 안 좋은 점은 스스로 바꾸고 부족한 부분은 자신이 보충하면서 살아가야 합니다. 그래서 부족하고 안 좋은 점 등을 보충하는 것으로 이름을 사주에 맞게 작명하여 불러준다면 더 좋고 아름다운 삶을 살아갈 수 있답니다.

이름은 몸에 맞는 옷을 입히는 것과 같습니다. 몸에 맞는 좋은 옷은 어울리고 폼이 나듯이 이름을 사주의 격에 맞게 잘 지어주면 무병장수 하고 성공도 지름길 같이 빠르게 성취됩니다. 그래서 이름은 사주의 그릇에 맞추어 지어야 하는 것입니다. 이 젊은이의 사주 가운데 목(木)의 기운이 강한 것 같지만 온실 속의 화초와 같고 (물이 사주에 많아)흙이 없어 뿌리내리지 못하고 金이 없어 다듬어주지 못함으로 이름을 지을 때 부족한 부분을 보충하여 작명한다면 반드시 이름값을 하는 인생을 살아가게 될 것입니다.

[命理 定石]
亥월은 乙목이 壬午時를 만나서 일주도 인수도 兩旺하나 冬木은 특히 水를 꺼리는데 그 이유는 浮木될까 두려워서이다. 시지 午화가 돕고 월간 丁화가 떠서 火는 약하지 않은데 년지에서 亥수를 다시 보니 土가 있어 막아주어야 하므로 이 사주는 火土가 용신이다.

[八字 提要]
亥月의 乙목이 壬午시를 만나서 身主와 印綬 모두 왕성하다. 겨울의 木은 水가 투출하는 것을 싫어한다. 水가 너무 왕성하면 木이 뜨기 때문에 꺼린다. 그러나 午시가 찬 기운을 충분이 제거하고 木의 기운을 따뜻하게 하여 좋다 다행이도 丁화가 월간에 나타나서 좋긴 한데 다시 亥수를 년지에서 만나서 浮木 될까 두렵다.

[恩山 解說]
　한마디로 말하면 木火通明의 사주로서 좋게 볼 수도 있겠으나 자세히 살펴보면 그렇지도 않다. 혹자들은 從旺格으로 木을 좇아 從했다 하여 從格으로 볼 수도 있겠다.
　그렇다면 운에서 金운을 만나면 불리하다 木으로 從한 경우 木을 극하는 金운을 꺼리는데 33세 대운까지 金운이 든 상황이다. 34세부터 30년간 남방화운이 드는데 이때에는 크게 발복하게 될 것이다
　그러나 자연의 형상으로 살펴보면 좀 다른 각도로 보아 浮木 될까 두려우니 土를 써서 뿌리 내리게 한 다음 火로 설기시키면 만사 형통하지 않을까, 설영 그렇지 않더라도 사주에 부족한 기운과 필요한 오행을 부조한다는 의미에서 이름에서 보충하고 생활습관이나 살아가는 과정을 좀 더 火土의 기운을 보충한다면 더욱 발전이 있을 것이다. 이로운 숫자는 2자와 7자이고 재물의 숫자는 0자와 5자가 되는데 이수를 행운의 숫자라 하여 사용하면 좋아진다고 한다.

사주를 알면 인생이 보인다.
<제14제>

34세.1988년07월19일19:40분					0	木
乾命	戊辰	庚申	丁巳	庚戌	2	火
					3	土
수	3	13	23	33	43	53	63	3	金
대운	辛酉	壬戌	癸亥	甲子	乙丑	丙寅	丁卯	0	水
자신180	재능/ 260	재물350	관성090
인덕020	200/700	吉 木火	凶 金

사주와 운세이야기

위 남성의 사주는 용띠해인 戊辰년 초가을철인 금왕절(金旺節 申月)에 태어난 정(丁)화라는 작고 뜨거운 불로 이른 저녁 시간인 술(戌)시에 태어났습니다. 本命은 오행전구(五行全具)는 편고 된 사주로 3神 相生格으로 食傷生財格으로도 볼 수 있고 財多身弱으로도 보아야 하는 팔자이다.

[命理 辭典]

申月의 丁화가 戌시를 만났으므로 庫藏地요, 庚金財는 申에 祿이 되여 金旺火弱한 형국인데 自座 巳火를 만나서 身虛는 면했다지만 戊辰戌 3土 상관이 어둡게 하여 晦氣無光으로 無力하여 동남방 木火運을 기뻐한다.

[八字 提要]

丁화 일간이 庚戌시를 만나서 庚申月에 祿根으로 쇠약한 丁화일간에 비교하면 輕重의 차이가 심하다. 印綬인 甲木이 가을의 丁火에겐 필요한 기운이어서 없어서는 안 될 상황이다. 다행인 것은 일지에 巳火를 놓아 身虛는 면했다. 궁통보감 三秋丁火에 "借丙暖金晒甲 不盧丙奪丁火"라 하여 이 글에 이르기를 丙화 겁재로 金재성을 따뜻하게 하고 甲木 정인을 말리면 丙화인 태양이 丁화인 촛불을 빼앗을까봐 열려할 필요가 없다고 했다.

이 말은 가을철의 丁화는 丙화를 우선 차용하고 甲목으로 보좌하더라도 丁화가 丙화로 인해서 불빛을 빼앗길까 염려하지 않아도 된다는 말로서 木火가 반드시 필요함을 강조했다.

[恩山 解說]
　위 고서에서 말했듯이 가을철 寒氣가 발생하는 계절이고 土金 의 기운만으로 구성 되어 일지 巳中丙火가 천군마마나 다름없는 존재라는 말이고 甲목이 있어 疎土하고 引火하면 좋겠는데 甲목이 보이지 않아 걱정이다. 辰中乙木에 의지 하지만 力不足이다. 이 사람의 사주를 보면 傷官生財하고 싶은 마음이 많아서 직장인으로 살아가기는 힘겹겠다. 운세의 흐름으로 보아 40대까지는 官운으로 흐르니 직장생활이 좋고 50대 초반 東方木운에 사업이나 상업을 하면 부자가 될 수 있겠다. 그런데 분수를 잘 알지 못하여 자신의 비상한 머리만 믿고 헛발질을 하는 것이 안타까울 뿐이다.

여기서 지금까지 어떤 일들이 벌어졌는지를
살펴 볼 필요가 있다.

　부모님의 덕으로 좋은 대학졸업하고 대기업 사원으로 입사하여 촉망받는 젊은이였는데 사업한다고 회사를 그만두고 게스트를 운영 하다가 실패하고 다시 취직자리를 찾아 헤매다가 새마을금고에 입사하였으나 마음에 차지 않아 庚子년 12월 戊子월에 퇴직하고 공부 좀하여 좋은 직장에 가겠다고 한단다.

　어머님께서 상담의뢰 하였는데 걱정이 태산 같다고 하시어 어차피 辛丑년은 쉬어가며 공부하는 해이고 壬寅년에 좋은 결과 온다고 위로의 말을 전하였다.
　庚子年은 金水 忌神運으로 官殺이 三合局을 이루어 七殺로 변하여 직장에서 나오게 되었고 辛丑년 역시 辛金은 丙火를 잡고(丙辛합) 丑토는 식신이지만 설기로 晦氣無光 되어 불리한 해여서 이런 해는 쉬어가는 해이고 壬寅년은 丁火가 丁壬 합도 되지만 寅中甲木이 寅申沖하면서 나타나서 丁火를 돕게 되어 길한 해로 좋은 직장에 들어가 승승장구하게 된다.

사주를 알면 인생이 보인다.
<제15제>

1975년음03월24일묘시생				3	木
坤命	乙卯	庚辰	辛亥	辛卯	0	火
				1	土
수	1	11	21	31	41	51	61	3	金
대운	辛巳	壬午	癸未	甲申	乙酉	丙戌	丁亥	1	水
自身300	食傷130	財星370	官星000
印星100	400/500	吉神 金	凶神 木

    1975년 토끼 띠 해 늦은 봄철 목왕절(木旺節)의 신(辛)금이라는 보석 같은 金으로 이른 아침 시간인 卯시에 태어났습니다. 사주팔자 즉 여덟 글자가 고르게 다 갖추지는 못했어도 기의 흐름이 좋고 조화를 잘 이루고는 있으나 무관사주에 일지상관을 놓아 남편 덕이 적고 일부종사가 어려운 팔자이므로 노랑이나 연하와 인연이 있는 팔자이며 상관생재 하는 팔자여서 자영업을 하면 부자로 잘 살 수 있답니다.

    "사주팔자에 겁재성이 강하고 재성이 많아 신왕재왕에 상관생재(身旺財旺에 傷官生財)로 돈복은 있으나 만고풍상을 다 겪으며 살아야 합니다. 乙酉大運 말에 신상에 큰 변화가 감지되는 팔자지요(乙辛沖, 卯酉沖)마음을 비우고 모든 것을 내려놓고 살지 않으면 손재수도 보이고 이별의 아픔도 있는 팔자입니다.

[命理 辭典]
辰월의 辛금이 辛卯시에 태어나서 생기를 얻음과 동시에 일지에 亥水상관을 놓아 亥卯合財局을 이루어 재물은 창성하나 月上에 겁재가 뜨고 乙庚卯辰으로 합을 이루니 身旺財旺 이라 좋아 보이나 軍劫爭財도 하면서 살아가야 하는 팔자이다.

[八字 提要]
일간 辛금이 時上 辛금 형제를 만나서 도움이 되고 진월은 정인이지만 水庫지로 생기를 얻으며 일지에 亥수 상관을 놓아 傷官生財도 하면서 亥卯 합으로 財局을 형성한다. 月上에 庚金 겁재가 뜨고 年干에 乙木과 합하여 金을 만들어 比劫이 重重하고 재성 역시 태왕하므로 재물과 인연이 있는 팔자이다.

[恩山 解說]
위 두 고전에서 밝혔듯이 이사주의 주인공은 일간이라는 자신의 힘이 흘러 넘쳐나며 재물도 많이 타고났는데 아주 조화를 잘 이루어서 재물을 내 마음대로 활용 할 수 있는 본복은 있으나 無官四柱에 辛금이 시간에 나타남은 내 남자 丙화를 丙辛 합으로 나꿔 채가는 형상이라 일부종사가 어렵고 합이 많아 정조관렴이 약한 것이 흠이다. 이런 사주를 가진 자는 10세 이상 나이 많은 남자나 연하의 남자와 인연을 맺으면 좋다.

[사실관계]
초혼은 실패하고 7세연하와 7년 동안 동거 하였는데 이제 그만 살자고 한답니다. 그 남자의 사주는 壬戌 戊申 辛巳 庚寅으로 삼형살을 놓고 비겁이 중중한 팔자입니다.

일단 궁합 적으로는 잘 맞지 않다고 단정적으로 말해 주었으며 庚子년 운은 남자 빼앗기는 해이니 참고하라고 말해주었습니다.

주를 알면 인생이 보인다.

<제16제>

1962년04월15일酉시생							2	木
坤命	壬寅	乙巳	丙辰	丁酉			3	火
							1	土
수	4	14	24	34	44	54	64	1	金
대운	甲辰	癸卯	壬寅	辛丑	庚子	己亥	戊戌	1	水

자신330	재능/ 110	재물160	관성130
인덕170	500/400	吉 水金	凶 木火

사주와 운세이야기

위 여성의 사주는 초여름철인 화왕절(火旺節 巳月)에 태어난 병(丙)화이라는 하늘의 태양화로 이른 저녁 유(酉)시에 태어고 일지에 다시 辰土를 놓아 신왕재왕(身旺財旺)한 명조인데 다만 물인 水의 기운이 약하여 대운이 金水운으로 흐르면 좋습니다. 그런데 초녀운이 東方木운으로 흘러 좋은 사주를 가지고 태어났음에도 불구하고 진로가 좋은 쪽으로 들어서지 못했을 것입니다. 사주의 구성상 큰 인물이 될 좋은 팔자에 기의흐름 역시 좋아 비록 큰 인물은 못되었지만 여성의 명조로는 출세가도를 달렸을 것이고 활동성이 강한 사주입니다.

[命理 辭典]

巳月의 丙화가 丁酉시를 만났으니 3火1金으로 身旺財弱한데 다행이도 일지에 辰土를 놓아 辰酉금 巳酉금會局으로 재성이 강해지면서 金이 用神이며 水 역시 喜神이다. 辭典에 이르기를 금이 왕성해지면 吉하고 水가 있어 더위를 식혀주면 功이 武官이라고 하였으나 干支에 乙寅木이 있고 年干에 壬水가 떴어도 조열하다. 그러나 通氣가 잘 되어 좋은 사주로 구분된다.(천간은 水木火로 지지는 木火土金으로 相生됨)

[八字 提要]

巳月의 丙火가 丁酉시를 만나서 비겁이 3개나 되고 금재성은 1개 밖에 없어 신왕재약하지만 사유가 합을 하여 재성이 허약하지는 않다고 기록하였고 여름 火는 관살인 水가 생으로 삼는다고 했으니 이 말은 조후를 중요시 한 것으로 사료 되고 명조에 수 관살이 보이면 윤택해지고 金재성이 水를 生하면 身殺糧停으로 아름다움에 이른다고 기록 되었으니 本名造는 조화를 이룬 吉茗으로 분류된다.

[恩山 解說]

위 두 고전을 참고하여 다시 명조를 해설하자면 사주의 구성은 매우 아름답고 조화로우나 초년 운이 안 좋아서 큰 인물은 못 되었어도 인간으로 태어나서 사람구실을 하면서 열심히 살아가는 팔자라고 보여 진다. 만약 대운의 흐름이 좋았더라면 문무관을 겸비한 검 판사나 장군으로 출세 가도를 달렸을 것이지만 그러지는 못했을지언 정 자기 직업에서 항상 수장노릇을 하는 사람으로 살아왔을 것이다.

여기서 지난 과거에 어떠한 일들이 벌어졌는지를 살펴 볼 필요가 있다.

이 여성은 주간신문사에 대표로 재직중인사람이다. 본인의 말에 의하면 조부께서 이사람 어렸을 적에 술사에게 사주를 봤는데 큰 인물로 출세 할 수 있는 팔자라는 말을 듣고 여러 형제 중 유독 자신에게만 큰 배려를 하여주어 대학까지 무난히 졸업하고 언론사에 입사하게 되어 현재 월급사장으로 재직한다면서 금년도 재벌회사에서 주간 신문사를 인수 합병했는데 신분보장이 잘 될지에 대하여 상담 온 고객이다.

이정도면 여자사주로는 좋다고 볼 수 있을 것이며 팔자대로 살아 온 것이라고 봐야 한다. 다만 위에서 지적했듯이 초년대운이 印綬 운이라 공부는 열심히 했어도 忌神運이라서 진로가 바뀌었을 뿐이다.

그렇다면 지금부터 庚子年과 辛丑年의 두 해에 대한 세운감정을 자세히 하여보겠다.

2020(庚子)년 운세
己亥대운 庚子년 이라면 나쁜 운은 아니다. 土金水운은 대체적으로 좋다고 보아야 하기에 큰 이변은 없다고 봐야 할 것이다.
2021(辛丑)년 운세는 丙辛합으로 자신의 역할이 없어지는 해이기도 하지만 巳酉丑金局을 형성하니 돈 문제가 발생하여 혹시 퇴직금이라도 받는 거 아니냐고 했더니 庚子年에 인수 합병하면서 정산처리 되었다고 한다. 庚子年 역시 官이 뜨고 재가 나타난 걸로 보아 돈 생기는(편재-목돈) 운이었다. 그렇다면 식상 즉 식솔 수하 부하들로 인한 문서가 변하는 운이니 부하들의 난즉 부하들로 인하여 어려운 일이 발생 할 수도 있는 운으로 보아야 할 것이다.

경기도 파주에서 물어물어 찾아오신 ㄴ 보살님(84세)께서
아들의 사주를 좀 봐 달라고 의뢰하여 사주를 뽑으면서
보살님 관상을 슬쩍 보니 자손 덕은 없겠는데 장수는 하시겠네,
라는 생각이 들었는데 그것이 적중하였다.

주를 알면 인생이 보인다.

<제17제>

1967년06월15일10시생					1	木
乾命	丁未	丁未	丁亥	乙巳	4	火
					2	土
수	5	15	25	35	45	55	65	0	金
대운	丙午	乙巳	甲辰	癸卯	壬寅	辛丑	庚子	1	水
자신410	재능/ 170	재물030	관성070
인덕220	630/270	吉 金水	凶 火土

사주와 운세이야기

위 남성의 사주는 양띠해인 丁未년 丁未월 丁亥일 乙巳시에 태어나서 화왕절(火旺節)에 태어난 정(丁)화라서 火土重濁 사주로 구성 되었다. 本命은 오행이 뭉쳐(五行重疊)서 편고 된 사주로 無財에 官殺이 無力한 6 : 1 로 구성된 팔자로 대운마저 火木운으로 54세까지 흘러 불리하였고 55대운부터 北方水운이라서 안정되고 평안한 삶을 살아갈 것이다.

[命理 辭典]

未月의 丁화가 乙巳시를 만났으므로 身旺印星旺으로 볼 수 있으나 身印 兩星이 以旺非旺이다. 이 말은 강한 것 같지만 乙목은 巳화에 極洩되고 丁화는 未토에 설기되어 하는 말이다, 그런데 局勢가 極燥하니 旺弱을 떠나서 壬癸 庚辛이 있어 解熱해야전국이 病을 恢復할 것이므로 調候가 急先務인 四柱이다.

[八字 提要]

丁화 일간이 乙巳시를 만나서 乙목은 巳화에 丁화는 未토에 印比가 왕성 한 것 같지만 왕성하지 않다.(身旺食傷旺) 어쨌든 이런 경우 火炎燥土하니 壬癸水로 潤澤하게 하고 병이 중하면 우선 약이 있어야 하며 사주를 논할 때 가장 중요한 것이 調候인 것이다.

[恩山 解說]

위 고서에서 말했듯이 사주의 흐름은 대강 알겠는데 사주를 간명할 때에는 어떤 식으로 설명해야 할지에 대하여 생각해 보기로 하자,

어머니께서 상담의뢰 하였으므로 어머님께는 대단히 미안한 말씀이지만 이아들 때문에 오장육보가 다 썩어들어 갈 정도로 애간장 태우며 살았는데 이제 고생 다 하셨습니다. 55세 대운부터 운이 좋아져서 사람이 달라질 운이랍니다. 라는 전제 조건을 붙여 안심시켜 놓고 이아들은 이런 사람으로 이렇게 살아왔을 것이다, 라고 하면서

첫 성정에 관한 것은 자기 마음대로 살아가는 사람, 통제 불능인 독불장군 형이다.〈비견겁재성이 강해 아집성이고 식신이 잘 발달되어 자기식대로 살아가는 사람, 水가 있으나 火多水渴이므로 통제 불능, 독불장군〉
[사실관계] : 실제로 부모말도 안 듣고 자기식대로 살아왔단다.

둘째 사람으로 태어나면 결혼적령기에 결혼해서 알콩달콩 살아가면서 자손 키우고 돈 모아 살림 늘리며 살아가야 사람의 도리를 하는 것인데 이 사람이 만약 일찍 결혼 했다면 벌써 한두 번 이별을 아픔을 겪어야 했을 것이고 아마도 아직 미혼일 가능성이 크며, 돈 버는 기술자이긴 한데 돈이 모아지지 않고 낭비벽이 심했을 것이다. 〈결혼이 잘 안 되는 것은 無財사주이면서 火土重濁이라 財인金이 들어오지 못했을 것이고, 운 역시 현재까지 木 火운이라 재성인 金이 적지에 임한 관계이며, 배우자궁이 沖殺을 먹어 깨질 가능성도 보였다, 식상이 강해 돈 버는 기술은 좋다고 말한 것이고 저축이 안 되는 것은 火가 많아 金인 재물이 녹아 없어진 형상이라 한 말이다.〉

[사실관계] : 아직 미혼이며 돈은 그런대로 버는데 술 먹고 헤프게 써서 모은 돈이 없단다.

　셋째 직업성이 약하여 이런 사람은 기술자로 살아가야지 일반보통사람으로 살아간다면 이동이 잦고 정년하기 어려울 것이며 직업 역시 좋은 직장이 아니 잡일이고 앉아서 하는 일보다 움직이면서 하는 막노동이 맞는데 이런 사주를 가진 사람이 현재 어린 학생이라면 면허나 자격증을 가지고 살아가야 한다고 강조 했을 것이다. <식상이 강하하면 관성이 약해지기에 하는 말이고 식상은 기술자로 손재주 기획력 창의력이 탁월하며 특히 관성인 亥수가 沖을하고 있어 무력하며 역마성이 강하면서 沖 했으니 움직이는 직업이 라고 말한다.>
[사실관계] : 전기기술면허도 가지고 있지만 적성이 맞지 않는다고 하지 않으면서 일반 잡부같이 매형 철근공사 작업장에서 운반책으로 일한단다.

　넷째 결혼은 늦게라도 할 수 있는지 에 대하여 물어 오셔서 여자는 없지는 않겠는데 여러 가지 여건상으로 처녀 장가가는 것은 불가능 할 것이고 나이나 조건이 흡족하지 않더라도 조건 따지지 말고 결혼 했으면 좋겠고 결혼성사만 되면 좋은 아내이다, 라고 조언해 주었다. <巳中庚金 財星이 암장 되어 숨겨놓은 여자로 본 것이고 沖으로 깨졌으니 조건 안 좋다고 한 것이고 그래도 결혼하면 안정되고 신상이 좋아진다고 한 것은 배우자 궁에 조후용신이 앉아있기에 한 말이다,>
[사실관계] : 모친의 말에 의하면 11세연상인 丙申생 연상여인과 인연을 맺아 결혼식은 안 하고 혼인신고 까지 하고 그냥사귀는 상황인데 그 여자가 인연이 되는지 궁금하단다.

　결론적으로 모든 것이 사주팔자소관이니 그리 않고 앞으로 운의 흐름이 北方水운으로 좋아지므로 매사가 좋은 쪽으로 발전할 것이라고 위로의 말을 하면서 팔자도 참 더러운 팔자도 다 있다는 것을 실감했다. 그 여인의 命式은 丙申 辛丑 壬寅으로 丁壬合 띠咳 합으로 묶여 쉽게 헤어지지도 못할 것이며 이 사람들은 하루는 구름 끼고 그다음에 비가오고 또 다음날에 맑게 개이고 날씨처럼 하루는 좋다 또 싸우고 좋아지며 그런대로 살아갈 것이라고 말해주었다.

사주를 알면 인생이 보인다.
<제18제>

1938년11월15일신6시생				3	木
坤命	戊寅	甲子	壬寅	戊申	0	火

수	19	29	39	49	59	69	79		2	土
대운	壬戌	辛酉	庚申	己未	戊午	丁巳	丙辰		1	金
									2	水

自身330	食傷200	財星060	官星260
印星050	380/620	吉神 火	凶神 水

<은인을 만난 노인의 사주>

　양팔통 사주에 子월의 壬수로 식상이 태왕하고 인수가 무력하니 삶이 고달프겠으나 일복은 타고나서 젊어서부터 쉴 새 없이 일했을 것이며 관성이 고립되고 허한데 충살까지 먹어 청춘과부를 면할 길이 없었겠다. 겨울철 물이 나무를 키워야 하니 얼마나 힘겹고 심신이 고달프고 고생이 많았겠으나 이 사주는 중년이후 南方火운에 발복하는 팔자이며 무병장수하는 팔자요, 식상이 발달되고 재성이 암장되어 보이지 않는 돈이 많은 사주이다.

[命理 辭典]
子월에 태어난 壬수가 戊申시를 만나서 得令하고 申辰會局하여 身旺하므로 時上戊土로 堤防을 쌓아야 할진데 申금에 설기되어 제방능력이 없으니 지지에 土가 있고 火가 나타나서 녹여주면 上格이겠는데 自座寅木을 놓고 다시 년 월간지에 寅목이 나타나서 비록 年干에 戊土가 나타났어도 역시 孤立된 土라서 무력하니 火운을 만나면 발복할 것이다.

[八字理 提要典]
子月에 출생한 壬수라서 羊刃殺로 일간이 강하다 戊申시를 만났으니 언뜻 보면 戊土가 제방을 쌓아줄 것 같지만 申금에 설기되어 무력한 관살이 된다. 그런데 일지에 寅목을 놓고 다시 甲寅목이 년 월간지에 나타났으므로 아무 일도 이루지 못하는 파격의 사주가 되어 힘든 삶을 살게 된다.

[恩山 解說]

　위 두 학술 서에서 말했듯이 이 사주는 겨울철 壬水가 食神木이 태왕 하여 겨울나무를 키우는 사주인데 火는 없고 凍土凍水로 나무를 키워야 하니 얼마나 힘든 삶을 살아왔을 것인지 가히 고달팠던 지난날들이 주마등처럼 스쳐간다. 관살이 무력하여 남편복은 없고 어찌 보면 食神 子孫 木이 희신 같아 보이지만 도움이 안 되는 木이니 자손복도 없을 것이고 부부인연은 배우자궁이 충살로 沖去된 상황이니 일찍이 과부팔자였을 것이니 가히 그의 삶을 짐작하고도 남음이 있다. 다만 사주의 구성으로보아 파격임은 분명하지만 대운에서 南方火운이 노년을 기다리니 말년의 삶은 순탄하리라.

　本命은 火土운에 發福할 것이며 丁巳大運中에 貴人을 만나고 丙辰大運에는 萬事亨通할 것이다. <丁巳運은 丁壬合 귀인을 만나는 운이고 巳가 寅巳申 三刑을 하지만 고달픔 속에 기쁨이 있는 형상이며 丙辰대운에 좋다는 이유는 丙화로 추위를 녹이고 土로 제방을 쌓고 食神목이 뿌리내리고 꽃이 활짝 피는 형상이니 어찌 기쁘지 않겠는가.

[사실관계]

　일찍이 결혼하여 아들 둘을 낳았으나 하나는 일찍 여의고 남편은 40대 후반 사별하고 청춘과부로 안 해본일 없이 궂은일 다하면서 아들하나 바라보고 살았는데 아들여석은 50이 넘도록 독신으로 살고 斗酒不辭에 막노동하며 살아간단다. 그런데 기가 막힌 일이 발생했답니다. 丁巳大運中인 70대 초반에 환자 병간호하는 일자리 구해 그 환자를 지극정성으로 돌봤는데 그 남자환자가 연금을 많이 받는 독신 남자이었답니다. 아내와는 이혼하고 아들딸들은 장성한지라 부친 간호를 소홀히 하던 중 이 여자분의 지극정성으로 간호해주는데 감동하여 아들딸들의 반대에도 불구하고 혼인신고를 하고 나는 내 살아있는 동안 이 여자에게 의지해 살아가겠다고 공포하였는데 그 후 몇 달 살지 못하고 세상을 마감하게 되어 현재 매월 일백 사십여 만원씩 꼬박꼬박 연금을 받아 부자 부럽지 않게 살아간단다. 이런 경우는 전설 같은 이야기이지만 실제 있는 상황이다.

사주를 알면 인생이 보인다.

<제19제>

40세, 1992년08월21일07시생							2	木
坤命	庚申	乙酉	乙巳	庚辰			1	火
수	7	17	27	37	47	57	67	1	土
대운	甲申	癸未	壬午	辛巳	庚辰	己卯	戊寅	4	金
								0	水

自身200	食傷050	財星110	官星480
印星060	260/640	吉神 金	凶神 火

<從 殺 格 四柱>

이 사주는 酉월 乙목이 庚辰시를 만나서 乙庚합하고 일지에 巳화 傷官을 놓아 辰酉 巳酉합하니 全局이 金局을 형성하여 從殺格으로 본다.

[命理 辭典]
酉월 乙목이 계춘(季春)여기가 辰에 있어 木기가 약한데 庚辰시를 만나 辰酉合金에 庚금이 時干에 나타나서 乙庚合化金 하면서 일지에 巳화가 있으나 巳酉合金하고 月干의 乙木 역시 年干의 庚금과 乙庚합하여 전체가 金으로 化하니 從殺格으로 변했다. 陰柔乙木이라 從化가 잘되니 金土水 운은 吉하고 火운은 不吉이요 특히 甲목은 化神 庚금을 沖하므로 不吉하다.

[八字 提要典]
酉月의 乙木일간이 庚辰시를 만나서 辰中乙木이 있으나 乙목의 뿌리는 지극히 약하다. 일지에 巳火를 놓아 巳酉 辰酉 合金 으로 金氣가 월령을 차지하여 合化金으로 변할 수 있는데 年月干 역시 다시 乙庚합하여 金이 전체를 이루니 從殺格이 된다.

[恩山 解說]
이 사주는 從殺格이 틀림없다, 이 좋은 化氣格에 運路가 매우 불안하다. 壬午大運이 불길하여 초혼은 실패하고 재혼하였고 현재 보험업에 종사하면서 살아간다. 辛巳대운은 그래도 巳火가 巳酉合으로 무난한 편이다.

종격(從格)
종격(從格) 확실히 알고 갑시다.

종격(從格)이라함은 일주가 뿌리도 없고 의지할 곳도 없어 柱中의 旺한기운을 따라간다 하여 좇을 종(從)자를 써서 從格 그러는데 이는 柱中에 인수나 비견겁재가 없어야 하고 또 있다하여도 피상(被傷)되어 일간에 전혀 도움이 되지 못할 때에만 從格이 된다.

· 從 : 日主가 無根으로써 의지할 곳이 없어서 柱中의 旺者에게 따라 간다는 것이다. 고로 肩劫이나 인수가 없거나, 있어도 파극 되어서 일간에게 도움이 되지 못할 때에 비로소 從이 된다.
 비유하자면 고아가 남의 집에 입양되어서 평안하게 지내는 것과 같다
→ 木이 旺하면 木으로 從하고
　火가 旺하면 火로 從하고　　　　木火가 왕하면 木生火로써
　土가 旺하면 土로 從하고　　　　결국은 火로 從하게 되는데
　金이 旺하면 金으로 從하고　　　만약 木이 火보다 태왕하면
　水가 旺하면 水로 從하고　　　　木으로 從이 된다.

💡 從에도 종류가 있다.
 ① 日主가 허약해서 따라가는 從이 있고
 ② 패턴으로 따라가는 從이 있다.
　　· 종아격(학교, 연구기관),
　　· 종재격(富:식상이 있거나, 財生官이 되어야 좋은 사주이다)
　　· 종살격(貴:財星이 있어야 좋은 사주이다)
　　　　인수, 비겁이 없어야 한다.

사주를 알면 인생이 보인다.
<제20제>

1973년10월30일술시생					2	木
乾命	癸丑	癸亥	甲子	甲戌	0	火
					2	土
수	6	16	26	36	46	56	66	0	金
대운	壬戌	辛酉	庚申	己未	戊午	丁巳	丙辰	4	水

自身260	食傷030	財星100	官星050
印星460	720/180	吉 火土	凶 水

<대구학인 장 O 갑 님의 사주>

　　1973년 소띠 해 계축(癸丑)년 초겨울인 해월(亥月)의 갑자(甲子)라는 쥐날 술시(甲戌時)에 태어났으며 亥子丑 方合 水局을 이룬 팔자여서 사업이나 상업보다는 교육자나 연구원 등으로 진출하면 출세하는 사주지요, 다만 운의 흐름이 초년에 안 좋아 진로가 잘 결정 되지는 못했을 것이고 무관사주(無官四柱)이지만 청년기에 관운(官運)으로 흘러 좋은 직장에서 근무 하게 될 것이고 그러나 정년하기는 힘겨운 팔자이니 자신의 피나는 노력이 필요 할 것이다.

[命理 定石]
亥月의 甲子일주라서 한목(寒木)으로 水는 꺼리는 것이 명리학설의 통례인데 다행히도 甲戌時에 태어나서 戌中에는 丁戊가 10월 甲木을 따뜻하게 하고 時上 甲木 비견이 일간을 부조(扶助)하니 이 사주는 火土를 만나야 발복하고 金水를 꺼린다. 그런데 年柱의 癸丑과 月上에 癸水가 떠서 인수태왕(印綬太旺)으로 火土는 약신(藥神)이요, 운은 남방화운(南方火運)이 길하다.

[八字 提要]
대체적으로 겨울나무는 水를 꺼리고 土를 기뻐한다고 명리학자들은 말한다. 丑年 亥月 子日 甲木이라서 甲戌時를 만난 것이 묘하다. 戌土는 조토(燥土)로 水를 제거하고 木을 배양하는 기운이 강한데 그 이유는 戌中丁戊가 암장(暗藏) 되어 있기 때문에 甲木을 밝히는 것인데 나머지 팔자에

金水를 거듭 보면 토를 습하게 만들고 화를 극제(剋制)하니 흉하다, 그런데 年 月上에 癸水가 쌍으로 떠서 염려되나 다행이도 운이 남방화운으로 흘러 흉을 막아준다.

[恩山 解說]

위 두 학술서 에서 밝혔듯이 이사주의 주인공은 사주에서 亥子丑 水方局이 형성되고 년 월간에 雙癸水가 투출되어 印綬太旺한데 甲戌시를 만나서 戌土로 제방을 쌓고 甲木 比肩으로 洩水 하며 戌中丁火가 따뜻하게 하니 아내의덕이 있고 형제가 돈독하며 자손이 창성 할 것이다. 대운의 흐름이 좋아 그래도 서방금운에 좋은 직장 얻어 열심히 살아가겠으나 정년은 어렵겠고 중년 이후 南方火運에는 축적된 지식을 활용하며 살아야 할 것이다.

이사주의 주인공은 대구에 살고 공기업에 근무하면서 노후를 준비하기위해 역술공부를 한다고 한다, 아래에 기록한 사례2의 주인공과 사주가 유사하여 비교분석해 보기로 했다.

乾命	癸丑	癸亥	甲子	甲戌
수	6	16	26	36	46	56	66
대운	壬戌	辛酉	庚申	己未	戊午	丁巳	丙辰

	木		2
0	火	0
2	土	2
0	金	1
4	水	3

乾命	壬辰	辛亥	甲子	甲戌
수	8	18	28	38	48	58	68
대운	壬子	癸丑	甲寅	乙卯	丙辰	丁巳	戊午

<사례1 역술 공부하는 장 씨 命造>   <사례2 역술업을 하는 이씨 命造>

위 두 사주를 바라보고 있노라면 거의 같은 명조임을 확인 할 수 있다. 壬辰과 癸丑 水土의 기운이지만 물이나 다름없고 癸亥와 辛亥가 다른 것 같지만 역시 金水로 물에 가깝다, 그러므로 년 월주는 거의 유사 하고 일 시주는 똑같으며 운의 흐름 역시 순행과 역행으로 엇갈려 흐를 뿐 중년인 40대 운부터는 같은 기운으로 흐른다고 보아야 한다. 그렇다면 이 두 분의 삶은 어떠했을지 궁금하다. 사례2의 남자는 현제 60대 후반이고 癸丑生 남자는 40대 후반이다. 사례2의 壬辰생 남자의 살아온 과거를 살펴보자.

壬子 癸丑운은 인수태왕사주에 인수 운이면서 음습한 기운이 많아 불행한 초년기를 맞이하였다고 한다. 早失父하고 홀어머니 밑에서 어렵게 자랐고 갑인대운에 반짝 좋아 결혼도하고 남매의 자녀도 얻고 행복했으나 乙卯대운에는 神病으로 고생하다가 먹고 살길이 없어 처가근처인 천안으로 이주하여 아내는 반찬가게를 운영하면서 근근하게 살면서 몸이 안 좋아 다른 일은 못하고 역학공부를 하게 되었고 丙辰대운부터 발복하기 시작하여 丁巳대운까지 20년간은 크게 발전하므로 인하여 현재 넓은 평수에 목조주택을 사서 거주하고 아내는 10억여 원을 투자하여 원룸건물을 매입하여 안정 된 삶을 살아가는 성공적인 삶을 살아간다.

　사례1의 癸丑생 남자는 어떻게 살아왔을까? 초년의운이 아주 좋은 운은 아니었어도 無官사주에 官運인 金운으로 흘러 그런대로 정상적으로 자랐을 것이고 정상적인 직장인으로 무난하게 잘 살아왔을 것이다 南方火운인 己未대운도 호운은 아니어도 무난하게 살아갈 운이었고 현재의 戊午대운도 변화의 기운은 보이지만 좋은 운으로 봐야 할 것이다.
　묘한 것은 두 사람 다 역술에 관심을 가지게 된 것은 戌亥 천문성이 있고 無官에 가까운 팔자들이며 인수태왕해도 甲木이고 從할 수 없는 팔자여서 운의 흐름에 남방화운은 식상 운이므로 내 지식을 활용하여 살아가야 하는 것도 비슷하다고 봐야 할 것이다.

지금부터 이야기 하려는 팔자의 주인공은 관풍헌(觀風軒)의 식구들 중 중요한 고객으로 김동한 철학원원장과 오래된 인연으로 소통하며 살아가는 정 O 례 님의 아들 "김 O 양 님의 사주이야기"를 하려고 합니다. 젊은 사람이기에 사주의 구성형상과 진로 또 운세의 흐름 등을 잘 살펴보려고 합니다.

사주를 알면 인생이 보인다.
<제21제>

1990년음02월12일진시생								2	木
乾命	庚午		己卯		壬申		甲辰	1	火
								2	土
수	9	19	29	39	49	59	69	2	金
대운	庚辰	辛巳	壬午	癸未	甲申	乙酉	丙戌	1	水
自身160		食傷320		財星070		官星200			
印星150		310/590		吉神 金		凶神 木			

 1990년 백말 띠 해 봄철 목왕절(木旺節)의 임(壬)수라는 바다 같은 큰물로 아침시간인 辰시에 태어났습니다. 사주팔자 즉 사주 여덟 글자가 고르게 다 갖추고 태어나고 기(氣)의 흐름이 좋고 조화를 잘 이루고 있어 한 폭의 그림을 구경하는 것 같이 아름답습니다. "사주팔자의 구성자체가 참으로 아름답다"는 점이 한눈에 보입니다. 위 우측 도표에서 나타나듯이 목화토금수라는 오행을 고르게 갖추고 태어났다는 점이 장점이고 완연한 봄철의 물이니 물은 초목을 키우고 성장시켜야 할 임무를 가지고 태어난 사람으로 나무도 있고 성장시킬 불도 있으며 키워서 열매로 결실을 시켜야 하는데 금이 있어 결과 결실도 좋고 물의 강약을 조절해줄 흙인 土도 있어 아주 좋은데 물의 힘이 약간 작아서 힘겹습니다. 金이나 水운으로 보충해주면 좋겠는데 대운이라는 운이 남방 火인 불운이라서 아무

리 큰물인 壬수라도 힘이 달리는 형상인 것이 염려되는 부분입니다. 그러므로 물의 해나 금의 해가 되면 만사가 내 마음대로 될 수 있는 좋은 호운이다 그러는 겁니다.

[命理 定石]
卯월의 壬수는 육친으로 상관으로 설기(洩氣: 힘을 빼는 별)신이고 甲辰시를 만났으니 木이 왕성한데 다시 木의 기운이 강하여 金을 써야하는 金용신이다. 일지(태어난 날)에 申금이라는 金을 놓아 천군마마를 얻은 것이고 태어난 時의 辰토라는 물 창고가 申辰합으로 물을 만드는 형상이라 좋은데 그래도 물을 많이 쓰는 봄철 생이므로 다만 운에서 金水운으로 흐르면 좋고 木火 운이면 불리하다.

[八字 提要]
일간 壬수가 卯월에 출생하여 상관으로 극설(極洩; 강하게 힘이 빠짐)하는데 다시 甲辰시를 만났으니 어찌 감당하겠는가, 卯辰이 만나면 東方인데 甲시는 卯월이 왕지이므로 거의가 다 木 식상이다. 그러므로 다른 간지에 財官인 火土가 있으면 庚申 陽金으로 木을 자르고 水를 생하니 有病有藥으로 귀한팔자가 되는데 태어난 날이 申금 날이고 년간에 庚금이 투출되고 년지에 午화 까지 놓았으니 한 폭의 그림 같은 팔자이다.

[恩山 解說]
  위 두 학술서 에서 밝혔듯이 이사주의 주인공은 일간이라는 자신의 힘이 약간 부족하지만 주위의 여건이 좋아 조화를 잘 이룬 좋은 사주를 타고났다고 보아야 한다. 다만 현재의 운이 안 좋아 매사 불성(每事不成)으로 내 마음대로 일이 잘 풀리지 않을 뿐이다.
  이 말을 다시 알아듣기 쉽게 풀이 하자면 김 O 양의 사주는 노력하면 성사 되고 잘 살아갈 수 있는 팔자이며 특히 자기가 타고난 재주를 활용해야 하는 특별한 진로 선택도 중요하고 피나는 노력도 필요하다는 점을 다시 강조하면서 이 사람의 사주팔자를 자세히 설명하려고 합니다. 사주는 자연의 형상으로 풀이합니다.

김 O 양 님은 임수(壬水)라는 물로 태어났습니다. 물도 두 가지가 있는데 壬수는 양수(陽水)라 하여 바다 같은 큰물이고 계수(癸水)는 계곡의 작은 물로 음수(陰水)라 그러는데 남자의 팔자는 陽水인 壬수가 좋습니다. 사주에서는 태어난 달이 매우중요한데 봄철에 태어 났으니 봄철은 물이 많이 필요한 시기이므로 그 힘이 좋아야 하므로 다다익선(多多益善)일진데 사주 도표에서 보듯 사주팔자 여덟 글자 중에 물인 水가 하나뿐이므로 힘겹다고 보아야 겠지요, 그래서 이런 사주는 인내력 즉 끈기 노력이 가장 중요합니다, 노력하면 도와주는 기운인 金이 두 개나 있어 성사시키지만 노력하지 않고 스스로 힘겹다고 자포자기 즉 스스로 포기하면 절대로 안 되는 팔자라는 것을 우선 지적해 드리고 싶습니다.

 사주에서는 자기가 타고난 특성이 분명 있답니다. 김 O 양은 아주 좋은 특기를 타고 났지요, 타고난 지혜로 기획하고 탐구하고 만들어내는 일에 천재적인 소질을 가지고 있다는 것입니다. 그래서 이런 사람은 예체능에 귀재이므로 진로를 예술과 체육 언론 방송 등 자신의 끼를 발휘 할 수 있는 방향으로 진로 결정을 하지 않으면 자신이 가진 능력을 발휘 할 수 없으므로 실패한 인생으로 전락 할 수도 있답니다. 그런데 본인이 방송 PD지망생이라니 일단 진로결정은 잘 하신 것이 확실 합니다. 다만 운의 흐름이 안 좋아 자신의 뜻대로 잘 성사가 안 되는 것이므로 부단히 노력해야하고 절대 포기해서는 안 된다고 이 술사는 힘주어 말하고 싶습니다.

 우선 사람이 살아가면서 만나는 운을 두 가지로 분류합니다. 대운(大運)이라 하여 10년 주기로 바뀌는 운이 있고 세운(歲運)이라 하여 당년, 당년 만나는 운이 있는데 대운은 일종의 도로 같은 것으로 김 O 양 님이 현재 걸어가는 도로 즉 살아가는 길이 순탄한가, 험난한가, 를 가늠 하는 것이고, 세운은 그해의 운으로 성사 되고 안 되고의 길흉을 좌지우지 하는 것이지요, 그런데 김 O 양의 대운은 29세에 바뀐 운이 38세까지 살아가는 운, 즉 도로가 험한 도로지요, 壬午라는 운인데 계절로 말하면 한 여름의 뜨거운 계절인 것이니 나 자신이 물로 태어나서 그러지 안아도 힘이 약간 부족한데 뜨거운 계절을 만났으니 가시밭길인 것입니다. 인생에서 가장 중요한 시기인 지금의 운이 나쁨으로 하여 잘못하면 포기할 수도 있을 법한 시기인 것입니다. 그러나 사주 여덟 글자인 사주팔자가 좋으면 이런 운도 잘 버티고 타개할 수 있는 것입니다. 또 당년, 당년 만나는 세운만 좋으면 좋은 일이 발생 할 수도 있는 것이지요,

2020년 경자(庚子)년이라는 쥐 띠 해의 운세는 어떨는지 살펴봅시다. 庚자는 金으로 좋은 운이고 子자는 물로 나의 힘이 되는 운이므로 좋은 기회를 만났다고 보면 됩니다. 자세히 살펴 알아듣기 쉽게 풀이하자면 庚이라는 글자는 나를 도와주는 글자임은 틀림없는데 육친이라 하여 역술용어로 편인(偏印)운 그러죠, 편인은 어머니같이 나를 도와주는 별인 것은 틀림없는데 계모의 특성을 가진 별로 친어머니 같이 무조건적으로 도와주지를 않습니다. 조건부로 도와주는 운이고 子라는 물은 쥐의 글자지만 11월 달 같이 차가운 물입니다. 子가 午라는 말 띠 생을 만나면 子午沖 그럽니다, 沖은 去라는 말도 됩니다. 갈 거자로 간다, 보낸다, 없애버린다, 로 나에게 불리한 별을 없애버리면 좋다 이고 좋은 변화를 뜻합니다. 아울러 申子辰 三合 水局이 되어 물의 힘이 막강 합니다. 매사가 내 뜻대로 성취되는 해이기도 하고요, 내년인 2021년이 좋기 때문에 노력하면 성사될 수도 있다는 것을 강조 하는 것입니다.

2021년은 辛丑년이라는 소 띠 해인데 이운을 자세히 설명하자면 辛금은 金中에서도 정인(正印)이라 하여 친어머니 같은 무조건적으로 도와주는 운이죠, 이운을 문서 운 그러는데 큰 문서 들어옵니다. 그러죠, 문서도 나이 별로 달리 해석하게 되는데 학생에게는 공부 잘 되는 운이 되고, 합격승진 대상자들에게는 합격의 문서 또는 승진의 문서가 되고, 장년기 어른들에게는 집사고 땅 사고 모든 것이 내 마음대로 되는 운 그러는데요, 김 O 양님 내년운세는 辛금은

나를 도와주는 문서 운이고 丑이라는 글자는 소띠를 의미하지만 본인에게는 직업 운으로 정관(正官)이라 하여 정상적인 직업을 가지는 운이라고 해야 하므로 합격해서 정상적인 직업인으로 활동하게 되는 운이랍니다. 그다음 해는 임인(壬寅)년이라는 범 띠 해부터는 내 실력을 발휘하는 운이므로 본 술사는 김 O 양님은 사주팔자도 좋고 대운이 좀 나쁘긴 하지만 금년과 내년 운이 결코 나쁜 운이 아닌 좋은 운이므로 노력하면 성사 되어 잘 살아갈 기틀이 마련되는 운이라 말씀드리니 더 노력하고 부단히 노력하여 성취하시기 바랍니다.

  인간은 세상에 태어나면 어떻게든 다 살아가게 되어있습니다. 얼마나 수월하고 안정적으로 살아가느냐? 와 얼마나 힘겹고 불안 하게 살아가느냐의 차이일 뿐이다. 이 사주의 주인공은 오행을 고르게 갖춘 팔자에 운기의 흐름이 앞으로 매우 좋아 39세 운 부터는 막힘없는 삶과 축재(蓄財)로 부자가 되는 운의 흐름이다. 다만 위에서 말 했듯이 현재의 운이 기신운인 화운이라서 더 노력하라고 부탁드리는 것입니다. 사주가 좋고 운이 좋다고 해서 무조건 노력하지 않아도 되는 것은 절대 아닙니다. 사주에서는 피나는 노력을 해도 잘 못 사는 팔자가 있는가하면 노력하면 만사를 내 마음대로 성취 할 수 있는 김 O 양님 같은 좋은 사주를 가지고 태어난 사람들도 있는데 김 자양님은 평생 살아가면서 내 마음대로 일이 안 될 시 사주가 나빠서, 아님 운이 나빠서 등 평계를 대면 안 되는 팔자죠, 내 노력이 조금 부족했구나 하고 더 노력하며 살아가야 하는 팔자라는 것을 명심하시기 바랍니다.

결론적으로 말씀드리자면
  김 O 양님은 첫째 좋은 사주를 점지해주신 부모님께 감사하며 살아야 합니다. 그리고 두 번째로 1% 부족한 것을 노력으로 보충하며 살아야 하고 사주구성이 깨끗하고 덕이 많은 사주에 돈복도 많고 처복도 있어 부족할 것 없다는 점을 말씀드리고 오늘 가장 중요한 것은 진로문제와 합격의 문제를 중점적으로 말씀드렸으니 참고하시기 바랍니다.

 본 술사들이 사주하나를 놓고 깊이 분석하자면 시간도 많이 걸리고 할 말도 많지만 돈 몇 푼 받고 대충 봐주는 것이 요즘 현실이지만 김 O 양님 사주팔자를 깊이 있게 분석해 드리는 것은 모친께서 아들에 대한 지극한 관심 때문에 돈 관계없이 깊이 분석해드렸다는 점을 말씀드리며 할 말은 많지만 줄이려고 합니다. 혹 더 자세히 알고 싶으면 전화로 문의 하시면 자세히 답변해 드리겠습니다.

 위 글은 관풍헌 원장이신 은산 김동환 원장이 직접 정성 드려 간명한 사주이야기와 운세의 흐름을 짚어드린 것이니 살아가면서 참고하시기 바랍니다. 2020년 10월6일 아침 은산 김동환 합장

 위 글은 본인에게 이메일로 보낸 내용입니다.

 이글을 받고 2021년 1월초 심 군 어머님께서 마음이 안 놓이시는지 직접 방문해 감사의 뜻도 전해주시고 언론고시 필기 등 1~2차는 합격했는데 최종합격자 발표가 1월중으로 있다면서 정말로 합격할 수 있는지를 재차 물어 오셔서 자신 있게 합격할 거라고 답변드렸습니다. 그 후로 필자도 궁금했는데 2021년 01월28일 아침에 폰에 문자가 왔습니다.

 원장님 바쁘시죠, 많은 사람들의 멘토가 되어주세요,
저의 아들 언론고시 최종합격했습니다. YTN PD요,
어제모임에서원장님 PR많이 했습니다. 조만간 뵙고 싶어요,
건강하세요, 파이팅하세요,

 아이고! 축하 추키 추카 저도 기분이 좋습니다,
  궁금했는데 소식 주셔서 감사, 감사,

권 말 부 록

丙火를 論한다.

   定石 실전사주 간명사례 모음집을 시리즈로 계획 하고 있습니다. 학인들의 깊은 고민이 바로 "통변"이 잘 안 된다는 것입니다. 실전사주 간명사례 모음집으로 실전의 능력을 기른다면 통변술의 달인이 될 것이라는 확신에서 정석 시리즈로 기획 하게 되었고 더욱 알찬 공부를 위해서 명리학의 필독서라 일컬어지는 궁통보감을 쉽게 한글로 풀어 十干을 각권에 분리 수록함으로써 지루한감을 없애고 신명나고 알찬 학습이 되도록 하였습니다. 원래 궁통보감은 분량이 방대하고 난해하여 쉽게 접근하기 어려웠습니다. 그러나 본서에서는 학인들이 쉽게 익힐 수 있도록 각권에 권말부록으로 분리수록 하므로 학습효과를 높일 수 있도록 하였습니다.

-편집자-

제 3부
한글궁통보감

1. 불에 대하여 논하다(論火)

<풀어씀>

불은(火) 본디 활활 타오르는 참모습으로 방향으로는 南方이며 불빛이란 밝지만 결코 오래가지 못하므로 감추어 두어야 하는데 그 이유는 밝음이란 멸하지 않은 법이 없기 때문이다.

불은(火) 목(木)으로써 체(體)를 삼으니 木이 없으면 火는 불꽃이 오래가지 못하고 水로써 用을 삼으니 물인 水가 없다면 불인 火는 매우 혹열(酷熱-심하게 뜨거워짐)해진다. 그러므로 불인 火가 많으면 실(實)하지 않고 불이 치열(熾熱-불이 활활 타 열이 극에 달하면)하면 만물이 상(상(傷))하게 된다.

목(木)은 불인火를 감추어 둘 수 있으므로 寅卯東方에 이르면 火를 生힐 수 있지만 西方은 불리하므로 辛酉에 이르면 불은 반드시 멸(滅)하게 된다.

<해설>

불의 성정(火性)을 논하자면 불의 본성은 열과 빛이니 木으로써 주체를 삼으면 火가 木을 부려 (附麗-붙을 곳)할 곳이 있어 광휘(光輝)의 덕이 나타나고 불 이 물을 대상으로 삼으면 불은 물을 증발하게 하는 염열(炎烈)의 작용이 나타나게 된다. 그러므로 丙화는 壬수를 떠날 수 없고 丁화는 甲목을 떠날 수 없다.

불의 본성은 활활 타오르는 것이니 東南木火方으로 흐르면 활기차게 진보 발전 하는 상이 되고 西北金水方으로 흐르면 불은 거슬리게 하니 불기가 절멸(絶滅)하게 된다. 그러므로 丙丁의 작용이 비록 다르다 하더라도 火라고 하는 본성은 같으므로 생월에 따라 나타나는 작용이 다를 수 있다.

<풀어씀>

  金이 火의 조화를 얻게 되면 주조(鑄造-쇠붙이로 그릇을 만듦)될 수 있고 水가 火의 조화를 얻으면 기제(旣濟-차가움을 덥게 뜨거움을 서늘하게)의 공을 이루지만 土를 보면 밝지 못하니(晦氣-그믐밤 같이 어둡게 함) 곤궁(困窮)하거나 막히는 일이 많게 된다. 火란 木에 붙어(附麗) 발영(發榮)하게 되는 것으로 왕한 木을 만나면 반드시 발영 하지만 죽은 나무 즉 死에든 나무를 만나면 허(虛)하게 되어 오래 탈 수 없고 설영 공명을 누리더라도 오래가지 못한다. 습목(濕木)도 이와 마차가지다.

  봄에 木을 보는 것을 꺼리는 것은 달아올라 열 내기 싫어하기 때문이고 여름에 土를 보는 것을 싫어하는 것은 설기(洩氣)되어 어두워짐을 싫어하기 때문이고
  가을에 金을 꺼리는 것은 金(金旺節)을 극제(剋制)하기 어렵기 때문이고
  겨울에 水를 보는 것을 꺼리는 것은 水가 旺하면 火가 滅하기 때문이다.
  그러므로 봄생 火하게 되면 밝기를 바라나 치열하게 타오른 것을 바라지 않음이니 이는 활활 타기만하면 부실하기 때문이다.
  火가 가을 생이면 감추고자 할 뿐 밝기를 바라지 않으니 이는 밝다는 것은 지나치게 조열(燥熱)할까 염려 돼서이다.
  火가 겨울에 태어나면 생하고자 할 뿐 죽임을 당하는 것은 바라지 않는데 이는 殺이 되면 헐멸(歇滅-휴식하거나 없어짐) 되기 때문이다.

<해설>

  丙火는 맹열지화(猛熱之火-사나울 정도로 뜨거운 불)로 서리나 눈(霜雪)을 업신여기고 水의 剋도 두려워하지 않는다.
水火가 조화를 이루면 수화기제(水火旣濟)라 하여 공을 이루게 되고,
木의 旺地를 만나게 되면 木火通明의 공을 이루게 된다.
  가장 두려워하는 것은 戊土로써 戊土가 빛을 어둡게 하면 火는 그 밝음을 잃게 되며 또한 土라는 것은 燥熱 한 쪽에 치우쳐 있기 때문이다.
  적천수(滴天隨)에 이르기를 "土衆成慈 火性猛熱"(토중성자 화성맹열) 한바 있듯이 火가 土를 生하게 되면 火는 그 본성을 잃고 약하게 되니 곤궁하거나 답답한 일

이나 막힘 등의 일이 발생하게 된다.

 봄에 태어난 火는 通明함을 기뻐하고 炎熱 한 것을 싫어하니 木이 많은 것을 꺼리는 것이며<木多火熄> 秋冬에 태어나면 休囚한 때이므로 반듯이 木이 있어 火를 생하여야 하며 金水의 기가 왕한 것은 火를 쇠약 하게 하니 마땅치 않은 것이다.

 金이 旺하면 剋制하기 어렵고 水가 旺하면 火의 氣勢가 헐멸(歇滅)되니 잘못하면 中和의 道를 이루지 못하게 된다.

<풀어씀>

 火가 봄(寅卯辰月)에 生하면 母旺子相(봄은 木이 旺하고 火는 相이된다) 할 때이니 그 勢力이 병행(竝行)하고 있다. 木이 화를 生扶하는 것은 좋으나 지나치게 왕한 것은 마땅치 않은 것이다. 旺하면 화염(火炎-불이 활활 타올라)하게 되니 水와 어우러져 기제(旣濟-조화를 이룸)의 공을 이루고자 하니 水가 왕성한 것은 근심하지 않으며 왕성하면 오히려 은혜를 입게 된다.

 그러나 土가 많으면 빛을 발하지 못하니 곤궁하고 막히는 일이 많고 火가 왕성하면 조열하게 되어 傷害함이 많게 된다. 金을 보면 공을 베풀 수 있으니 가령 거듭 보게 되더라도 財를 쓰게 된다.

<해설> 火가 喜用하는 것으로는 水와 木을 떠날 수 없다.

 봄의 계절은 木이 왕성 할 때이므로 丙火가 壬水를 보게 되면 旣濟(조화로움)의 공을 이루니 木이 있어 水를 化할 수만 있다면 水는 왕 할지라도 두려워하지 않는다. 水가 왕하면 오히려 水의 忠節이 나타난다.

 丁火는 木의 生扶를 기뻐하니 木이 있으면 木火通明의 象을 이루게 되나 만약 木이 지나치게 많으면 火가 막히게 되니(木多火熄) 金을 써서 木의 氣를 감손(減損)하여 木의 氣를 소통(疏通)하면 火가 맑아져서 도리어 공을 이룬다.

 봄 계절의 金은 그 힘이 미약하므로 비록 金이 많다하여도 공을 베풀 수 있으니 丙丁火의 힘은 모두 金을 단련(鍛鍊)할 수 있다. 다만 春火는 오르지 土를 보는 것만 꺼린다. 土가 왕성하면 불빛을 어둡게 하고 土가 적어도 조열(燥熱)한 病을 면할 수 없다.

<풀어씀>

　여름(夏月-巳午未)은 火가 승권병령(乘權秉令)하는 때 이니 여름에 태어난 불은 水의 剋制를 만나야 자분(自焚)허물을 면할 수 있는데 木의 도움이 있다면 반듯이 요절(夭折-일찍 죽을)의 우환(憂患-근심)을 초래 한다. 훨훨 타 없어 진다로 봐야하기 때문이다. 그러나 金을 만나면 재주 많은 장인(匠人)처럼 기물을 만들고 土가 있으면 심고거두는 일(稼穡) 을 하게 된다. 이와 같이 土金이 비록 이롭다 하여도 수가 없으면 金과 土는 초조(焦燥-그을릴 초 마를 조) 재차 木의 부조(扶助)가 가해지면 위험하게 된다.

<해설>巳午未月生은 水가 있는지 亥子丑月生은 火가 있는지를 살펴라.
　여름철의 불은 당왕(當旺)한 때이므로 水가 없어서는 안 된다. 만약 水의 剋制가 없고 木이 있어 扶助만 하게 된다면 스스로 훨훨 타 없어질 우려가 있다.
　일러 말하기를 "虎馬犬鄕(寅午戌三合) 甲來成滅" 이 말은 지지가 寅午戌 火局을 이루고 있을 때 甲木이 나타나서 더해진다면 멸망한 다는(滅) 은 바로 이런 상황을 말한 것이다.
　金이 있을 경우 긴 여름의(長夏) 火가 財星인 金을 첩첩이 두었다면 반드시 부자가 될 수 있고, 土가 많은 경우 格局이 稼穡을 이루게 되지만 토라는 오행은 火의 기운을 어둡게 하며 성정이 조열하여 생의(生義)없으므로 水로 윤택하게 하여야만 좋아진다. 金을 쓰게 될 경우 濕土(辰丑)의 生助가 있어야 하고 土를 쓸 경우 水의 潤澤한 공이 있어야한다, 만약 그렇지 않으면 土는 메마르고(燥土) 金은 연(軟-부드럽고 연약함)해지니 복택(福澤)이 온전치 못하다. 만약 水를 쓰게 될 경우 발수지원(發水之源)인 庚辛金을 보아야 한다. 水가 절지에 임하고 수원지인 金이 없으면 水가 메마르게 되어 기제(旣濟)의 공인 조화를 이룰 수가 없기 때문이다.

<풀어씀>

　가을철(申酉戌秋月)의 火는 체성(體性)이 모두 휴식에 들어갈 때이니 木의 生助를 얻게 되면 장님이 눈을 뜨는 기쁜 일이 발생하게 된다. 만약 水의 극을 받게 되면 운멸(隕滅-떨어져 없어짐)의 재앙을 면하기 어렵고,

土가 重하면 불의 빛을 가리게 되며, 金의기운이 많으면 그나마 세력이 손상(損傷)을 입게 된다. 火가 火를보면 빛이 발하게 되니 거듭 보게 된다 하드라도 반드시 이롭다.

<해설> 火가 辛酉에 이르면 死絶地가 되어 氣勢가 허약하다,
 그러므로 木의 生助가 있어야 하고 比劫의 도움이 있어야 한다.
火가 申酉戌월에 生하고 원국에 水가 왕성하면 운멸(隕滅-떨어져 없어짐)의 근심을 면할 수 없게 된다. 옛글에 이르기를 丙화가 申位에 이르고 壬수를 만나게 되면 수명을 연장하기 어렵지만 月令이 印綬면 안부존영(安富尊榮)하게 된다고 하였다. 丙화는 본래 壬수를 두려워하지 않는다고는 하나 申에 임하면 본신의 기가 쇠약하니 水의 극제를 두려워하며 土가 많으면 빛이 가리게 되고, 秋月(申酉戌)은 金氣가 병령(秉令)한 때로 財는 旺하고 本身인 火는 쇠약할 때이니 일주를 扶助하는 比劫이 많으면 旺財의 기운을 분산 시킬 수 있어 유리하다. 무릇 일주가 약하고 殺이 旺하면 印綬를 써야 하고 財가 旺하면 비겁을 써야 하는 것이 순리이다.

<풀어씀>
 겨울(冬節氣)의 불(火)은 체형(體形)이 절망(絶亡)할 때이므로 木의 생을 받아 구제(救濟)됨을 기뻐하고 水의 극을 받게 되면 재앙(災殃)이 생기게 된다. 이럴 때는 土가 있어 旺水를 제어(制御-억제하고 다스려야)해야 발영(發榮)하게 되고 비겁인 火의 도움이 있어야 이롭게 된다. 그래야만 財인 金을 본다하더라도 감히 감당 할 수 있는 것이며 그러나 金이 없으면 害를 만나지는 않는다.

<해설> 겨울 火는 木으로 구제하고 戊土로 제어해주어야 한다.
 동절기 火는 그 세력이 절멸 할 때로 水가 병령(秉令-우두머리를 잡고 있다.)하고 있으니 한편으로는 木으로 구제(救濟-木生火)하고 또 한편으로는 戊土로 제어(制御-억제하고 다스림: 土剋水)해 주어야 한다.
 혹 己土와 壬水가 섞여있다면 오히려 木을 생하는 공은 있으나 한동수축(寒凍水縮-꽁꽁 얼어서 물이 줄어 들 때) 할 때는 木生火를 할 의지가 없게 되므로 더욱 火로 덥게 해준 다음에야 木이 생기를 얻어야만 火를 生 할 수 있게 된다. 그러므로 火比之利라 하여 비겁이 일주를 도와 殺에

대항하기위한 것이다. 그래서 겨울의 火는 반드시 印綬와 比劫과 傷食이 있어야 상조상제(相助相制-서로 돕고 서로 억제하고)로 상격(上格)이 되는 것이다.

  金이 있으면 당살(黨殺-무리지어 살을 만듦)을 이루게 되어 일주를 극하고 財를 탐하면 印綬를 파괴하며 格局이 깨지면 신약 할 뿐 아니라 재를 감당하기도 어렵게 된다. 이런 까닭에 천지가 기우러진다 하더라도 만약 木의 구제가 없다면 역시 水火를 병존(竝存)시켜 기제(旣濟)의 공을 이루게 할 수는 없는 것이다 그래서 水火旣濟에도 조화를 반드시 보아야 하는 것이다.

병화에 대하여 논하다(丙火論)

丙火喜用題要
병 화 희 용 제 요

正月 : 우선 壬水를 써야한다.
　　　丙火가 寅月에 태어나면 壬水를 우선 쓰고 수원지(水源地)인 庚金을 보좌(輔佐)로 삼는다.
二月 : 壬水를 전용한다.
　　　丙火가 卯月에 태어나면 壬수를 잔용하게 되는데 만약 水가 많으면 戊土로써 제수(制水)하여야 한다.
三月 : 壬水를 전용한다.
　　　丙火가 辰月에 태어나면 壬水를 전용하여야 하고 만약 土가 重하면 甲木을 보좌로 삼는다.
四月 : 壬水를 전용하고 庚금을 보좌로 삼는다.
　　　巳월 丙화로 태어나면 壬수를 전용하고 庚금을 보좌로 삼으며 戊土가 壬水를 制하는 것을 꺼리고 壬수가 없으면 癸수를 쓴다.
午月 : 壬水와 庚금이 申宮에 通根되어야 妙함이 있다.
　　　五月의 丙火는 壬수와 庚금을 쓰되 火旺節이라 통근 되지 않으면 미약해서 역할이 안 된다.
六月 : 壬水를 쓰고 庚금을 보좌로 한다.
　　　未월에 태어나면 壬수를 위주로 하여야 하는데 이때는 庚금을 보좌로 써야만 역할이 잘 된다.
七月 : 壬水가 투출하고 왕 하면 戊토를 쓴다.
　　　申월의 丙화는 이미 寒氣가 있어 壬수가 투출되고 旺하면 반듯이 戊土의 制함이 있어야 한다.
八月 : 壬水가 없으면 癸수를 쓴다.
　　　酉月 丙화가 원국에 丙화가 많을 때 하나의 壬수가 천간에

투출하면 奇格이 된다. 만약 壬수가 없으면 癸수를 쓴다.

九月 : 甲木을 우선 쓴다.

丙화가 戌월 생이면 土가 빛을 어둡게 하므로 우선 甲목을 써서 소토하고 그다음에 壬수를 쓴다.

十月 : 甲木을 써서 殺을 化해야 한다.

亥月에 태어나면 壬水가 왕하니 甲목을 써서 살을 化하고 신살이 함께 왕하면 戊土를 써서 水를 制해야 하고 火가 왕하면 壬수를 쓰며 木이 왕하면 庚金이 좋다.

十一月 : 壬水를 쓴다하여도 戊土로써 견제해야 한다.

子월은 一陽이 始生하여 二陽으로 進氣하니 丙화가 약하나 다시 강해지는 형상이나 子월은 仲冬으로 水勢가 강하니 壬수를 쓴다 할지라도 戊土로써 水를 견제(牽制)한다.

十二月 : 壬水를 씀을 기뻐한다.

丙화가 丑월에 태어나면 壬수를 씀을 기뻐하나 土가 많으면 木이 반드시 있어야 한다.

三春丙火總論
삼 춘 병 화 총 론

<풀어씀>

　寅卯辰月(三春)의 丙火는 그 상이 지극히 위엄이 있고 陽氣가 大地로 돌아오니 눈과 서리(雪霜)를 업신여긴다. 오르지 壬수를 써 陽氣를 부양하니 천지가 화윤(和潤)하여 기제(既濟)의 공을 이룬다고 한 것이다.
　正月은 壬수를 쓰되 庚辛金이 보좌해야 하고,
　二月은 오르지 壬수를 쓰며,
　三月은 土(辰)가 重하여 빛을 어둡게 하니 甲木을 취(取)하여 보좌해 주어야 묘(妙)하게 된다.

<해설>

　三春丙火가 모왕자상(母旺子相)하여 木火의 세력이 함께하므로 木과 火의 세력은 동시에 한 결과에 이른다.
　丙火는 하늘의 태양 불로 기세가 아주 순수한 양의 기운을 펴내서 주관하는 상으로 만물을 생성(生盛)시키는 洋의 위엄스럽고 사나운(威猛)덕을 가지고 있다.
　봄기운이 대지에 나타나면 두꺼운 얼음도 모두 녹아내리고 서리와 눈을 모두 녹이게 되니 陽의 위엄스러운 상과 같이 있다. 丙화가 壬수를 보지 못하면 그 기세는 맑지 못하니 반듯이 壬수를 보아야 貴한 命이 된다. 만약 丙화가 壬수를 보지 못하면 고양실보(孤陽失輔)가 되니 壬수가 있어야 丙화를 부양한다.
　정월은 월지가 寅木으로 甲木의 祿地가 되니 月令 스스로가 木의 기운이 있다. 그러므로 水火의 정을 통할 때 천지가 화윤(和潤)하여 기제(既濟)의 공을 이룬다. 특히 水가 寅에 이르면 절지가 되니 壬수를 쓸 때에는 반드시 庚辛金의 보좌가 있어야 한다.
　이월의 壬수는 전용할 수 있지만
　삼월은 土가 왕하니 예를 들어 戊土가 투출하여 빛을 어둡게 하면 마땅히 甲木의 구제함이 있어야 한다. 戊己土가 투출하지 않았다 하더라도 여전히 壬水와 甲乙木을 써야 한다.

<풀어씀>

癸水와 丙화가 봄에 生하면 맑지도 않고 비도 오지 않는 상이다. 丙火일주가 봄에 생하고 月時干에 癸수가 나타나면 구름과 안개(雲霧)가 자욱한 상이니 현달(顯達)할 수 없으며 반드시 임수가 병화를 보좌해주어야 한다.

三春丙火
삼 춘 병 화

<풀어씀>

正月丙火는 三陽이 크게 열려(開泰)火氣가 점차 일어날 때로 壬水를 취용(取用)하는 것이 중요하고 庚금의 보좌함이 있어야 한다. 그러므로 壬庚이 함께 나타나야만 과목(科木)을 하게 된다. 가령 壬수가 투출하고 庚금이 암장 되었다 해도 이도현달(異途顯達-약간 길은 다르더라도 좋아진다)하게 된다.

<해설>

정월은 甲목의 祿이 되므로 월령자체가 木의 기운을 띠고 있어 丙화의 長生地가 되므로 일간이 왕지로 향하고 있는 상이어서 반드시 壬수를 취하여 그 대상으로 삼아야 바야흐로 양의 왕성한 덕이 나타나게 된다. 그러나 寅宮은 水의 절지가 되므로 庚금을 보좌로 삼아야만 壬수가 역할을 하게 된다. 壬庚이 함께 나타나야 조화를 이루는 공이 있고 財와 印綬가 서로 적당한 배합이 이루어져야만 자연스럽게 현달(顯達)하게 된다. 재성과 인수가서로 장애를 일으키지 않는 조건은 壬庚이 함께 투출하고 木이 암장 되고 金이 노출 되어야 財印이 손상 되지 않는다. 만약에 庚금이 申에 암장 되고 寅申이 相沖하면 財印이 서로 불편한 관계로 발전하여 청순한 기가 덜게 되므로 이도현달하게 된다.

<풀어씀>

만약 하나의 庚금이 천간에 투출하고 지지에 한 두 개의 丙화가 암장 되면 재물을 바쳐 벼슬을 얻게 되는 형상으로 사람됨이 강개영웅(糠慨英雄-영웅 스럽지 못함)하며 무리 속에 뛰어난 사람이다.

<해설> 천간에 庚금만 하나 나타나고 壬수가 없으면 財用神을 삼는다. 적천수에 이르기를 "異路功名莫說輕" 異路功名을 경솔하게 하지 말라 즉 편법으로 살아가지 마라, 일주가 進氣를 얻어 旺할 때 재성을 만나고 寅宮이 丙화의 長生地로 甲목이 生하거나 지지의 한 두 개의 丙화가 암장되어 있으면 일원이 氣를 얻게 된다. 하나의 庚금이 투출하고 재성을 만나면 납속주명(納粟奏名-곡물을 바쳐 명성을 얻는)하여 이로공명(異路功名-편법을 써서 이름을 드날림)하게 된다. 丙화는 양의 기질로 강한 성질의 불이며 庚금은 陽金이므로 사람됨이 부끄러운 영웅호걸로 대중 속에 뛰어난 사람이 된다.

<풀어씀>
혹 庚금이 무리를 이루어 혼잡하면 보통사람이지만 時와 月 천간에 庚금이 나타나고 辛금이 없으면 맑고 귀한(淸貴) 사람이고 만약에 辛금이 年 時干에 나타나면 貪合되어 酒色을 탐하는 사람이 되니 女命이라 할지라도 마찬가지이다.

<해설> 丙화 일주가 正偏財가 혼잡 됨은 마땅치 않다.
丙화가 辛금을 만나 합하게 되면 양의 강한 丙화의(陽剛) 성질을 잃게 되니 辛금이 있는 것을 꺼리게 된다. 丙화가 여자에 푹 빠져 자기 본성을 잃는 것과 같다. 그러나 庚金은 두 곳에 투출해도 무방하다. 그렇지만 辛금이 두 곳에 투출하면 일주인 丙화와 합을 탐하게 되므로 그 본성을 잃게 되어 혼미에 빠져 돌아올 줄 모르고 勢 또한 그러하다, 이 말은 줏대 없는 사람이 된다는 말로 주체성이 강하지 못함도 된다.
위 두 문장은 재를 용신으로 쓰는 경우를 말한 것이다.

<풀어씀>
丙화는 적고 壬수는 많은데 제어하는 戊토가 없으면 살은 무겁고 몸은 가볍다(殺重身輕)로 이런 사람은 겉으로는 미소를 띠면서 마음속으로는 칼을 품는다(笑裏藏刀)라는 의미로 난폭하기 예사롭지 않은 사람이다. 혹 하나의 戊토가 壬수를 制하면 부귀를 누리게 되고 한 두 개의 비견을 보는 것은 무방하며 비로소 묘함이 있게 된다.

<해설> 正月은 木火의 旺相 할 때이니 丙화는 氣를 얻게 된다.
壬수가 비록 많이 보이더라도 戊토가 있어 制 할 수 있으면 오히려 부귀하게 되고 다시 한 두 개의 비견을 얻어 일주를 도우면 묘하게 된다. 그러나 戊토가 없어 칠살을 제어하지 못하면 살중신경(殺重身輕)이 되는데 이러한 사람은 타고난 성품이 올바른 길로 들어서지 못한다.

<풀어씀>
戊토가 旺하고 甲목이 천간에 나타나지 않으면 끝내 큰 그릇이 될 수 없고 외롭고 가난하다(孤貧) 정월의 丙화는 戊토가 그 빛을 어둡게 하는 것을 꺼리는데 혹 지지가 火局(寅午戌)을 이루면 壬수를 취해야 貴하게 된다. 壬수가 없으면 癸수라도 쓰게 되는데 만약 壬癸수가 없다면 戊토라도 써서 火의 기운을 빼내야 평범한 사람이라도 된다.

<해설> 위에서 말한 것은 상관을 쓰는 경우를 말한 것이다.
정월의 丙화는 寅中에 內在되어있는 木기가 生하게 되므로 甲목이 천간에 나타나지 않아도 된다. 만약에 왕한 戊토가 丙화를 어둡게 하면 할 수 없이 甲목이 천간에 투출하여 土를 剋制하는 것에 의지하여 구제 받게 되는데 이것을 우리는 상관패인(傷官佩印)이라 한다.
傷官格局이 火土傷官으로 이루어지면 格은 별로이다. 화토로만 구성 되었다면 불타서 마른 흙이 되어(炎燥) 수기(秀氣)가 결핍하게 되므로(火土重濁) 만약 지지에 火局까지 이루었다면 오로지 壬수를 써야 귀하게 된다.
봄철의 강물은 따사로워 그 기세가 온화 하므로 천지가 조화롭게 되니 기제(旣濟)의 공을 이루게 될 것이고, 壬수가 없으면 癸수라도 취하여 윤택하게 해야 하지만 壬癸수가 모두 없으면 부득이 戊토를 써서 火의 기를 설기로 어둡게 하는 차선책이니 이는 上格이 될 수 없다.

<풀어씀>
지지가 火局을 이루면 炎上으로 볼 수 있지만 만약 때를 만나지 못하고 東南세운을 만나지 못하면 오히려 고독하고 가난하게 살아가는 명이다.

<해설> 지지가 火局을 이루어 壬수를 쓰면 偏官格이다.

壬癸수가 모두 없으면 戊土를 써야하는데 이렇게 되면 傷官格이 된다.
 만약에 壬癸戊가 모두 없고 火局을 이루면 炎上格이 되는 데 三春의 炎上은 오르지 왕성한 때가 아니므로 東南운의 보조를 얻어야 부귀를 취할 수 있지 그렇지 않으면 고빈(孤貧)하게 된다.

<풀어씀>
 혹 甲목이 사주에 있고 庚금의 암제(暗制)가 된 경우는 秀才라 한다.

<해설> 이것은 印綬를 쓰는 경우를 말한 것이다.
 정월의 甲목이 祿을 얻은 때이니 만약 사주에 甲목을 많이 보게 되면 木이 盛하여 火가 오히려 막히게 되니(木多火熄)반드시 財인 金을 써서 인수의 기운을 덜어내야 하므로 庚금의 暗制가 있으면 妙함이 있다. 그러나 격으로 보면 상격이 못되고 그저 유림의 뛰어난 선비일 뿐이다.

<풀어씀>
 壬수가 없어 癸수를 쓰게 되면 약간의 부귀는 있으나 관살 역시 旺相한 뿌리가 있어야 한다.
 丙화일주가 壬수가 없으면 빈천하게 되는 것은 여러 번 경험한바가 있다. 혹 火가 많고 水가 없을 때 대운이 水로가면 水로 흘러가면 반드시 죽거나 재앙이 따르게 된다.
 오직 五月 丙火가 炎上이 되면 수가 와서 格을 破하는 것을 좋아하지 않는다. 癸수를 쓴다 하더라도 뿌리가 없으면 목질(目疾)이 있게 된다.

<해설> 이 節은 위 글을 보충하여 설명한 것이다.
 지지가 火局을 이루면 오르지 壬수를 쓰게 되는데 壬수가 없으면 癸수를 쓸 수도 있다는 뜻이다. 壬수를 쓰면 귀하게 되지만 癸수를 쓰면 약간의 부귀밖에 누릴 수 없다. 壬癸水 양자 중 어느 것을 쓰든 官殺은 모두 지지에 통근하여 왕상 해야 묘함이 있다. 만약 그렇지 않으면 뿌리 없는 水로서 쉽게 마르고 말아버리니 귀를 취하기 어렵고 癸수를 쓰되 뿌리가 없으면 눈에 병이 있게 되니 이는 癸수가 마르고 말라 서 그런 현상이 발생하는 것이다.
 丙화는 반드시 임수를 취하여 써야만 기세가 맑고 만약 壬수가 없다면

차선책으로 癸수를 쓰지만 이는 차선책일 뿐이다.

만약 원국에 水가 없을 경우 운이 水地에 으르게 되면 火의 炎炎한 기운을 격앙(激昂)시켜 죽지 않으면 재앙이 있게 되는 것이고 五月의 炎上格 역시 그 格을 破하는 것을 꺼리는 이치와 같다. 五月丙화 역시 水地에 이르면 반드시 죽는다는 것도 참고하기 바란다.

<풀어씀>

壬수를 쓰게 되면 金이 처가 되고 水가 자식이 되며 庚금을 쓰게 되면 土가 처가 되고 金이 자식이 된다.

<해설> 정월 丙화는 壬수를 쓰는 것이 정도로 삼으니
壬수가 用神이면 財가 처가 되고 관살이 자식이 된다.
庚금이 用神이면 식신이 처가 되고 재가 자식이 된다.

乾命	丙午	庚寅	丙午	庚寅
대운	辛卯	壬辰	癸巳	甲午	乙未	丙申	丁酉

格을 말하자면 陽干이 혼잡 되지 않아 "陽干不雜格"으로 볼 수 있다.

천간의 庚금과 丙화가 混雜되지 않음으로 格局으로 보면 淸하다 다만 庚금이 뿌리가 없고 寅中戊土가 暗壯되어 火勢를 洩하여 食神生財로도 볼 수 있으나 원국에서 火金이 서로 싸우는 형상이라 群比爭財로 변질 될 가능성이 높다. 이런 경우 壬수가 있어 旣濟로 조화를 이루든지 戊토가 나타나서 火勢를 설기시킨다면 좋았을 것을 조화롭지 못하고 운 역시 木火운이라 좋지 못하다, 다만 格이 淸하여 "按察"이라는 벼슬은 하였다고 기록 되었다.

乾命	庚寅	戊寅	丙寅	壬辰
대운	己卯	庚辰	辛巳	壬午	癸未	甲申	乙酉

庚금과 壬수가 함께 천간에 나타나서 "詞林"이라는 벼슬을 하였다.

庚壬戊가 함께 천간에 함께 뜨고 丙화가 寅宮에 앉아 좋다. 木火旺地로 향하고 財가 殺을 生하며 戊토가 制水하니 어찌 貴하지 않겠는가? 다만 寅月 木旺節에 많은 寅木을 만나서 木多火熄될까, 염려되는데 壬수가 기운을 설기시키고 庚金을 얻어 制木하고 戊土가 火氣를 설하여 中和를 이루므로 조화를 이룬 사주이다.

乾命	辛亥	庚寅	丙子	丁酉
대운	己丑	戊子	丁亥	丙戌	乙酉	甲申	癸未

庚辛금이 함께 투출하고 일주가 官에 座하였고 寅木과 亥수가 木으로 변하여 官印相生으로 貴하게 되었다. 壯元의 命造이다.

乾命	丁酉	壬寅	丙子	戊戌
대운	辛丑	庚子	己亥	戊戌	丁酉	丙申	乙未

가차사문(假借斯文)으로 먼저는 가난하고 나중은 富하다 하더라도 자식 두기가 어려운 명조이다. 丁화와 壬수의 합으로 살이 합이 되었고 戊토가 살을 제하니 식신의 制伏을 받으므로 자식두기가 어렵다고 한 것이다.

<풀어씀>
　二月丙火는 양의 기운이 뻗어오르는 때로 오르지 壬수를 써야 한다. 壬수가 천간에 투출하고 丁화의 合化가 없으며 庚辛己의 투출이 더해져 壬수의 뿌리가 되면 과목(科木)을 하게 된다.

<해설> 丙화는 壬수 쓰는 것을 기뻐한다.
　二月은 陽春으로그 기가 온난하므로 사주의 배합에 반드시 壬수가 있어야 한다. 월령의 卯목으로 水火의 氣가 통하게 되면 貴가 나타나게 되는데 정화가 있어 壬수와 合化하면 화윤(和潤)의 작용을 잃게 되므로 丁화를 꺼리는 것이다.

官殺은 財의 生을 받음으로(財生官) 그 기운이 旺하게 되니 財인 庚辛금의 보좌를 기뻐한다.
壬수는 충분(沖奔-부디 치고 달아나는)하는 성질을 가지고 있어 비습(卑濕-습기가 낮은) 己토로 써는 制할 수 없으므로 반드시 戊토를 써야 한다.
월령인 卯목은 음유(陰柔-음으로 부드러운)한 성질을 가지고 있으므로 水氣를 충분히 받아드리지 못하고 水가 旺하면 오히려 木이 뜨고 마니 己토와 壬수가 섞이게 되면 도리어 그 공을 이룰 수 없고 乙목으로 壬수를 洩하거나 화살(化煞)할 수 있다면 貴命이 될 수 있다.

<풀어씀>
혹 壬수가 없어 紀토를 써야할 사주라면 재주와 학식은 있으나 비록 이름을 떨칠 수 없다 하더라도 반드시 의식은 충족하게 된다.

<해설> 壬수가 없어 己토를 쓴다는 것은 火土傷官으로 洩하는 것이다.
위 글에서 말한 壬수가 투출하고 己토를 쓰는 경우와는 전혀 다르다. 食傷으로 洩水라는 사주는 사람의 인품이 총명하고 재주와 학식이 있다.
印綬가 월령에 있고 祥官이 時上에 있거나 혹 인수가 지지에 있고 상관이 천간에 투출하거나 이 두 경우 모두가 서로 장애됨이 없어야 좋은 사주가 된다. 사주원국에 壬수가 없으면 氣의 조화가 없으므로 貴를 취할 수 없고 단지 의식만 충족 될 뿐이다.

<풀어씀>
혹 壬수가 무리를 이루고 있을 때 戊土가 천간에 투출하여 旺水를 制한다면 비록 과목(科木-열매를 얻을 우수한 나무)은 할 수 없더라도 은비(恩庇-은혜로 감싸는 도움)를 받는다. 그러나 戊토가 천간에 없고 辰戌丑未에 암장 된 戊토가 있다 하더라도 辰中癸수는 戊토와 戊癸合火로 化하여 임수를 制 할 수 없으니 衣祿이좋은 평범한 사람으로 살아갈 뿐이다.
만약에 지지에 하나의 戊土도 없다면 이런 사람은 떠돌이로 살게 되는데 여기에 金까지 많아 水를 생하게 되면 더울 下賤한 命이 된다.

<해설> 壬수가 무리를 이루고 있으면 반드시 戊토로 제수해야 한다.

旺水를 制伏할 戊토가 없다면 賤하게 살게 되고 戊토가 있다면 貴하게 살게 된다. 가령 辰戌丑未가 있다 하더라도 辰丑은 모두 습토로 制水하지 못하고 未土 역시 卯목이 있으면 卯未合木局으로 壬수를 洩 할 수는 있지만 未土 자체로 制 할 수는 없다(水多土流) 그러므로 戌土 만이 戊土와 같은 공을 세우는 능력이 같다고 보아야 한다. 丙화는 陽干으로 월건 이월 卯목에 通根하게 되면 殺이나 財로 從하지 않는다.<從殺 從財는 않는다는 말>

七殺의 制함을 받지 않으면 반드시 분류지인(奔流之人-떠돌이인생) 이 되고 財가 많아 당살(黨殺-무리지어 살을 만들다)을 이루면 더욱 下賤한 命이 된다. 또 辰中의 戊토는 비록 木氣라 하더라도 癸水와 合化하고 辰은 水의 庫地가 되므로 壬수를 制伏 할 수가 없다.

<풀어씀>
사주원국에 戊土가 무리를 이루면 역시 壬수를 써야 하는데 운이 東方木地로 行하는 것은 기쁘지만 土를 보는 것은 좋지 못하고 南方火地로 행하는 것 역시 불리하다.

<해설>
戊土가 무리를 이루고 火炎하여 바짝 마르면 반드시 壬수를 써야만 배합과 조화를 이루어 中和된다. 대게 월령이 正印이면 食神으로 制하고 殺을 보호하야만 윤택한 공을 이루게 된다. 또 殺을 洩하여 生身하게 되니 水의 氣가 疏通하게 된다. 그러므로 운이 木地로 행하는 것을 기뻐하나 土를 보는 것은 불리한 것이다.

<풀어씀>
丙 辛 이와 같이 丙子일 辛卯 시에 태어나면 從化格이 될 수 있으나
子 卯 단 때를 만나지 못하면 貪財壞印이 되어 조업계승(祖業繼承) 못한다. 만약 두 개의 丁화가 辛금을 파하고 壬수가 官으로서 역할을 한다면 역시 부귀하고 비록 과목을 하지는 못하더라도 이도(異途-다른 길)로 공을 이루게 되어 명성이 널리 퍼진다.

이와 같이 격에 부합하면 처첩과 자손이 많은데 만약 월시주가 모두 辛卯라면 쟁합(爭合)이라 한다. 이런 때에는 年上에 辛금을 制하는 丁화가

없으면 酒色에 빠지게 되나 만약 丁火가 나타나게 되면 오히려 길하다.
혹 지지가 木局을 이루면 간교함으로 인해서 재물을 얻게 되고 酒色으로 인해서 이름을 얻게 된다.

<해설> 丙子와 辛卯는 일간은合하고 일지는刑이니 곤랑도화(滾浪桃花)다.
　　곤전에 이르기를 丙子와 辛卯는상형이니 황음곤랑(荒淫滾浪)하다고 하였다. 丙子일 辛卯시라면 化한 것이 때를 만나지 못하여 干合支刑이 되어 쓸데없이 일주를 구속하게 되고 財를 貪하다 印綬를 파괴하게 되니 丁火가 나타나 辛금을 극하게 되면 病을 제거 하여 貴하게 된다.
혹 壬수가 丙화와 辛금사이를 격(隔-사이를 뜨게)하고 있다면 辛금으로 하여금 丙화와 合하지 못하게 하고 오히려 壬수에 의해 설기(洩氣)가 되니 이는 壬수를 쓸 때 辛금을 보좌로 하는 것과 같아 현달(顯達)할 수 있고 하였다. 혹 兩 辛금이 쟁합을 하여 化 할 수 없게 되면 오히려 일주가 財에 마음만 두는 형상이다. 본래 子卯 刑은 무례지형(無禮之刑)이니 丁화가 病을 제거하지 못하면 황미(荒迷-거칠고 헤메고 빠지게)한 사람이다. 만약 지지가 木局을 이루면 財로서 印綬를 덜게(損) 하여야 아름답다.

乾命	乙亥	己卯	丙申	己亥
대운	戊寅 丁丑	丙子 乙亥	甲戌 癸酉	壬申

위 사주는 申中壬수를 쓰는 사주로 효렴(孝廉) 벼슬을 하였다.
印綬卯木이 年干에 乙목으로 투출하고 亥卯合하여 身旺한데 雙 己土 傷官이 洩氣하고 申中壬수가 旣濟의 功을 이루니 좋은 命造가 되었다.

乾命	己亥	丁卯	丙申	己亥
대운	丙寅 乙丑	甲子 癸亥	壬戌 辛酉	庚申

위 사주는 무과에 선발 되었으나 자식은 없었다고 한다. 쌍 己亥가 剋洩剋制하고 申宮壬수가 암장되어 卯목 정인을 用神해야 한다.

<풀어씀>
  三月丙火는 火氣가 점점 불타오르는(炎昇) 때이니 壬수를 써야 한다. 혹 土局을 이루었다면 甲목을 취하여 보조하되 이때도 壬수가 없어서는 안 된다. 壬수와 甲목이 함께 투출하면 科木을 할 수 있으나 이때도 庚금이 나타나 剋木하는 것을 꺼린다. 만약 甲목이 庚금의 극을 받게 되면 재주가 뛰어난 사람일뿐 크게 출세하지는 못한다.

<해설> 三月丙火는 向旺하니 사주의 배합상 壬수가 없어서는 안 된다.
  甲木印綬를 取하여 화살(化煞-살을 조화롭게 함)한다면 上格의 사주가 된다. 혹 지지가 土局을 이루어 살인 水를 制하고 火를 어둡게 한다면 甲목 인수를 써서 식신을 견제하고 殺을 化하게 하여야한다. 그러므로 壬수와 甲목이 투출하면 貴하게 되나 甲목을 보좌로 쓸 때 庚금이 나타나 제 甲木 함을 꺼리는 것은 病만 있고 藥이 없으면 한낱 한유(寒儒-별 볼일 없는 선비)에 지나지 않기 때문이다.

<풀어씀>
  甲목이 없고 庚금을 쓰게 되면 壬수를 돕고 土기를 洩한다.

<해설> 지지가 土局을 이루고 있을 때 甲목이 土를 疏通함이 없으면 庚금을 써서 洩土 生水하니 庚금으로 보좌를 삼는다. 그러나 이런 경우는 부득이한 用法 상격이라 할 수 없다.

<풀어씀>
  壬수가 투출하고 甲목이 암장 되면 富는 얻지만 貴는 적다. 그러나 甲목이 있고 壬수가 없으면 노록탁부(勞碌濁富-자갈밭을 일구는 노력으로 약간의 부를 누리는)에 불과하고 壬수가 암장되고 甲목이 없으면 한낱 별 볼일 없는 선비요, 壬수와 甲목이 둘 다 없으면 어리석고 천박한 사람이 되며 乙목과 丁화가 뒤섞이면 보통사람(凡夫)에 불과하다.

<해설> 丙화가 辰월에 태어났을 때는 壬수와 甲목이 없어서는 안 된다. 秀란 천간에 나타난 것을 말하고 藏이란 지지에 暗藏된 것을 말한다.
  壬수와 甲목이 함께 투출하면 부귀를 함께 누리게 되지만 壬수만 투출

되고 甲목이 지지에 암장 되어 있다면 운이라도 東南 木지로 행하게 된다면 부귀 할 수 있으며 甲목은 있고 壬수가 없다면 부자라 하더라도 고생스럽게 일하며 살아가게 된다.

壬수가 있고 甲木이 없으면 낮은 신분으로 궁핍하게 살게 되며 뜻은 있으나 펼 수가 없다.

乾命	癸丑	丙辰	丙午	壬辰
대운	乙卯	甲寅	癸丑	壬子	辛亥	庚戌	己酉

癸丑生은 壬수가 천간에 투출 하여 太守라는 벼슬을 하였다.
3火 3土 2水로 三神의 사주이며 辰中乙木으로 用神을 삼는다. 실제 사주를 간명할 때는 3丙午가 있어 강할 것 같지만 3丑辰이 어둡게 하고 壬癸수가 剋制하여 身虛한 命이다. 대운이 초년운 20년간은 東方木운이라 좋았고 북방수운이 그저 그랬을 것이다. 官을 써서 명예를 추구했다면 무난한 팔자로 보아야 한다.

乾命	辛卯	壬辰	丙戌	癸巳
대운	辛卯	庚寅	己丑	戊子	丁亥	丙戌	乙酉

辛卯生 역시 명경과(明經科)에 합격하였다고 한다.
이 사주 역시 五行全具에 1木 2火 2土 1金 2水로 구성 되었지만 失令 失支로 신약사주이다. 辰中乙木이 용신이고 水火旣濟로 호명이 된 것이다.

三夏丙火總論
삼하병화총론

<풀어씀>
  巳午未(三夏)월의 丙火는 陽이 威勢를 떨치며 그 性情이 孟熱之火로 오직 壬수를 써야한다. 그러므로 夏月의 亥宮은 壬수가 無力하니 이는 亥가 回剋 또는 洩氣를 받기 때문이다. 申宮長生之水를 쓰게 되면 富貴한 命이라 말할 수 있다.

<해설> 여름철(三夏)의 丙화는 炎炎한 기운을 壬수로서 解求해야 한다. 亥水는 壬수의 祿地로서 사주에 亥수가 있으면 壬수가 祿에 通根하여 旺하면 마땅히 쓸 수가 있다. 그러나 巳月에 生하면 巳亥沖으로 巳中戊土는 壬水를 回剋하게 되고 午月에 生하면 午中丁火와 己土는 亥中壬甲과 서로 합하게 되며 六月에 生하게 되면 亥未가 木局을 이루어 水氣를 洩하게 되므로 亥宮壬水가 무력하게 되니 비록 亥수가 壬수의 祿地이나 申宮의 長生之水를 쓰는 것만 못하다. 申은 庚辛금의 祿旺地이며 그 水를 生할수있고 수인지로 水기 마를 일이 없으니 富貴하게 된다.

<풀어씀>
  四月 丙火는 壬水를 오르지 쓰므로(專用) 금을 보좌로 삼고 五月 역시 壬水를 전용하니 四五月의 丙화는 壬水가 투출해야 富貴한 格局이 된다.
  천간에 丁화가 나타나면 반드시 癸수를 겸하여 보아야만 丁壬合을 견제한다. 六月의 丙화 역시 壬水를 쓰지만 반드시 庚금을 보좌로 해야 한다.

<해설> 위 글에서 말한 것은 여름철인 四五六월은 반드시 壬水를 쓰게 된다는 것을 말한 것이다.

<풀어씀>
  양인합살(陽刃合殺)이 되면 위엄과 권세를 떨치게 되나 丁화 陽刃이 태왕하면 이는 陽刃의 권세가 도과(倒戈-: 창을 거꾸로 돌리다)하여 무두지귀(無頭之鬼:머리 없는 귀신)가 된다.

丙화와 壬수를 쓰게 될 때 生旺의 자리에 居하여 귀하게 되지만 壬수가 지나치면 살중신경(殺重身輕: 살이 많아 내 몸이 허약함)이 되어 꺼리게 된다.

<해설> 丙화가 午화를 만나면 陽刃이 된다.
　그런데 천간에 丁화투출하고 七殺인 壬수가 천간에 나타나면 양인을 합하여 制하니 이를 "陽刃合殺"이라고 한다. 만약 丁화만 있고 壬水가 없으면 양인을 억제하는 신이 없어 양인도과(陽刃倒戈)가 된다. 三夏인 巳午未월은 火가 旺할 때 이므로 壬수를 쓰게 되면 반드시 金을 얻어 보좌해야 하므로 申에 通根하여야만 實하게 되어 좋게 쓸 수가 있다. 그러나 水가 지나치게 되면 이 또한 살중신경((殺重身輕)으로 오히려 꺼리게 된다.

三夏丙火
삼 하 병 화

<풀어씀>
　四月丙火는 月令인 巳가 建祿으로 火勢가 炎炎하므로 壬수를 專用하여 지나친 火氣를 解炎시키므로 旣濟의 공을 이루지만 壬수가 없으면 孤陽이 보좌를 이른 것과 같아 淸光을 나타내기 어려우니 發水源인 庚금을 얻어야 비로소 뿌리가 있는 水가 된다. 壬수와 庚금이 함께 투출하고 戊토가 나타나지 않으면 "湖水汪洋"이라 하여 태양이 넓게 비추어 밝음이 현저하게 나타나는 문명의 상이라 한다. 이러한 격에 해당하는 사람은 벼슬도 높지만 반드시 위 사람의 은혜를 입게 된다. 만약 그렇지 않으면 이는 음덕의 암손(暗損)이 있는 것으로 봐야 한다.

<해설> 이 말은 巳午未월인 三夏에 生한 병화의 取用法을 말한 것이다.
　丙화는 하늘의 태양 불이라서 水의 극을 두려워하지 않는데 하물며 丙화가 巳월생이라면 화왕병령(火旺秉令-화가 왕성한 달을 만남)한 염상(炎上-불꽃이 위로 오름)의 성질을 가졌으니 壬수로 열기를 다스림이 없으면 기제(旣濟-물과 불의 조화로움)의 공을 이룰 수가 없다.
　丙화는 壬수가 없으면 찬란한 빛이 현저(顯著-분명하게 나타남)하지 못하고 그 쓰임역시 크게 나타나지 못한다. 그러나 壬수가 巳宮에 이르면 절지가 되므로 庚금으로 수원지 역할을 못하면 뿌리 없는 물로 쉽게 마르게 된다. 그러므로 壬수와 庚금이 함께 투출하고 戊토로 막음의 역할을 못하면 귀하게 되지 못하며 이때 庚壬이 申宮에 앉으면 妙하게 된다.

<풀어씀>
  혹 壬수가 없으면 어쩔 수 없이 癸수라도 대용하여 써야하고 庚금이 있고 癸수가 천간에 나타나면 부자는 아니더라도 귀하게는 되다. 그러나 이런 사람은 심성이 괴벽(乖僻-어그러질 괴, 치우칠 벽)하고 모사를 잘 꾸미는 등 언변 또한 탁월하다.

<해설> 癸수는 壬수와는 달리 쓰임은 같으나 氣가약해서 화합치 못한다.
  丙화는 純陽의 火요, 壬수나 庚금도 역시 陽金 陽水로 몸과 쓰임(體用) 모두 陽이니 이런 사람의 命은 영웅호걸의 기질이 강하며 터럭만큼의 불공정함이 없는 사람이다. 그러나 만약 癸수를 보게 되면 비록 기제로 조화는 이룰 수는 있으나 기회를 잘 타고 책략을 꾸미는 모사에 능함은 면할 수 없는데 이는 壬수와 癸수의 성질의 차가 다르기 때문이다.

<풀어씀>
壬수와 癸수가 모두 없으면 어리석고 고집불통으로 치열한 불의 기운을 억제하지 않으면 중 팔자라 하며 그렇지 않으면 요절할 수도 있으니 모름지기 대비해야한다(須防)

<해설> 四月의 丙화는 水가 없어서도 안 되고 水를 쓸 경우반드시 金의 도움을 받아야만 한다. 이 말은 金水가 모두 없을 경우를 말하는 것이니 원국에 甲乙목이 있으면 炎上의 기운이 많으며 木은 없고 火만 가득하다면 외롭고 삶이 힘겹고 가난하거나 요절할 命이 된다는 뜻인데 역술용어로 고고빈요(孤苦貧夭)한 命으로 보게 된다.

<풀어씀>
  사주원국에 庚금이 무리를 이루고 비겁이 없으면 부자는 되지만 귀하게 살지는 못한다.

<해설> 위에 말한 것은 金은 많으나 水가 없음을 말한 것이다.

火가 여름에 태어나고 金이 많으면 火가 眞金을 만난 격이니 신왕재왕 (身旺財旺)으로 보고 반드시 부자가 된다고 한 것이다. 그러나 富만 이룰 뿐 貴는 없다.

<풀어씀>
만약 丙火일간이 사주에 水는 많은데 戊토의 制水가 없다면 음형살중 (陰刑殺重)으로 일정한 직업이 없이 떠돌아다니며 산다. 혹 지지가 水局을 이루고 거듭 천간에 水가 나타나고 戊토의 제지가 없다면 도적놈의 팔자요, 만약 己토라도 있다면 이 사람은 천박한 삶을 살게 된다.

<해설> 위에서 한 말은 水는 있으나 金이 없는 경우를 말한 것이다.

壬癸수가 있고 庚금의 보좌를 필요로 하는 것은 여름철의 물은 쉽게 마르기 때문이다. 그러나 사주에 壬수가 많거나 지지에 水局을 이룬다면 바다 같은 물로 마를 염려가 없으며 다만 제방을 쌓을 戊토가 없다면 물은 반드시 넘쳐흘러 제 길로 들어가지 못한다.

巳월의 丙화는 건록 월인데 自座 午火 羊刃을 만난다면 身殺이 왕성하여 水火가 서로 다투게 되므로 몽둥이를 들고 날뛰는 도적 같아 착하게 살다가 마무리를 못하게 된다. 그러나 戊토의 制水가 있다면 貴한 命이 될 수 있으나 戊토는 없고 己토 만 있다면 水를 막지는 못하고 오히려 火의 빛을 어둡게 하고 水를 탁하게(己土濁壬)하므로 下賤한 명이라 한 것이다.

乾命	丁巳	乙巳	丙子	戊子
대운	甲辰 癸卯	壬寅 辛丑	庚子 己亥	戊戌

庚대운에 鄕試에서 壯元으로 合格하였다. 이 사주는 子中癸수를 용신으로 삼는다. 癸수는 지지 子수를 祿으로 삼으니 비록 金의 보좌가 없다 하더라도 수가 고갈 되지는 않는다. 운이 財地로 흐르면 官을 생하여 기쁜데 東北方으로 흘러 운이 별로이고 金이 없어 貴가 크지는 못했다.

乾命	乙未	辛巳	丙午	甲午
대운	庚辰	己卯	戊寅	丁丑 丙子 乙亥 甲戌

위 사주는 丙화가 지지에 巳午未 火局을 이루고 甲乙木이 천간에 투출되어 炎上格이 되어 벼슬이 太尉에 이르렀다고 한다.

本命의 구조를 살펴보면 炎上格으로 木은 있어 불을 생하고 土가 없어 불꽃만 있을 뿐 이어서 그 기세가 순하여 좋다. 水를 보면 그 禍를 예측할 수 없게 된다.

乾命	庚子	辛巳	丙寅	丙申
대운	壬午	癸未	甲申 乙酉 丙戌 丁亥 戊子

위 사주는 丙화가 申시를 만나서 申宮의 壬수는 炎炎한 火氣를 解救할 수 있어 신운에 이르러 會元이 되었다. 申宮 壬水를 쓴다는 것은 長生의 水가 되기 때문이다.

<풀어씀>

五月의 丙화는 더욱 炎炎하여 壬수와 庚금이 천간에 나타나야 上格의 사주가 된다. 혹시 壬수가 하나이고 庚금이 없으면 공감(貢監-작은 벼슬)이 될 수 있지만 戊己土가 투출하여 방해가 있거나 丁壬이 합하면 별 볼일 없는 보통사람이다. 이 말은 壬수가 무력해지면 역할을 못한다는 말이다. 그러나 庚금과 壬수가 투출하지 않았더라도 위 사례 丙寅일주 같이 申금의 長生之水를 얻게 되면 金의 祿에 座하게 되어 구제 될 수 있으니 지극히 妙한 것으로 반드시 사림(詞林-청하다 고하다, 수풀 림, 동아리)에 들게 된다. 또 戊己토가 混雜되어 水를 破하게 됨을 크게 꺼리는데 원국이 이와 같다면 이로(異路 가는 길을 달리함)의 길을 걷게 된다,

<해설> 五月丙화는 월령이 양인으로 火氣가 불타올라 壬庚이 함께 나타나 배합이 잘 되면 貴命이요 壬수하나만이라도 나타나면 淸氣한 命이다.

滴天隨에 이르기를 "淸氣還嫌官不起"·라 하였듯이 官星인 壬가 지지에 기반을 두지 못하면 별 볼일 없는 벼슬을 하게 되고 戊己土의 剋制를 받게 되면 쓸모없는 命造가 되는 것이다. 만약 庚금이 천간에 투출하여 戊토와 壬水사이에 있으면(土生金 金生水) 꺼리지 않는다.

　천간에 丁화와 壬수가 투출하면 合化로 陽刃合殺 되어 꺼리지 않는다. 이것은 바로 원국에 壬수하나 투출하고 庚금이 없으면 壬수는 아무런 扶助를 얻지 못하게 되고 정화를 보면 合化 되니 火를 制할 수 없을 뿐 아니라 오히려 火를 生하게 하므로(丁壬合木으로 生火) 炎炎한 火氣를 약하게 하는 효과를 잃게 되는 것이다.

　위에서 밝혔듯이 천간에 庚壬이 나타나지 않았더라도 지지에 申금이 있으면 申中壬수가 長生之水인 壬수의 祿에 좌하여 金水로서 生하게 되니 그 쓰임이 천간에 庚금과 壬수가 투출한 것과 같은 것으로 본다. 역시 꺼리는 것은 戊己土의 雜亂하는것으로 이는 水로 하여금 淸함을 잃게 異路功名을 이루게 된다.

<풀어씀>

　지지에 火局을 이루었을 때 작은 물방울(滴水)이라도 보지 못하면 중팔자(僧道)이거나 홀아비로 고독하고 의지할 곳 없는(鰥寡孤獨)사람의 팔자로 본다. 설령 한두 개의 작은 물 癸수가 있다하더라도 火土의 기운이 지나치게 많이 보이게 되면 癸수를 쓴다하더라도 無力한 것이 되어서 눈에 상할 수 있다. 戊己土가 투출하여 불기운을 뺀다 할지라도(洩氣)고생하면서 살아가는 고독한 사람이다. 운이 북방지로 행하면 흉사가 많게 되는 데 원국이 매우 조열할 때 힘없는 水가 있거나 운에서 만나면 오히려 火를3 격노케 하여 흉하게 되기 때문이다.

<해설>

　지지에 火局을 이루었을 때 적수(滴水-작은 물방울)라도 보지 못하면 원국이 조열하여 편고 된 상을 이루게 되는데 이때 한 두 개의 힘없는 癸수가 (庚申금의 생을 못 받는)있다하더라도 많은 火土를 보면 약한 癸수는 말라버리니 역시 쓸 수 없는 물이 되는 것이다. 그런데 戊己土를 얻어 불기운을 뺀다하더라도 화염조토(火炎燥土-불이 훨훨 타서 바짝 마른 땅)가 되어 터럭만큼의 生氣도 얻을 수 없으니 고독한 팔자로 살아가면서 막

히고 답답한 일(刑剋)들이 있게 된다. 만약 원국에 金水가 없을 때 북방 운으로 행하면 오히려 凶事가 많다는 것은 火土가 지나치게 조열(燥熱)할 때 작은 물(微微)이 들어오게 되면 오히려 불타오르는 불기에 기름을 붓는 것 같아 火氣가 더 극성을 부려 흉화(凶禍)를 만나지 않은 적이 없다.

 모름지기 생각해 보면 火일주가 土를 용신으로 쓸 때 운이 북방지로 행하면 화(禍-재앙)에 이르지 않으나 만약 土일주가 火를 용신으로 쓸 때 운이 북방지로 흐르면 반드시 흉화(凶禍)가 있게 된다. 傷官을 쓰는 것은 중요한 것이므로 자세한 설명은 적천수보주(滴天隨補註)의 화염조토절(火炎燥土節)을 참고하기 바란다.

여기서 사주하나 보고 갑시다.

乾命	甲午	戊辰	戊戌	癸亥			
수	8	18	28	38	48	58	68
대운	己巳	庚午	辛未	壬申	癸酉	甲戌	乙亥

 위 사주는 태고종 스님의 팔자입니다. 결혼해서 목재가구 장사하다 실패하고 승도의 길로 들어선 스님인데 火土重濁에 癸亥수가 있다하여도 戊癸合化해서 火로 변하고 亥수는 旺土에 고립 되어 無力한 형상이다. 그래도 財星이 用神이다 보니 평생 아내의 덕으로 살아왔다. 아내는 부산에서 보살로 법당을 운영하고 스님은 태고종 선암사에서 학승으로 십여년을 도를 닦다가 甲戌대운에 김해에 절을 사서 기도승 으로 살아가신다. 그런데 戊戌년에 교통사고로 사망사고가 발생하더니, 庚子년 戊子월에 간암수술 하시고 요양병원에서 요양 중이시다. 이 사주를 자세히 들여다보면 官도 쓸 수 없고 중 팔자인 것은 틀림없는데 戊戌년운는 辰戌沖으로 비견이 발동하여 손재수로 群比爭財한 것이었고, 庚子년 운세는 庚금이 甲목을 자르니 간에 문제가 발생한 것이고 子午沖으로 旺神沖發로인한 수술 수였을 것으로 본다. 辛丑년을 만나면 傷官 辛금이 劫財 丑土를 달고 들어와서 丑戌刑을 하는 해여서 좋은 해는 아니다. 건강관리 잘 하셔야 할 것 같다.

<풀어씀>

혹 원국이 炎上을 이루고 있을 때 柱中이나 運에서 庚辛금이 나타나지 않고 甲乙木을 거듭 보게 되면 (불이 활활 타서) 오히려 크게 부자가 된다. 그렇다 하더라도 水운을 보면 안 좋다.

<해설> 사주에 金水는 없고 지지는 火局을 이루면 炎上格이다.

운도 南方運이면 炎上이다. 甲乙목이 火를 生한다는 것은 虛한 火가 불길이 당겨져서 활활 타는 것으로 크게 부귀하게 된다. 이때 만약 土가 있어서 火의 기운을 설기하면 火炎燥土로 변해서 炎上格이 아닌 편고 된 사주로 변해 오히려 곤액(困厄)이 따르게 된다. 炎上格에서는 木이 있어 引火됨이 있더라도 水를 보아서는 안 된다.

方局을 이루거나 三合局을 이루어 火의기세가 왕성할 때 水를 보면 水가 火를 격노시키면 파격이 되고 삶에서는 예측 할 수 없는 재앙을 만나게 된다.

<풀어씀>

혹 庚금과 癸수가 천간에 투출하면 의식주가 풍부하고 지지에 火가 경미하면 눈병이 없으며 지지에 水가 많으면 異道의 길을 걷게 되고 또 지지에 土가 무리를 이루면 洩함이 지나치지만 천간에 壬수가 있어 甲목을 자양(慈養)하게 되면 土剋火生을 얻게 되어 富貴長壽하게 된다. 이는 조화를 말한 것이다.

<해설> 위 글은 총결(總結)한 것이다.

五月丙화는 壬수를 위주로 삼고 庚금을 보좌로 하는 것이 정해진 법이다. 壬수가 없고 癸수만 있더라도 庚申금의 生이 있으면 衣祿이 풍족하나 金이 없으면 癸수는 무력하여 쓸모가 없고 만약 사주에 土가 많으면 어둡게 하여 크게 꺼리게 된다. 그러나 土를 억제하고 丙화를 生扶할 수만 있다면 부귀수고(富貴壽考)하는 命이다. 水의 滋助가 없으면 甲목이 스스로 불타(自焚)고 土가 많으면 목절(木折)로 木의 위력이 없게 된다.

乾命	庚	壬	丙	己
	寅	午	戌	亥
대운	癸未	甲申	乙酉	丙戌	丁亥	戊子	己丑

위 사주는 午月의 丙火가 寅午戌 火局을 이루어 炎上格 이지만 水土가 천간에 나타나서 破格이다. 그러나 庚금을 취하게 되면 貴하게 된다. 다행이 庚壬이 함께 투출 되어 壬수를 用하고 庚금을 補佐로 하는 命造이다.

乾命	戊	戊	丙	己
	戌	午	午	丑
대운	己未	庚申	辛酉	壬戌	癸亥	甲子	乙丑

위 사주는 火土重濁으로 종(奴僕)의 命이다. 土가 火를 어둡게 하여 午월의 丙午 일주라도 己丑토가 완전히 雜格으로 변화시켜 賤格이 된 것이다. 火炎燥土하게 되면 편고 된 명조로서 炎上格으로 논하지 않는다.

乾命	戊	戊	丙	甲
	申	午	辰	午
대운	己未	庚申	辛酉	壬戌	癸亥	甲子	乙丑

위 사주는 火土가 混雜 된 명조지만 甲목이 투출되어 土를 制伏하고 壬수로서 火를 제하니 縣令의 벼슬한 명조다.

丙화가 辰土 위에 앉아서 土는 重하지만 燥熱하지 않으니 甲목은 능히 旺土를 制할 수 있었다. 만약 조열하였다면 왕한 火는 甲목을 불살라 재로 만들었을 것이니 무능한 甲木으로 역할을 못하게 되었을 것이다. 地支 申금과 辰土가 會合하여 水局을 완전히 이루지는 못하였다 하여도 연합한 힘은 결코 약하지 않았다.

<풀어씀>
 六月은 丙火가 退氣하고 三伏은 寒氣를 生하는 시기이니 壬수를 쓰되 庚금을 취하여 보좌로 삼는다.

<해설> 六월은 화염조토(火炎燥土)한 때로 四五월과 같은 이치로 본다. 壬수를 주요한 용신으로 삼되 庚금으로 보좌해야 마르지 않는다.

<풀어씀>
 庚금과 壬수가 천간에 함께 투출해서 서로 上生하면 과거에 합격한 훌륭한 관리처럼 각자의 역할을 잘 한다. 만약 庚금은 없고 壬수만 있으면서 천간에 戊토가 나타나지 않으면 적은 富貴는 누릴 수 있으나 戊토가 나타나서 壬수를 누르면 그저 동네에서 현명하다는 소리를 듣는 정도의 사람에 불과하다. 그런데 己토 까지 나타나서 혼잡 되면 보통 쓸모 있는 사람(庸俗 어리석으면서 보통사람)에 불과하다.
 혹 壬수가 약한데 己토가 천간에 나타나면 빈곤(貧困)그나마 壬수가 없으면 下格으로 천하고 어리석은 사람이 되고 마는데 이런 이치는 男女 모두 같다.

<해설> 庚壬이 함께 나타나면 上格사주로 본다.
 壬수만 나타나고 庚금이 없으면 뿌리 없는 약한 물이라서 부귀가 적은 것이고, 그런데 이런 상황에서 戊토의 그제가 더하게 되면 병은 있고 약이 없는 것과 같아 발전이 더디고 그저 동네에서 이름이 날 정도의 사람에 불과하게 된다. 만약 己토 라면 水를 억제할 능력부족으로 오히려 壬수를 탁하게 만하는 작용(己土濁壬)을 하게 되므로 용렬한 사람으로 어리석고 하천한 사람이 된다.

<풀어씀>
 혹 丙火가 천간에 무리를 이루었다 하드라도 양이 극에 이르면 음이 생하게 되니 친간에 壬수와 庚금을 같이 보아야 등과급제를 하게 된다.

<해설> 위 글의 결론은 六月 丙火는 庚壬이 함께 나타나야 한다는 말로 다른 말로 말하면 庚금과 壬수밖에 쓸 별다른 방법이 없다는 말이다.

<풀어씀>
　총괄해서 말하자면 六월 외에 壬수를 쓸 때는 운이 서북으로 운행함을 기뻐하지만 六월丙화만은 壬수를 쓸 때에는 운이 서남으로 운행함을 기뻐한 다는 점이 다르다.

<해설> 이 말은 六月 丙火가 壬수를 쓰는 것은 다른 달과 다르다는 점을 말한 것이다
　壬수를 용신으로 쓴다면 당연히 北方水地를 기뻐하나 六월에 태어난 丙화가 壬수를 쓸 때만은 西南으로 운행하는 것을 기뻐한다는 것은 申금이 水의 장생지로서 바꾸어 말하자면 金이水를 생하는 것을 기뻐한다는 것이다. 만약 水地로 行하면 水火가 相爭되고 土水가 혼탁해져 오히려 여러 가지 꺼리는 일이 있게 된다.

乾命	壬寅	丁未	丙申	壬辰
대운	戊申	己酉	庚戌	辛亥 壬子 癸丑 甲寅

　위 사주는 명나라 때 尙書의 벼슬에 올랐던 夏言이라는 사람의 명조이다. 壬수가 천간에 두 개가 나타났으나 年干의 壬수는 月干의 丁화와 丁壬合去했고 時干의 壬수는 재성인 申금에 뿌리내리고 申辰會合 水로 干支가 서로 화합하여 부귀를 함께 누리게 된 것이다.

乾命	戊午	己未	丙戌	己亥
대운	庚申	辛酉	壬戌	癸亥 甲子 乙丑 丙寅

　위 사주는 火土傷官格이라 한다. 인생의 전반부는 가난하였으나 후반은 富를 누린 명조로 寅운에 세상을 떠났다. 火土傷官格으로 洩氣가 극심하지만 亥中壬甲이 있어 殺印相生으로 좋아진 것이다. 운 역시 전반부는 西方金운으로 일주가 無力했지만 후반 北方水운은 亥中甲木을 水가 생하고 木이 丙화를 생하니 부를 누린 것이다.

乾命	壬寅	丁未	丙申	戊戌

대운	戊申	己酉	庚戌	辛亥	壬子	癸丑	甲寅

　위 사주는 土가 重하고 일주가 輕한 명조이면서 운까지 金水 운으로 흘러 걸인으로 살다가 죽었다고 한다.
　이 사주도 火土傷官格으로 설기가 태중한데 木의 制土가 약하고 申宮의 壬水는 오히려 土에 의해 막히고 고립 되어 투출 할 수 없어 쓸 수가 없었다.

三秋丙火
삼추병화

<풀어씀>
　七月의 丙화는 서쪽으로 기우는 태양과 같아 陽氣가 衰弱하다.
서산에 기우는 해는 土를 보게 되면 그 빛이 어두워지지만 호수나 바다를 비출 때는 그 빛이 반사되어 한낮의 태양 못지않게 찬란한 빛을 發하게 되니 江湖를 상징하는 壬수를 쓴다. 7월의 丙화라도 찬란한 빛의 보영(補映)을 받게 된다.

<해설> 丙화가 申에 이르면 12운성으로 病地에 해당된다.
　해가 中天을 지나 西山으로 기울어 양기가 쇠약해진 태양과 같다. 이때 土를 보면 빛이 더욱더 어두워지므로 중천에 떠있는 태양과 비교가 될 수 없다. 그러므로 7월의 丙화는 식상을 쓸 수 없는 것이다. 月令 申宮은 庚금의 祿이며 壬수의 長生이 된다. 예를 들어 사주에 木인 인수와 火인 비겁이 많으면 일주가 旺하게 되니 이때는 財를 써서 殺을 生하여야 한다. 이것이 바로 7월에 태어난 丙화의 正格이다.

<풀어씀>
 만약 壬수가 많다면 戊토를 취해서 水를 制伏하여야 妙함이 있으니 壬수가 천간에 투출하고 또 戊토가 함께 나타나면 科甲을 할 수 있다. 그러나 만약에 戊토가 지지에 暗藏 되어 있다면 生員에 불과하고 壬수는 많은데 암장된 戊土라도 없다면 평상인에지나지 않는다. 혹 戊토가 많고 壬수가 적어도 평상인에 속하고 그러나 壬수가 많더라도 하나의 戊토가 천간에 나타나 制水함이 있으면 중살창광 일인가화 "衆殺猖狂 一仁可化"라 하여 미친 무리들이 날뛰지만 어진한사람이 옳고 바르게 일을 처리하여 반듯이 권세를 누리는 밝음이 있게 된다.

<해설> 위 글에서 말한 것은 7월 丙화는 戊토를 쓰는 것을 마땅치 않지만 柱中에 壬수가 많다면 戊토를 취하여 억제하지 않으면 안 된다는 말이다, 그러나 일주가 우선 강해야 하고 왕성한 칠살이 制해야 하고 운의 흐름이 煞을 制하는 운으로 흘러야 貴가 나타나게 된다. 만약 칠살을 制함이 없으면 안 된다. 七煞의 制함이 너무 지나쳐도 안 된다.

<풀어씀>
 원국에 辛금이 무리를 이루었을 경우 기명종재(棄命從財)로 즉 나를 버리고 재를 따르게 되면 기묘(奇妙)한 명조로 변해 크게 되지는 못할지라도 은혜와 영화(恩榮)는 입게 되지만 단 의타심이 강해서 친인척에 의지하게 된다.
<해설> 丙화가 申월에 이르면 退氣로 衰弱해진다.
 그런데 辛금이 무리를 이루면 천하의 丙화라도 丙辛合하여 水로 변하는 것은 아니지만 재성을 따라 기명종재 즉 나를 버리고 財를 좇아가게 된다는 말이다.

乾命	壬戌	戊申	丙申	壬辰
대운	己酉	庚戌	辛亥	壬子	癸丑	甲寅	乙卯

 위 사주는 壬水가 년과 시간에 투출하였어도 戊토가 나타나서 制함이 있다. 太史의 命이다.

- 202 -

이 명조는 국량(局量-사주의 크기)을 고려해 볼 필요가 있다. 비록 戊토가 殺을 제압하고 조화를 이룰 것 같지만 병화가 신월신금위에 앉아있어 극도로 쇠약하여 戊土로서 官을 제압 제압하기 힘겨울 겁이다. 이니 금수지운으로 운행 한다면 從殺格이 된다. 戊戌土는 비록 기세에 거슬린다 하더라도 원국에 申금이 있어 土金水 三象을 이루게 되어 근심 걱정이 없고 從을 하는데 장애가 없다.

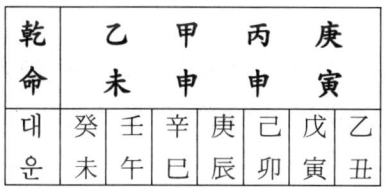

財滋七殺格으로 參政의 벼슬을 하였다.

이 사주는 칠월에 태어난 丙화의 정격으로 비록 두 申금이 寅을 沖 한다 하더라도 천간에 甲乙목이 투출하고 印綬(寅木)가 相生하므로 日元이 약하지 않으니 殺을 生하는 財를 용신으로 삼을 수 있다.

<풀어씀>
八月의 丙화는 황혼에 가까우니 丙화의 남은 빛이(餘光: 해와 달이 기울은 다음에도 은은히 비추는 남은 빛)호수와 바다에 비친다면 찬란한 빛을 발하게 되니 壬수의 보영(輔映-도울 보, 비출 영) 일 것이다.

<해설> 七八月의 丙화는 그 세가 쇠약하므로 사주 원국의 지지가 會合하거나 通根하여 일주가 강해져 財를 써서 殺을 生해줄 수 있어야만 妙하게 된다. 그런데 일주가 약하다면 반드시 印綬나 比劫을 써야 한다. 그리고 木火는 가을에 이르게 되면 死絶地에 들게 되니 退한 氣가 財나 殺을 무리하게 쓴다면 결코 아름다운 사주가 될 수 없다.

만약 財를 쓰게 된다면 반드시 食傷으로 引火함이 있어야 한다. 그러나 해가 서산에 기울 때 土를 보면 빛이 어두워지는 같아 역시 일주가 강해야만 비로소 財를 용신으로 쓸 수 있는데 富하기는 해도 貴하지는 않다. 그러므로 오직 강왕하여 살을 쓸 수 있어야 비로소 귀격이라 말할 수 있다.

<풀어씀>

사주에 丙화가 많을 경우 하나의 壬수가 투출하면 기이한 것으로 등과급제(登科及第)로 부귀를 함께 누리게 된다. 그러나 투출되지 않고 지지에 암장(暗藏)되었다면 수재(秀才) 일뿐이다. 혹 戊토가 많아 壬수를 곤란하게 하면 가작사문(假作斯文)이라하고 만약 壬수가 없으면 癸수를 쓸 수 있으나 공명이 오래가지 않는다.

<해설> 壬수를 쓰려면 사주에 丙화가 많아야 한다는 先決要件이다.

이 말은 원국이 강왕해야 한다는 말로 8월丙화 뿐만 아니라 7월丙화도 마찬가지다. 신강 해야만 財를 써서 煞을 생하여 부귀하게 되나 만약 壬수가 암장 되어 있으면 용신의 힘이 약하니 운이라도 용신을 引出하는 운으로 가야만 현달할 수 있다. 만약 원국의 부족하고 모자라는 바를 운에서 인출시키지 못한다면 청금(靑衿)으로 가난하고 고달프게(困窮)살게 된다. 이 때 가장 두려운 것은 戊토가 나타나서 水를 지나치게 억제(制)하는 것으로 水를 제압함이 지나치면 쓸모없는 사람(無用之人)이 되기 때문이다.

丙화에 壬수를 쓰는 것은(丙火用壬) 마치 석양(夕陽)이 강이나 바다를 비추면 그 기상이 위대함 같이 공명현달(功名顯達)하게 된다고 하였고 癸수는 역시 쓸 수는 있으나 결국 배합의 무정함으로 오래가지 못하게 된다.

<풀어씀>

혹 辛금이 투출하여도 從化하지 못하면 일평생 늦게까지 가난하고 고달프게 살게 된다. 이런 경우 丁화가 있어 辛금을 制한다면 사람됨이 간사하여 상하구분 분별력이 모자라며 女命이 이런 경우라면 말이 많고 음란하며 천한 여자이다.

<해설> 丙화가 辛금을 보면 두려워하니 반드시 財를 따름으로서 아름답게 된다. 혹 사주에 水가 많아 格이 변화하게 되면 좋은 명조로 볼 수 있지만 만약 약한 뿌리라도 있어 從化 할 수 없다면 財多身弱으로 보아 늙도록 가난하고 고단하게 살게 된다.

혹 천간에 丁화가 있어 丙화를 도와 辛금을 剋制한다면 酉금은 丙화의

死地이지만 丁火의 長生地로서 陽이 극(極)에 이르러 陰이 生하는 자리이니 좋고 참된 生地라고 볼 수 없다. 丙火가 힘이 없다면 丁火라도 도와야 한다. 그러므로 丁火가 천간에 나타나면 종격이 될 수 없다. 다만 辛金을 억제함이 無力하여 進退에 실거(失據-잃고 의지함)하는 상이므로 남자는 주로 간사하고 여자는 음천(淫賤)하다고 한 것이다.

<풀어씀>
혹 지지가 金局을 이루었다 하더라도 辛金이 천간에 투출하지 않았다면 從財가 되기 어려우며 높은 벼슬아치가 된다 하더라도 배고픈 사람이다.
만약 辛金이 투출했다 하더라도 비겁이 나타나지 않았으면 從財格이 되어 오히려 부귀하게 되고 친척의 후원을 얻게 되며 현명한 아내의 내조를 받게 된다.

<해설> 위에서 말한 것은 지지가 金局을 이루었다하더라도 천간에 辛金이 투출하지 않으면 從財가 되지 않는다는 말이며 財多身弱이 되어 벼슬을 하더라도 가난한 선비일 거라는 말이다. 從財가 되려면 지지 金局을 이루고 辛金이 나타나고 비겁이 나타나지 않아야만 眞從이 되어 출세 공명하게 된다고 한 말이다.
從格은 사람으로 인해서 부귀를 취하게 되는데 財로 從하면 주로 내조(內助-아내로 인한) 힘이나 득을 얻게 된다.

乾命	丙子	丁酉	丙午	丁酉
대운	戊戌	己亥	庚子	辛丑	壬寅	癸卯	甲辰

원국이 혼잡 되지 않았고<5火 2金 1水>재자칠살격(財滋七殺格-재성이 살을 생하여 격을 이루었다,> 출장입상의 명조<出將入相의 命造-씩씩하게 나아가는 상의 사주구성>가 되었다, 만약 子시에 태어났다면<戊子라면 官이 극제 당하고, 壬子시라면 관살혼잡과 충파로> 貴하지는 않았을 것이다.

<풀어씀>

 八月은 酉금이 병령(秉令)하는 때 이므로 酉금인 財가 子수인 官星을 滋養하고 官은 비겁을 견제하여 財를 보호하므로 官刃을 쓰게 되어 출장입상 부귀쌍전(出莊入象 富貴雙全)등을 말해야 하는 명조가 된다.

 8월은 丙화가 退氣하는 때이므로 오르지 일지 午화를 믿지만 만약 子시생 이라면 沖破 되어 貴氣가 없어질 뿐만 아니라 착하게 끝나지(善終) 못하게 되기 때문이다.

乾命	丙寅	丁酉	丙辰	丁酉
대운	戊戌	己亥	庚子	辛丑	壬寅	癸卯	甲辰

 사주가 맑고 혼잡 되지 않아 尙書에 이르렀다.

 이 사주는 오르지 財星을 쓰는 사주로<1木4火에 1土2金>食神生財格 으로 일주가 강하면서 식신 辰토가 설기시켜 財로 流通시킴이 아주 좋다. 더욱 기쁜 것은 년간의 丙화가 앉은자리에 寅목을 두어 뿌리가 되었다는 점이다.

乾命	己卯	癸酉	丙子	戊子
대운	壬申	辛未	庚午	己巳	戊辰	丁卯	丙寅

 傷官生財格으로 參戎에 이르렀다.

 그러나 음형살중(陰刑殺重-음기가 강한 살이 무겁다.>하기 때문에 卯운에 진중(陣中-포병으로 전쟁에 나아가)에서 사망하였다.<卯酉相沖으로 死亡>

 관성인 癸수를 己토 상관이 극하고 있으므로 상관을 써서 財를 생한다. 하더라도 財官을 쓸 수 없는 사주이다. 원국에 왕지인 子午卯酉가 모두 갖추어있다면 四沖이라 하는데 이 사주처럼 子卯酉 3자가 구비되고 운에서 午를 만나면 모두 생명이 위태롭게 된다. 원국에 卯酉의 沖이 있고 印綬가 傷害를 입을 때 다시 卯운을 만나면 衰神이 旺神을 沖하는 것이므로 재가 印綬를 破하는 것이 현저하게 드러나게 된다.

사주하나 보고 넘어가겠습니다.

1957년11월13일06시생						
坤命	丁酉	壬子	己卯	丁卯		
수	1	11	21	31	41	51	61
대운	癸丑	甲寅	乙卯	丙辰	丁巳	戊午	己未

辛丑년에 65세 되는 여성의 명조인데 호텔에서 용역(청소 기타잡일)으로 근무하는 사람으로 독신이며 92세 친모모시고 외롭게 살아가는 사람입니다

 음팔통 사주에 子월의 己토로 財殺이 태왕하고 印綬가 無力하니 삶이 고달프겠구나, 일복은 타고났으나 힘겨운 일이고, 성격 또한 편협하여 꼬장꼬장하니 이 또한 내가 살기위한 방법이고 수단이 아니겠는가, 인생살이가 꼬인 실타래 같으니 이 또한 자신이 풀어야 할 몫인 팔자다.

 사주팔자 해석에 정확도를 기하기위해서 유명한 역학 전문 학술서 "명리사전과 팔자제요"에 기록 된 내용들을 인용해 기록하고자 합니다.<명리사전은 과거 박재완이라는 당대 가장 유명했던 박 도사님이 지으신 명리사전이고, 팔자제요는 중국의 유명한 명리학자 위천리 선생의 저서로 사주팔자의 정석으로 후학들이 반드시 익히고 확인해야하는 옥서를 말한다.
[命理 辭典]
 子월에 태어난 己토라서 寒冬에 凍土이나 태어난 시가 丁卯이니 한수를 설기하여 丁화를 돕는다고는 하지만 시원치 않고 답답하구나, 일지에 다시 卯목을 놓아 유약한 화초목이 어찌 버텨낼지 염려와 우려가 크다.
[八字 提要]
 子월에 출생한 己토 일간은 凍土로서 土의 역할을 할 의사가 전혀 없다. 다행이도 丁卯시를 만나서 차가운 기운을 다소라도 완화하고는 있으나 年月에 木火가 나타나서 생기를 불러 넣었으면 좋으련만 월간에 壬수가 투출하여 년간 丁화를 잡아 묶으면서 년지 酉금이 生水하니 비록 일지에 卯목이 있어도 감당하기 어렵겠다.

[恩山 解說]

　위 두 학술서 에서 밝혔듯이 이 사주는 한마디로 삶이 고달프고 잘 풀리지 않는 팔자이다, 女命이 지지에 왕지로만 구성되면 팔자가 드세어 피곤한 삶을 살아가게 된다. 특히 이런 사주는 막힘도 시원스럽게 트이지 않으니 좋아진다 하여도 그저 그렇고 시원스럽고 화끈한 맛이 없는 삶을 살아가게 된다. 남자는 내 주위에 많이 나타나도 화끈한 내 남자는 없고 오직 어머니 치맛자락 잡고 살아가야하는 가련하고 처량한 팔자인데 이것 역시 팔자소관으로 누구를 원망하고 탓 하겠는가, 그저 열심히 내 몸이 으스러지도록 노력하며 살아가야 한다.

　사주팔자가 합이나 충 형 파 해가 많은 팔자는 안 좋은 팔자이다. 이 명조는 합 형 충 파 해가 안 걸리는 글자 없이 다 걸리고 있다. <丁壬合 子卯刑 卯酉冲 子酉破 >심지어는 己土濁壬 까지 해당 된 경우다. 사주에서 오행이 자신의 역할을 해야 하는데 합이나 충 형파가 걸리면 각자의 역할이 안 되기에 나쁜 팔자로 보는 것이다. 사주에 비해 운의 흐름이 좋아 열심히 일하고 건강하게 살아왔을 뿐 산전수전 다 겪으면서 살아왔다고 봐야 한다.

　　　　2021년 辛丑년 소 띠 해의 운세를 살펴보자면
　辛이나 丑이라는 글자가 寒濕한 글자라서 나에게 도움이 되는 글자는 못 된다. 다만 의지처가 되고 있어 무난하게 살아갈 뿐이다, 생각하고 행동함에 무리수를 두지 말고 정도로 가고 움직이지 않는 것이 좋을 것이다. 단 희망이 있는 것은 2022년 壬寅년이라는 범 띠 해가 되면 좋은 남자인연이 맺어질 것이고 좋은 직장이 나를 기다리고 있으니 모두 귀인이다.

<풀어씀>

　九月의 丙火는 火의 기운이 더욱 약해질 때이므로 土가 불빛을 어둡게 하는 것을 크게 꺼린다. 그래서 木을 먼저 쓰고 그 다음에 水를 취하는 것이 좋다.

<해설> 9월은 土가 왕성한 月令(월의 우두머리)이고 丙火의 기운은 물러날 때이므로 회광(晦光-그믐 밤 같이 어둡게 함) 시키는 土를 가장꺼리며 甲木으로써 土를 억제하고 生火해야 한다. 9월의 丙火는 휴수(休囚)할 때이니 甲木으로 生扶 함이 가장 좋아서 우선 甲木을 쓰라는 것이다. 戊土는 조열한 土이고 丙火는 純陽의 火로 원국이 戊토와 丙화로 가득 차있다면 火炎燥土한 것으로 반드시 水의 윤택(潤澤)함이 있어야 한다.
9월은 壬癸 水의 쓰임이 거의 같다.

<풀어씀>

　甲木과 壬수가 함께 투출하면 부귀가 평범하지 않은데 만약 壬수가 없고 41癸수가 천간에 투출해도 쓸 수는 있다, 비록 과갑은 못할 지라도 이로의 공명은 이룰 수 있다. 이 말은 큰 발전은 아니더라도 작은 발전은 있다는 말이다. 그러나 壬癸수가 지장간에 암장되어있다면 공감에 불과하고 甲木이 암장 되고 壬수가 투출하며 庚금이 甲목을 파하지 않으면 秀才는 될 수 있다. 혹 庚금과 戊토가 水木을 괴롭히면 변변치 못한 인물이고 甲목이나 壬癸수가 아예 없다면 이런 사주는 下格이다.

<해설> 9월은 만물의 기운을 거두어드리는 시기이므로 壬癸水는 그 쓰임이 같다고 봐야 한다. 단 戊토와 癸수의 입장을 어렵게 해서는 안 된다. 만약 천간에 戊토가 투출하면 甲목이 있어 戊토를 억제하지 않으면 안 된다. 그러나 甲목이 지지에 암장되어 있어 戊토를 제지하는 힘이 약하다면 다시 庚금이 있어 甲목을 파하게 되면 戊토는 壬癸수를 괴롭히게 된다.
　원국의 戊토와 庚금이 水木을 괴롭게 하는 것은 원국에 甲목이나 壬癸가 없는 것과 같은 것으로 비록 있으니 없는 것과 다를 비 없으니 下格이라고 봐야 한.

<풀어씀>
혹 火土가 무리를 이루었다면 비록 태왕하지는 않다 하더라도 역시 스스로 조열한 것으로 고향을 떠나지 않으면 양자를 가는 등 바쁘게 달리고 움직이며(奔流) 사는 사람이 되고 만다. 게다가 庚辛金이나 壬癸 水가 천간에 나타나지 않으면 요절(夭折)할 명조이다.

<해설> 戌宮은 戊土와 丁화가 암장 되어 있으므로 본래 조열(燥熱)한 土이며 게다가 丙화일간이면 태왕하지는 않다고 하더라도 역시 火土重濁으로 조열(燥熱)하고 편고(偏枯) 할 뿐이니 향을 떠나 여기저기 떠돌아다니면서 걸식(乞食)한다하여 유리걸식(流離乞食)이라고 한다. 만약에 원국이 火土重濁 되고 庚辛금이나 壬癸수가 안 보이면 요절(夭折)한다는 말은 火土가 무리를 이룬 상태라면 木으로 火를 생하고 土를 극하게 되면 왕성하고 조열한 火土입장에서는 반항하고 격하게 치닫다 보면 변고가 생긴다는 말이고, 이런 경우는 庚辛 金으로 설기(洩氣)시키고 壬癸 水로 윤택(潤澤)하게 한다면 土인 땅으로서의 역할을 잘 하게 된다는 말이다.

실제 사주하나 보고 넘어갑시다.

乾命	丙戌	己亥	丁未	庚戌

수	3	13	23	33	43	53	63
대운	庚子	辛丑	壬寅	癸卯	甲辰	乙巳	丙午

<필자의 명조이다>

위 사주는 비록 丁화지만 천간에 丙丁이 나타나고 戌未三土가 조열하며 게다가 己토가 투출 되어 火土가 무리를 이루었다. 그런데 다행이도 亥월이고 庚금이 시간에 나타나서 각자의 역할을 잘 하여 무난하게 조화를 이루어 重濁은 면했다. 만약 乙未 월이나 甲午이었다고 가정해 본다면 요절(夭折)하였거나 걸인(乞人)이나 僧徒의 길을 걸으며 살았을 것이다. 필자가 젊은 시절에 노인 역술인에게 들은 이야기가 머리에 꽂혔던 기억이 있다. 젊은이는 나이 들어 머리 깎고 산에 들어가 중 되는 팔자여, 아마 乙巳 丙午 대운을 보고 한 말인 것 같다. 사주가 조화를 이루어 중 팔자는 면했지만 산전수전 다 겪고 역술인으로 살아가는 것도 팔자소관일 거다.

<풀어씀>

혹 지지에 火局을 이룬다 해도 炎上의 시기가 아니므로 만약 南方運으로 行한다 하더라도 가난한 생활은 면하기 어렵게 된다.

<해설> 지지가 火局을 이루고 戌토가 火로 化한다하더라도 자세히 살펴보면 9월은 土가 왕한 때이니 炎上格처럼 보이더라도 그 때가 아니며 화염조토(火炎燥土-불이 타오르는 것 같아도 역시 흙인 土만 불 먹은 땅 일뿐) 할 뿐 이며 炎上이 될 수 없다. 그러므로 운이 남방으로 행하면 편고(偏枯-치우치고 마르고 수척 함)함이 극에 이루게 된다.

炎上格은 남방을 기뻐하고 북방을 꺼리나 火土로 조열한 局은 운이 남방으로 행함을 꺼리고, 북방도 역시 기뻐하지 않는다. 서방이 그래도 좀 나은 편이지만 본래 원국이 낮아지고 비록 운이 좋다하더라도 아주 좋게 살지는 못한다.

乾命	己亥	甲戌	丙子	戊子
대운	癸酉	壬申	辛未	庚午	己巳	戊辰	己卯

甲목이 천간에 나타나고 지지에 생지를 만났으니 孝廉의 벼슬을 하였다. 인수를 써서 식상을 제하고 官을 보호하는 것으로 용신을 삼는다. 官印相生으로 보아도 된다.

乾命	丙申	戊戌	丙午	戊戌
대운	己亥	庚子	辛丑	壬寅	癸卯	甲辰	乙巳

이 사주는 원국이 혼잡 되지 않고 지지가 火局을 이루면 오르지 壬수를 써야하는데 壬수가 암장 되어있어 선빈후부(先貧後富)한 팔자로 본다.

午戌 火局을 이루고 戌土가 천간에 투출하였으니 申中 壬庚 金水를 써야 한다. 火土重濁이지만 申금이 있어 洩氣하여 三神相生으로 좋아진 팔자이다.

乾命	戊戌	壬戌	丙寅	壬辰
대운	癸亥 甲子 乙丑 丙寅 丁卯 戊辰 己巳			

 이 사주는 富는 크나 貴는 적은 팔자이다. 甲목이 암장(暗藏)되고 壬수가 투출했기 때문이다. 印綬로 화살(化殺)하는 것을 用神으로 한다. 운이 북방水운에서 동방木운으로 흐른다. 왜, 富는 크나 貴는 적다고 하였을까? 富는 食神生財로 戌中辛금이 암장됨이고, 貴는 壬수가 비록 투출은 하였으나 4土의 剋制를 받아 無力하기에 한 말이다.

三冬丙火
삼 동 병 화

<풀어씀>
 10월의 丙화는 태양이 失令한 때이나 甲戊庚 이 천간에 있으면 科甲 之命이라 할 수 있으니 인성이 매우 청고하여 선비 학자(斯文).로 領袖가 될 수 있다.

<해설> 10월은 丙화가 휴수(休囚)에 드는 때로 그 기세가 지극히 약하므로 甲木으로 쇠약한 火를 생해 주어야 하고 水가 旺하면 戊土 로서 制해 주어야 하며 木이 왕하면 庚금으로 억제해주어야 조화를 이루게 된다.
 亥宮은 甲목의 長生地이니 만약 지지가 亥卯未 三合을 이룬다면 庚금으로 반드시 억제해야 한다. 丙화는 壬수가 없어서는 안 되지만 水가 왕하면 甲목으로 引火(水生木木生火)하여야 한다. 亥월은 壬수의 祿地이며 甲목의 長生地이므로 甲목을 우선으로 한다.

<풀어씀>
 만일 辛금이 투출하고 지지에 辰토를 보게 되면 합화봉시(合化奉時)하 하여 크게 貴한 命으로 보게 된다.

<해설>
　화기(化氣-합해서 변하는 것)하는 것 중에서 丙화가 辛금을 볼 때가 합화하기 가장 어렵다 고한다. 甲己合化보 다 더 심하다, 대개 丙화는 양강(陽剛)한 성질로 내가 극하는 주체자의 입장이 되나 만약 化하게 되면 丙辛合水가 되어 오히려 나를 극하게 되니 지지가 모두 金水로 이루어 지지 않으면 丙화의 기세가 死絶되었다 하더라도 化하기는 쉽지 않다.
　丙화가 水旺한 亥월에 태어나고 년이나 시에 辰토를 보게 되면 바야흐로 眞化가 되니 化合이 때를 얻으면 크게 富貴하게 된다.

<풀어씀>
　혹 壬수는 많으나 甲목이 없으면 기명종살격(棄命終殺格)이 되니 설령 과갑(科甲)은 못한다 하더라도 환료(宦僚-벼슬아치)는 될 수 있다.

<해설> 從格은 印綬뿐만 아니라 比肩 劫財를 보아서도 안 된다. 印綬가 있으면 일주의 생기가 끊이지 않으므로 종격이 될 수 없고 비견겁도 역시 扶助하는 신으로 같이 본다.
　亥宮의 甲木은 장생지로 원래 根氣가 있으나 壬수가 투출하고 甲목이 없으면 亥宮은 甲木의 미약한 뿌리일 뿐 함장(含藏-지지 속에 감추어 품은) 된 木이 발(發-피어남)하지 못함으로 종살(從殺) 할 수 있는 것이다.
　그러나 甲목이 투출하였다면 木氣가 動하여 저절로 火를 生 할 수 있게 되어 金의 制함이 있다하더라도 종격으로 논할 수 없다. 壬수가 많고 甲목이 없으며 戊己土가 있을 경우 역시 從할 수 없는 것은 土는 水의 기세를 거스를 뿐 아니라 대개 壬수는 土의 制함을 받게 되면 오히려 木을 生 할 수 있고 亥中甲木의 生意가 있게 되어 丙화의 뿌리가 될 수 있기 때문이다.

<풀어씀>
　혹 壬수가 많고 甲목이 있으며 戊토가 없으면 오히려 살로 중히지 않으니 마땅히 己土와 壬水를 같이 써야 한다.

<해설> 壬수가 많고 甲목이 있으며 戊토가 없을 경우라도 己토가 있으면 역시 從이 될 수 없다. 혼(混) 이란 제(制)하는 것이 아니다.

　　壬수가 충분(沖奔-沖으로 부딪쳐서 발동이 걸리면)하면 己토로서는 억제 할 수가 없다. 그러나 己토는 壬水를 混用(섞어서 씀)하면 木을 生할 수 있으므로 丙화의 뿌리가 될 수가 있다.

　　有甲이란 甲木이 천간에 투출한 것이 더욱 아름답다는 것으로 투출하지 않으면 亥中甲木을 써야 木의 生氣가 있으므로 쓸 수 있다는 것이다.

　　水가 旺하면 木이 뜨게 되니 土가 있어 水와 섞기에 되어야 木의 뿌리를 배양 할 수 있다. 적천수에서 말하는 反生 功을 이루게 된다는 원리가 바로 이를 이른 말이다.

　　十月의 丙火를 總論하면 木이 旺하면 庚金이 마땅하고,
　　　　　　　　　　　　　　水가 旺하면 戊土가 마땅하고,
　　　　　　　　　　　　　　火가 旺하면 壬水가 마땅하니, 합당한 작용에 따라 쓸 수가 있는 것이다.

<해설>
木이 旺하면 庚금이 마땅한 것은 財를써서 印綬를 덜어내는데 있다.
水가 旺하면 戊토가 마땅한 것은 오히려 甲木印綬를 생하는데 있다.
亥中甲木이 有氣하려면 戊토가 水를 制함으로 反生의 功을 이룰 수 있다.
그렇지 않으면 극설(剋洩-강하게 설기됨)이 교집(交集-서로 주고받고 모여) 하니 적당하지 않다.
火가 旺하면 水를 써야 하지만 역시 印綬를 通關之神으로 삼아야 한다.
　　이와 같이 10월의 丙화는 甲목이 중요한 관건이 되기는 하나 庚壬戊를 적절히 써서 손익(損益)의 공인 덜고 보탬이 있어야 한다.

乾命	甲申	乙亥	丙戌	庚寅
대운	丙子	丁丑	戊寅	己卯	庚辰	辛巳	壬午

　　庚甲이 함께 투출하여 염사(廉士)의 벼슬을 하였다.
　비록 10월에 태어났으나 印綬가 왕하고(三木印綬) 일주가 강하니 庚금인 財로서 滋養시키는 것을 용신으로 삼는다. <庚금으로 다듬다>

乾命	壬辰	辛亥	丙戌	戊子
대운	壬子	癸丑	甲寅	乙卯	丙辰	丁巳	戊午

효렴(孝廉)의 벼슬을 하였다.

이 명조는 신약하기 때문에 戊토를 써서 水를 제하는 것을 용신으로 삼아야 한다. 일주인 丙화가 戌土 庫藏지에 통근 하고 있으나 得令하지 못하여 보통사주로 본다.

乾命	辛巳	己亥	丙子	壬辰
대운	戊戌	丁酉	丙申	乙未	甲午	癸巳	壬辰

이 명조는 水가 많으므로 월상 己토를 취해 써야 한다. 크게 부귀를 누리고 장수를 하였다고 한다. 이 사주를 살펴보면 己토가 壬수와 섞여 甲목을 생하게 되었고 묘한 것은 년지 巳화가 돕고 있다는 것이다. 木이 水土를 얻으면 생이 된다하나 孟冬의 때에는 양화지기(陽和之氣-태양의 조화로움)의 도움이 있어야 비로소 자장(滋長-번식하여 큼) 될 수 있다. 용신이 亥中甲木에 있으니 보좌(輔佐)가 득력(得力-힘을 얻었다) 하였다.

乾命	丙戌	己亥	丙子	壬辰
대운	庚子	辛丑	壬寅	癸卯	甲辰	乙巳	丙午

진조원(陳調元)의 명조다.

이 사주역시 己토가 壬수에 섞여 甲목이 생을 받고 좋은 것은 丙화가 천간에 나타나서 寒木이 태양을 향하고 있다는 점이며 甲목의 生助를 얻어 태양의 불빛이 빛이 난다고 보아야 한다. 그러므로 인수를 쓰는 것은 같으나 配合과 輔佐 格局의 高下 등을 分辨하는 것이 결코 쉽지는 않다.

<풀어씀>
　十一月의 丙화는 절기가 대설과 동지가 드는 달로서 陰極陽生으로 陽이 生하는 때이니 약한 가운데 다시 강하게 되니 壬수를 쓰는 것이 가장 좋고 戊土로써 보좌해야 한다.

<해설> 十一月의 丙화는 冬至 전은 10월과 같으나 冬至 후는 一陽이 다시 돌아오는 때로 약한 기운에서 다시 강하게 되었다. 일주가 강하면 식신을 써 殺을 制할 수 있다.
　丙화가 壬수를 쓰는 것은 수화기제(水火驥濟)의 공을 이루니 壬수가 가장 적합하지만 일주가 旺하지 않으면 안 된다.

<풀어씀>
　壬수와 戊토가 함께 투출하면 科甲을 할 수 있으나 戊토가 없고 己토만 보게 되면 이로공명(異路功名)하게 된다.

<해설> 첫째 신강하고 壬수와 戊토가 함께 투출하면 식신제살(食神制煞)로 科甲 할 수 있다, 그러나 戊토는 없고 己토 만 보게 되면 물을 억제하는(制水)힘이 부족함으로 이로(異路-특별하게 다른 길)로서 공명(功名-공로로 이름을 알리다) 얻는다.

<풀어씀>
　혹 壬수가 없고 癸수가 천간에 나타나고 金의 生助를 받으면서 상관(傷官-戊己土)이 없으며 다른 천간에 丙화가 나타나 해동이 된다면 의금(衣衿) 허락한다.

<해설> 壬수가 없고 癸수가 있으며 용신이 官星에 있어 官을 써야 할 때 반드시 財의 生을 받아야 한다는 말이고 金의 자생(滋生)을 받은 官이라야만 아름답고 또한 상관인 戊己土를 봐서는 안 된다는 말은 官星이 극을 받아 약해지면 무력한 용신이 된다는 말이고, 반드시 비겁이 투출하여 일간을 도와주어야만 財官을 감당하고 부릴 수 있게 된다.

<풀어씀>
  혹 壬수가 무리를 이루면(殺이 太旺) 戊土(食神)를 전용해야 한다. 이러한 사람은 크게 출세하지는 못하더라도 대중 속에서는 그래도 문장이 뛰어난 사람이다. 그러나 신분상 이로움(名利)이 별 볼일(虛浮-비고 떠있음)없는 것은 어떠한 이유일까? <戊土는 丙화의 빛을 어둡게 하기 때문에 甲목이 있어야 약이 되며 혹 壬수가 없으면 癸수라도 있어야만 쓸 수 있으나 그러나 그 공이 크다 할 수 없기 때문이다>

<해설> 壬수가 원국에서 무리를 이루면 戊土를 쓰지 않을 수 없는데 壬수와 戊土의 配合이 中和를 잃어 剋洩이 交集하게 되면 부득이 甲목을 쓰지 않고서는 救濟할 길이 없다.
  丙화가 壬수의 극을 두려워하지 않는 것은 해(日-丙)가 호수(壬水)나 바다에 비치게 되면 그 밝음이 배가되기 때문인데, 戊土가 있으면 흙먼지가 하늘을 가리듯 해의 빛(日光)을 어둡게 하므로 이런 경우 甲목을 쓰면 壬수의 기를 받아(化) 戊土를 制伏하며 丙화를 生 할 수 있어(불빛을 밝게 할 수 있음) 化 制 生 이라는 세 가지 공을 이룰 수 있게 된다.
  丙화가 壬수를 보게 되고 甲목이 引火함을 얻으면 수화기제(水火旣濟)를 이루므로 하여 발전하는 것은 의심할 바가 없는 것이고, 만약 癸수라면 壬수의 공은 미치지 못 하게 되는데 이는 癸수라는 물은 비나 이슬 같아(雨露水) 그 작용이 다르기 때문이다.

<풀어씀>
  혹 사주에 壬수는 많으나 甲목이 없으면 기명종살(棄命從殺- 나를 버리고 살에 종 함)이라 하여 역시 높은 벼슬에 오르게 된다.

<해설> 丙화가 申子에 이르면 그 기세가 절멸(絶滅)하게 되어 사주원국에 甲목이 없으면 제아무리 천하의 丙화라 하더라도 本命인 나를 버리고 殺을 따르는 從殺격이 된다.

<풀어씀>
  혹 殺인 水가 많고 甲목(印綬)이 있으며 戊土(食神)가 없으면 종살이 되지 않으니 이런 경우 기토탁임(己土濁壬)을 써야 한다. 11월의 丙화는 10

월 丙화나 거의 같다고 보아야 한다.

<해설> 탁임(濁壬)이란 혼임(混壬)으로 己토가 壬수에 섞이다, 라는 말로 용법은 10월과 같다. 단 10월은 亥中의 甲목이 有氣하니 甲목이 천간에 나타나지 않았다 하더라도 亥中甲木은 쓸 수 있다. 그러나 11월은 甲목이 천간에 투출하지 않을 때 寅목을 보지 않아서는 안 되며 또 반드시 비견인 병화의 도움이 있어야 한다. 원국이 水土가 많아 차고 꽁꽁 얼면(寒凍) 丙화가 있어 따뜻하게 생기를 불러 넣어야 하는데 丙화가 없으면 木은 생기를 잃게 되어 쓸 모 없게 된다.

乾命	辛亥	庚子	丙寅	庚寅
大運	己亥	戊戌	丁酉	丙申	乙未	甲午	癸巳

포정(布政)의 명조이다.

년 월이 金氣가 旺하므로 일시에 兩寅木이 있는 것이 기쁘다. 寅中에 암장된 甲목이 丙화를 돕고 있으며 운 역시 西에서 南方으로 흐르니 貴함이 당연히 있다.

乾命	辛丑	庚子	丙子	癸巳
大運	己亥	戊戌	丁酉	丙申	乙未	甲午	癸巳

癸수가 천간에 투출 되어 작은 부귀만을 누렸다. 時에 祿을 얻어(日祿歸時) 일간 丙화가 뿌리를 내리고 중년이후 대운의 흐름이 乙未 甲午로 木火가 相生 되어 좋게 살다가 명을 다(善終) 할 수 있었다.

乾命	辛酉	庚子	丙戌	戊子
大運	己亥	戊戌	丁酉	丙申	乙未	甲午	癸巳

金水가 차고 얼게(翰凍) 하고 戊토가 빛을 어둡게 하니 천빈 요절할 명이다.

앞의 사례 중 辛丑生의 명조는 丙일간이 祿인 巳火를 얻었고, 辛酉생은 戊土가 戌土에 通根하고 있어 비교적 약하게 되었다. 辛丑생 命造 癸수가 천간에 나타나고 辛酉생은 癸수가 子수에 암장되어 서로 대등하다고 볼 수 있으나 한마디로 이렇게 수화가 서로 대립하는 판(局)으로 甲목을 쓰지 않을 수 없다. 木의 相生함이 없고 운까지 西北으로 운행하면 목화의 死絶地가 되니 좋은 상황이 될 수 없다.

<풀어씀>
十二月의 丙화는 氣가 二陽으로 나가는 때이므로 서리나 눈을(霜雪) 업신여기며 壬수를 쓰게 됨을 기뻐한다. 己토가 司令하고 土가 많으면 甲목이 적어서는 안 된다. 壬수와 甲목이 함께 투출하면 科甲을 할 수 있지만 甲목이 암장 되었다면 秀才일 뿐이다. 만약 甲목이 없고 1壬이 투출하였다면 富한 가운데 貴를 취하게 된다.

<해설> 丙화는 水의 극을 두려워하지 않고 土의 설함을 두려워한다.
12월의 丙화는 壬수를 보게 되면 눈이 온 후에 got빛이 나는 형상(雪後洋光)으로 壬수가 아니면 귀를 취할 수 없다. 土가 있고 없고 적고 많음을 막론하고 모두 甲목의 보좌함이 없어서는 안 된다.
壬수와 甲목이 함께 투출하면 科甲의 貴를 누리게 되고 甲이 암장 되어 있더라도 운이 동남으로 나아가면 木火가 引出되어 역시 貴하게 된다. 그러나 甲목이 없고 壬수만 투출하면 반드시 신강하고 座下에 局을 이루어야만 富貴를 동시에 취하게 된다.

<풀어씀>
만약에 원국에 己토가 무리를 이루고 甲乙목이 없을 경우 가상관이(假傷官)라 하는데 총명하기는 하나 성품이 오만하여 신분상의 이로움이 별 볼일 없이 살아간다.

<해설> 己토가 무리를 이루면 火土傷官이 되는데 원래 상관격은 총명하나 성정이 오만한 점이 있다. 겨울에 태어나면(冬令生) 二陽의 기가 나아갈 때라 하더라도 봄여름의 따뜻함에 비교 할 수 없으니 차가운 겨울불과 얼은 흙은 상승(上乘) 하는 格이 되지 못한다.

<풀어씀>
  혹 원국에 癸수가 무리를 이루었을 때 己토가 천간에 나타나면 창업(創業)의 공을 이룬다. 만약에 水가 지나치게 制伏을 받을 경우 辛금의 작용을 취하고 癸수가 투출하였다면 이러한 사람은 이름을 드날리지는 못한다 하더라도 맑고 우아한 선비(淸雅文墨)가 된다.

<해설> 癸수가 무리를 이루면 官이라도 殺로 작용하니 신강하면 己토를 취하여 水를 누르고 신약하면 甲木으로 化殺시켜야 한다, 壬수도 역시 마찬가지이다.
  만약에 癸수가 약할 경우 土는 많고 水가 적으면 土가 水를 制함이 지나치므로 반드시 辛금을 취해 약한 水를 생하는(財生官) 것을 재자약살(財滋弱殺)이라고 한다. 癸수가 천간에 투출하고 辛금이 生助 한다면 비록 得時 得슈한 것과 비교 될 수는 없지만 格局이 淸純하여 淸雅한 선비의 氣風을 잃지 않는다.

乾命	癸卯	乙丑	丙午	壬辰
大運	甲子	癸亥	壬戌	辛酉 庚申 己未 戊午

총 하(總河)의 명조이다.
  일주가 座下에 陽刃을 두고 壬수 칠살이 時上에 나타나 殺刃格을 이루었다. 이 사주의 묘함은 正印인 乙木이 투출하여 祿을 얻었다는 점이며 金水 운으로 生한다 하더라도 印綬로 化殺함으로 大貴한 格이 되었다.

乾命	己丑	丁丑	丙寅	庚寅
大運	丙子	乙亥	甲戌	癸酉 壬申 辛未 庚午

안찰(按察)의 벼슬을 하였다.
두 개의 甲목이 土를 制하고(寅中甲木) 火土傷官을 이루고 印綬를 座下에 두고 있으니 만약 인수가 없었다면 어찌 富貴를 취할 수 있겠는가?

乾命	乙酉	己丑	丙寅	己丑
大運	戊子	丁亥	丙戌	乙酉	甲申	癸未	壬午

年上의 乙木이 지지에 祿을 얻어 土를 제하고 있다. 용신은 寅中甲木을 취해 쓴다. 火土傷官을 이루었지만 원국의 오행 배합이 상관이 泰重하므로 반드시 印綬로서 억제하여야 하는 명조이다.

乾命	乙巳	己丑	丙申	癸巳
大運	戊子	丁亥	丙戌	乙酉	甲申	癸未	壬午

이 사주는 자수성가하는 명조이며 辛금을 써야 한다.
丙화일주가 申에 임하여 그 기세가 부족한데 다행인 것은 年時地에 巳화가 祿이 되어 火土傷官으로 財를 써야 하는 명조여서(傷官生財) 상업에 종사한다.

乾命	乙丑	己丑	丙午	庚寅
大運	戊子	丁亥	丙戌	乙酉	甲申	癸未	壬午

이 사주는 甲목을 써서 己토를 누르고 庚금이 甲목을 制하니 富나 貴를 쉽게 얻는다. 火土傷官을 이루고 일시가 寅午火局을 이루어 이 사주 역시 傷官用財格이나 상관이 첩첩(疊疊-겹쳤다)하여 甲목을 취하여 土를 극제하여야 하는데 瓊금이 寅上에 나타나서 甲목을 극제하는 형상이어서 파격이다. 그래서 한낱 농부에 불과 하였다.

신생아 사주하나 보고 갑시다.

2020년12월06일사시생				
乾命	庚子	己丑	丙寅	癸巳
수	5	15	25	35	45	55	65
대운	庚寅	辛卯	壬辰	癸巳	甲午	乙未	丙申

　　위 명조는 신생아의 사주이다. 출산택일을 필자에게 의뢰하여 택일하여 출산한 신생아인데 출산택일은 예정일을 기준으로 1주나 2주내에서 해야 하기에 이미 년 월주는 정해진 거나 다름없으므로 일시를 잘 택하여야 한다. 庚子 己丑이 陰氣가 강하여 일시는 陽氣가 강하게 하여야 하므로 丙寅일을 택하였고 癸巳시나 甲午시면 좋겠는데 10시 57분에 태어났다니 癸巳시가 된다.
　　위 본문 丑月 丙火論에서 공부하였기 때문이 이 사주는 학인들의 몫으로 남겨두려고 한다. 필자는 이 어린이 작명을 하면서 다음과 같이 사주해설을 한바있다.

　　박씨 가문의 아들로 오행을 고루 다 갖추고 태어나고 사주구성이 조화를 잘 이루고 운의 흐름이 봄에서 여름 운으로 흘러 막힘없는 삶을 살아갈 것이며 이런 사주를 가지고 태어난 사람은 선비의 사주로 많이 배워 전문가로 공직에 근무하면 크게 성공 하는 팔자입니다. 또한 예체능의 끼가 많아 예체능계 즉 방송 또는 언론계에 봉직하면 크게 성공한다 했습니다. 또한 재물의 복도 타고나서 의식주 걱정 없는 풍요로운 삶을 살아가게 됩니다. 다만 겨울철이라 火의 기운이 약간 약하지만 낮 시간에 태어나고 초년기 30년 운은 木인 봄의 기운이고 45세부터 30년간 여름의 기운인 火운으로 흘러 한평생 어려움 없이 살아갈 것입니다. 부모님께서 이 어린이가 자라는 모습을 보면서 특기를 잘 살펴서 진로선택만 잘 해준다면 크게 성공할 것입니다.
　　부모가 이름을 와자이름을 선호하여 朴 建과 朴 建 厚 로 하여 木을 용신으로 썼으나 결론은 작명가가 추천한 朴 是 厚 로 결정했다.

실전사주간명사례모음집 3권을 마치면서

 2010년 초에 용기를 내어 발간했던 "실전사주간명사례모음집 1권"이 품절되어 이제 10년 정도 된 구간이니 절판시킬까 생각했지만 그럴 수는 없었습니다. 이론서가 아닌 직접 사주를 봐주었던 것들을 모아 간명사례모음집을 출간 한다는 것은 어쩌면 무모한 짓일 수도 있었기 때문입니다. 제2집을 내고 벌써 10년이란 세월이 흐르도록 제3집을 발간하지 못했으니 후속타를 기다리는 독자들에게 미안한 마음도 들게 되었고 또 마음에 걸리는 것은 권말부록에 "한글궁통보감"이라는 제호로 10천간을 연재하기로 약속해 놓고 지키지 못한 죄의식 때문인지도 모릅니다.

 처음으로 자신의 이름을 걸고 "김동환표 역리서"를 기획하고 1,2,3권은 "사주의 정석"이란 이론서를 펴냈고 4권은 "이름도 명품이 있습니다." 라는 작명이론서를 낸 후 5번째로 출간 한 것이 바로 "실전사주간명사례모음집1권"이었는데 벌써 "김동환표 역리서"를 16권까지 펴 낼 수 있었던 것은 독자들의 사랑 없이는 불가능 했을 것입니다.

"김동환표 역리서" 시리즈는 필자의 분신 같은 존재입니다. 열손가락 깨물어 안 아픈 손가락이 있겠습니까, 만은 특히 "실전사주간명사례모음집"은 고객들의 사주를 감정하고 난후 특별한 명조이거나 역학공부에 도움이 될 사주들만 모아 간명사례모음집으로 편집했기에 더욱 애정이 갈 수밖에요,
 그래서 "실전간명사례모음집"을 10권 완간을 목표로 다시 시작하게 되었습니다. 제1집도 신작으로 개작하여 다시 펴냈고 앞으로 계속 완간을 목표로 열심히 자판을 두들기며 독자들의 기대에 부응하도록 노력할 것을 다짐합니다.

辛丑年 立春日 새벽에
필자 김동환 두 손 모아 적음

定石
실전간명사례모음집 3

초판1쇄인쇄. 2021년01월30일
초판1쇄발행. 2021년02월05일
글쓴이. 김 동 환
펴낸곳. 여산서숙
주소서울종로구숭인동304욱영빌딩301호
전화. 02)928-2393, 8123
팩스. 92)928-8122
편집. 김정숙. 표지. 호성인쇄

이 책 내용의 전부 또는 일부를 재사용하려면
반드시 저작권자의 동의를 받아야 합니다.
값 18,000원